일단 합격하고 오겠습니다

JLPT 일본어 능력시험 단어장

김성곤 저

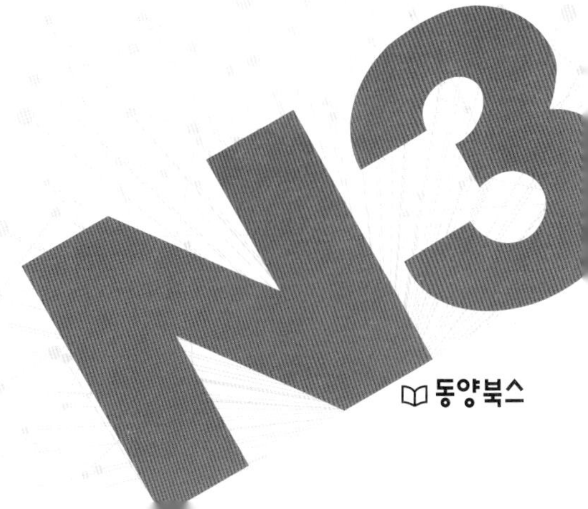

동양북스

일단 합격하고 오겠습니다
JLPT N3
일본어 능력시험 **단어장**

초판 7쇄 | 2023년 10월 1일

저　자 | 김성곤
발행인 | 김태웅
책임 편집 | 길혜진, 이선민
디자인 | 남은혜, 김지혜
마케팅 | 나재승
제　작 | 현대순

발행처 | (주)동양북스
등　록 | 제 2014-000055호
주　소 | 서울시 마포구 동교로22길 14 (04030)
구입문의 | 전화 (02)337-1737　팩스 (02)334-6624
내용문의 | 전화 (02)337-1762　dybooks2@gmail.com

ISBN 979-11-5768-446-5 14730
979-11-5768-441-0 (세트)

이 도서의 국립중앙도서관 출판예정도서목록(CIP)은 서지정보유통지원시스템 홈페이지(http://seoji.nl.go.kr)와 국가자료공동목록시스템(http://www.nl.go.kr/ kolisnet)에서 이용하실 수 있습니다.
(CIP제어번호:CIP2018032319)

머리말

어학에서 단어 암기는 다른 모든 영역 학습의 기본이 됩니다. 일본어의 경우, 한자와 함께 익혀야 하는 단어가 대부분이기 때문에 다른 언어보다 어렵다고 느끼는 학습자가 많습니다. 이 단어장은 일본어능력시험 N3 수험생들이 학습에 대한 부담을 덜고, 한 페이지 한 페이지 넘어갈수록 실력이 향상될 수 있도록 도움을 주고자 집필되었습니다.

이 단어장은 다음과 같은 특징을 갖고 있습니다.

(1) 엄선된 단어 제시

2010년 이후의 시험 데이터를 분석하여 단어를 선정하였습니다. 무작정 많은 단어를 싣기보다는, 수험생들의 효율적인 학습을 위해 출제빈도가 높은 N3 단어를 약 1,080개 엄선하였습니다. 또한, N3의 토대가 되는 N4, N5 레벨의 중요 단어를 추가로 제공하여 N3 학습이 이 책 한 권만으로 완결되도록 구성하였습니다.

(2) 예문을 통한 단어의 이해

단어를 하나씩 기억하는 것도 좋지만, 더 나아가서 문법적으로 완성된 문장으로 기억한다면 이해도 쉽고 기억에 오래 남을 것입니다. 기출 문제에 근거한 예문을 제시하여 단어의 정확한 이해는 물론이고, 문법과 독해 문제에도 대처할 수 있도록 구성하였습니다.

(3) 듣기를 통한 철저한 학습

모든 단어와 예문을 원어민의 정확한 발음으로 녹음하여, 귀로 듣고 기억할 수 있도록 하였습니다. 이는 청해 문제를 대비하는 데에도 매우 유용할 것입니다.

(4) 직관적인 구성

출제 빈도와 우선 순위를 기준으로 각 챕터를 분류하였으며, 단어를 품사별로 배치하였습니다. 날짜별 단어는 50음도 순서를 바탕으로 유추하는 불완전학습을 방지하기 위해, 우선 순위로 배치하여 보다 꼼꼼한 학습이 되도록 구성하였습니다.

매일 36개의 단어를 꾸준히 학습해 간다면, 이 한 권의 단어장이 N3 레벨의 고득점은 물론, 일본어에 대한 여유와 자신감을 심어줄 것입니다. 여러분의 고득점 합격과 실력 향상에 도움이 되기를 간절히 기원합니다.

저자 김성곤

목차

학습 플래너

▢ Day 01 ____ 월 ____ 일 ▸ 명사·동사 ▸ 하루 1분 체크 ▢ 복습 1회 ▢ 복습 2회	▢ Day 02 ____ 월 ____ 일 ▸ 명사·동사 ▸ 하루 1분 체크 ▢ 복습 1회 ▢ 복습 2회	▢ Day 03 ____ 월 ____ 일 ▸ 명사·동사 ▸ 하루 1분 체크 ▢ 복습 1회 ▢ 복습 2회
▢ Day 07 ____ 월 ____ 일 ▸ 명사·동사 ▸ 하루 1분 체크 ▢ 복습 1회 ▢ 복습 2회	▢ Day 08 ____ 월 ____ 일 ▸ 명사·동사 ▸ 하루 1분 체크 ▢ 복습 1회 ▢ 복습 2회	▢ Day 09 ____ 월 ____ 일 ▸ 형용사 ▸ 하루 1분 체크 ▢ 복습 1회 ▢ 복습 2회
▢ Day 13 ____ 월 ____ 일 ▸ 명사·동사 ▸ 하루 1분 체크 ▢ 복습 1회 ▢ 복습 2회	▢ Day 14 ____ 월 ____ 일 ▸ 명사·동사 ▸ 하루 1분 체크 ▢ 복습 1회 ▢ 복습 2회	▢ Day 15 ____ 월 ____ 일 ▸ 명사·동사 ▸ 하루 1분 체크 ▢ 복습 1회 ▢ 복습 2회
▢ Day 19 ____ 월 ____ 일 ▸ 형용사 ▸ 하루 1분 체크 ▢ 복습 1회 ▢ 복습 2회	▢ Day 20 ____ 월 ____ 일 ▸ 부사·접속사 ▸ 하루 1분 체크 ▢ 복습 1회 ▢ 복습 2회	▢ Day 21 ____ 월 ____ 일 ▸ 명사·동사 ▸ 하루 1분 체크 ▢ 복습 1회 ▢ 복습 2회
▢ Day 25 ____ 월 ____ 일 ▸ 명사·동사 ▸ 하루 1분 체크 ▢ 복습 1회 ▢ 복습 2회	▢ Day 26 ____ 월 ____ 일 ▸ 명사·동사 ▸ 하루 1분 체크 ▢ 복습 1회 ▢ 복습 2회	▢ Day 27 ____ 월 ____ 일 ▸ 명사·동사 ▸ 하루 1분 체크 ▢ 복습 1회 ▢ 복습 2회

✦ 날짜를 기록하면서 진도를 확인해 보세요.

□ Day 04 ___월 ___일
- 명사·동사
- 하루 1분 체크

□ 복습 1회
□ 복습 2회

□ Day 05 ___월 ___일
- 명사·동사
- 하루 1분 체크

□ 복습 1회
□ 복습 2회

□ Day 06 ___월 ___일
- 명사·동사
- 하루 1분 체크

□ 복습 1회
□ 복습 2회

□ Day 10 ___월 ___일
- 부사·접속사
- 하루 1분 체크

□ 복습 1회
□ 복습 2회

□ Day 11 ___월 ___일
- 명사·동사
- 하루 1분 체크

□ 복습 1회
□ 복습 2회

□ Day 12 ___월 ___일
- 명사·동사
- 하루 1분 체크

□ 복습 1회
□ 복습 2회

□ Day 16 ___월 ___일
- 명사·동사
- 하루 1분 체크

□ 복습 1회
□ 복습 2회

□ Day 17 ___월 ___일
- 명사·동사
- 하루 1분 체크

□ 복습 1회
□ 복습 2회

□ Day 18 ___월 ___일
- 명사·동사
- 하루 1분 체크

□ 복습 1회
□ 복습 2회

□ Day 22 ___월 ___일
- 명사·동사
- 하루 1분 체크

□ 복습 1회
□ 복습 2회

□ Day 23 ___월 ___일
- 명사·동사
- 하루 1분 체크

□ 복습 1회
□ 복습 2회

□ Day 24 ___월 ___일
- 명사·동사
- 하루 1분 체크

□ 복습 1회
□ 복습 2회

□ Day 28 ___월 ___일
- 명사·동사
- 하루 1분 체크

□ 복습 1회
□ 복습 2회

□ Day 29 ___월 ___일
- 형용사
- 하루 1분 체크

□ 복습 1회
□ 복습 2회

□ Day 30 ___월 ___일
- 부사·접속사
- 하루 1분 체크

□ 복습 1회
□ 복습 2회

이 책의 구성과 활용

본책

미리 보기
오늘 공부할 단어를 미리 살펴봅니다. QR코드를 스캔하면 본문 MP3 파일을 들을 수 있습니다.

공부 단어
합격을 위한 필수 단어를 공부합니다. 기출 단어와 출제 예상 단어가 우선 순위별, 품사별로 정리되어 있어 효과적으로 학습할 수 있습니다.

하루 1분 체크
간단한 형식의 문제 풀이를 통해 단어를 잘 외웠는지 확인할 수 있습니다.

실전 유형 테스트
실제 일본어능력시험 유형에 맞춘 문제를 풀며 단어를 복습하고, 시험에 대비할 수 있습니다.

부록

플러스 단어 480
N3 학습의 기반을 탄탄히 다질 수 있도록 N4, N5 레벨의 중요 단어를 실었습니다.

색인
본문의 단어를 쉽게 찾을 수 있도록 50음도순으로 단어를 정리하였습니다.

핸드북

중요 단어
시험장에서 빠르게 훑어볼 수 있도록 본책의 1순위 단어를 정리했습니다

꿀팁 정리
알아 두면 도움이 될 꿀팁들을 한눈에 볼 수 있도록 정리했습니다.

다시 보기
잘 외워지지 않는 단어들을 정리하여 효과적으로 복습할 수 있습니다.

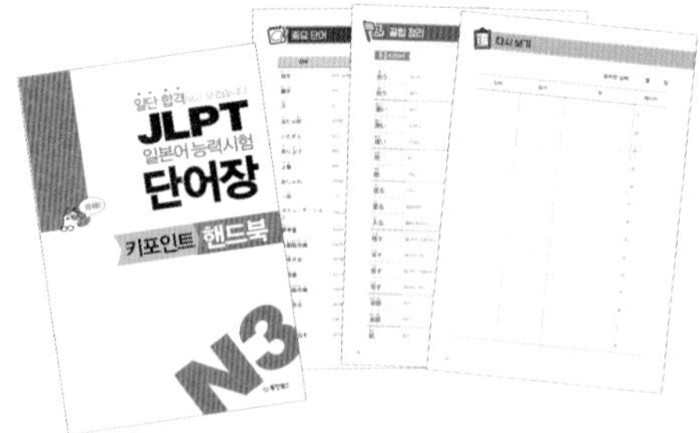

상세보기

今日(きょう)はたくさんの人(ひと)が登山(とざん)に来(き)ていた。 ❹

오늘은 많은 사람이 등산하러 와 있었다.

• 登(오를 등) ❺

と　登山(とざん) 등산

とう　登場(とうじょう) 등장

❶ **표제어:** 합격을 위한 필수 단어입니다. 단어를 외운 뒤 셀로판지로 가리고 복습할 수 있습니다.

❷ **보충 단어:** 표제어와 함께 보면 좋은 유의어(≒), 반의어(↔), 관련 어휘(+)를 정리했습니다.

❸ **추가 품사 표기**

[동] する를 붙여 동사로 활용 가능한 단어임을 나타냅니다.

[명] だ를 빼고 명사로 활용 가능한 단어임을 나타냅니다.

＊부사의 경우 명사로도 쓰일 수 있다는 것을 나타냅니다.

[ナ] ナ형용사로도 활용 가능한 단어임을 나타냅니다.

❹ **예문:** 문장을 통해 단어의 뜻과 사용 방법을 자연스럽게 익힐 수 있습니다.

❺ **팁:** 표제어와 관련하여 일본어능력시험 수험자에게 꼭 필요한 팁들을 다음과 같은 유형으로 정리하였습니다.

＊틀리기 쉬운 한자 읽기	수험자들이 틀리기 쉬운 한자 읽기를 예시 단어와 함께 정리하였습니다.
＊형태가 비슷한 한자	형태가 비슷하여 혼동하기 쉬운 한자를 비교할 수 있도록 정리하였습니다.
＊표현 및 뉘앙스 비교	뜻이 비슷한 단어, 동음이의어 등 헷갈리기 쉬운 단어들의 차이를 설명하여 문맥 규정, 용법 문제에 대비할 수 있습니다.
＊자·타동사 비교	틀리기 쉬운 자동사, 타동사를 함께 제시하여 비교하면서 공부할 수 있습니다.

❻ **체크 박스:** 셀로판지로 가리고 읽기와 뜻을 말할 수 있다면 체크 박스에 표시합니다. 완벽한 암기를 위해 복습하는 것을 잊지 마세요.

본 책은 일본어능력시험에 대비하기 위한 맞춤형 단어장으로,
사전으로는 쓰실 수 없습니다.
본 책에서는 동사와 형용사를 모두 기본형으로 제시하며,
ナ형용사는 사전형이 아닌 だ가 붙은 형태로 제시합니다.

이 책의 공부 방법

Step 1 미리 보기

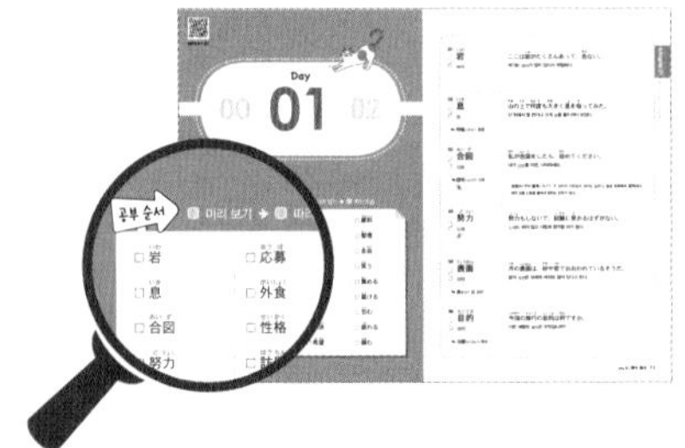

그날 외울 단어를 미리 살펴보고, 이미 알고 있는 단어에 체크합니다. 내가 잘 모르는 단어를 파악할 수 있어 효과적으로 공부할 수 있습니다.

Step 2 따라 읽기

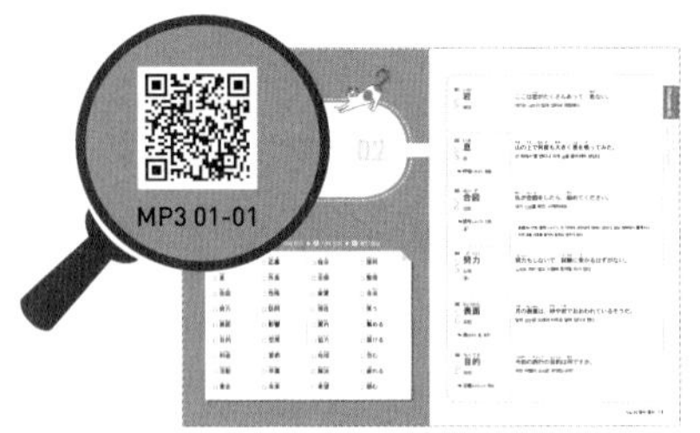

단어를 살펴본 후에는, MP3 음성을 들으며 단어를 따라 읽습니다. 최소 2번 이상 진행합니다. 눈으로 보고, 귀로 듣고, 입으로 읽으면서 암기 효과를 높일 수 있습니다.

▸ **MP3 파일 듣는 방법**

– 스마트폰에서 [미리 보기] 페이지의 QR코드 스캔하기.
– 동양북스 홈페이지(www.dongyangbooks.com) 도서 자료실에서 다운로드받기.

Step 3 단어 암기

'따라 읽기'를 마쳤다면 단어를 암기합니다. 하루치 단어를 공부한 뒤에는 셀로판지로 단어를 가리며 제대로 외웠는지 확인합니다. 잘 외워지지 않는 단어는 핸드북에 정리하여 틈틈이 복습합니다.

Step 4 확인 학습

그날그날 단어를 잘 외웠는지 '하루 1분 체크'를 통해 확인합니다. 또한 한 챕터가 끝나면 실전 유형에 맞춘 '실전 유형 테스트'를 풀어 보며 단어를 복습하고, 시험에 대비할 수 있습니다.

★★★

1순위 단어

Day 01~10

MP3 01-01

Day 01

00 02

공부 순서 ☐ 미리 보기 ➔ ☐ 따라 읽기 ➔ ☐ 단어 암기 ➔ ☐ 확인 학습

☐ 岩(いわ)	☐ 応募(おうぼ)	☐ 指示(しじ)	☐ 原料(げんりょう)
☐ 息(いき)	☐ 外食(がいしょく)	☐ 全部(ぜんぶ)	☐ 整理(せいり)
☐ 合図(あいず)	☐ 性格(せいかく)	☐ 家賃(やちん)	☐ 自由(じゆう)
☐ 努力(どりょく)	☐ 訪問(ほうもん)	☐ 現在(げんざい)	☐ 笑(わら)う
☐ 表面(ひょうめん)	☐ 影響(えいきょう)	☐ 案内(あんない)	☐ 集(あつ)める
☐ 目的(もくてき)	☐ 空席(くうせき)	☐ 協力(きょうりょく)	☐ 届(とど)ける
☐ 料金(りょうきん)	☐ 首都(しゅと)	☐ 地球(ちきゅう)	☐ 包(つつ)む
☐ 活動(かつどう)	☐ 卒業(そつぎょう)	☐ 解決(かいけつ)	☐ 疲(つか)れる
☐ 意志(いし)	☐ 未来(みらい)	☐ 希望(きぼう)	☐ 頼(たの)む

01 いわ
岩
□□□ 바위

ここは岩(いわ)がたくさんあって、危(あぶ)ない。
여기는 바위가 많이 있어서 위험하다.

02 いき
息
□□□ 숨

≒ 呼吸こきゅう 호흡

山(やま)の上(うえ)で何度(なんど)も大(おお)きく息(いき)を吸(す)ってみた。
산 위에서 몇 번이나 크게 숨을 들이쉬어 보았다.

03 あいず
合図
□□□ 신호

≒ 信号しんごう 신호
동

私(わたし)が合図(あいず)をしたら、始(はじ)めてください。
내가 신호를 하면, 시작하세요.

合図あいず와 信号しんごう, 두 단어의 사전상의 의미는 같으나, 일상 회화에서 信号라고 하면 교통 신호를 줄여서 말하는 경우가 많다.

04 どりょく
努力
□□□ 노력
동

努力(どりょく)もしないで、試験(しけん)に受(う)かるはずがない。
노력도 하지 않고 시험에 합격할 리가 없다.

05 ひょうめん
表面
□□□ 표면

≒ 表おもて 겉, 표면

月(つき)の表面(ひょうめん)は、砂(すな)や岩(いわ)でおおわれているそうだ。
달의 표면은 모래와 바위로 덮여 있다고 한다.

06 もくてき
目的
□□□ 목적

+ 目標もくひょう 목표

今回(こんかい)の旅行(りょこう)の目的(もくてき)は何(なん)ですか。
이번 여행의 목적은 무엇입니까?

07 りょうきん
料金
요금

＋費用ひよう 비용

来月(らいげつ)からタクシー料金(りょうきん)が上(あ)がるらしい。
다음 달부터 택시 요금이 오른다는 것 같다.

料 : 헤아릴 료　料金(りょうきん) 요금
科 : 과목 과　科目(かもく) 과목

08 かつどう
活動
활동
동

就職活動(しゅうしょくかつどう)のために、先輩(せんぱい)の会社(かいしゃ)を訪問(ほうもん)した。
취직 활동 때문에 선배의 회사를 방문했다.

09 いし
意志
의지

＋意思いし 의사

自分(じぶん)の意志(いし)で何(なに)かを決(き)めることは大切(たいせつ)だ。
자신의 의지로 무언가를 결정하는 것은 중요하다.

意思いしは 무언가를 하고자 하는 자신의 생각을 나타내고, 意志いしは 행동으로써 어떤 일을 이루어내려는 굳은 결심을 나타낸다.

10 おうぼ
応募
응모
동

彼(かれ)は写真(しゃしん)コンテストに応募(おうぼ)して優勝(ゆうしょう)した。
그는 사진 콘테스트에 응모하여 우승했다.

11 がいしょく
外食
외식
동

最近(さいきん)、外食(がいしょく)ばかりしている。
최근 외식만 하고 있다.

12 せいかく
性格
성격

彼女(かのじょ)は明(あか)るい性格(せいかく)で、みんなに愛(あい)されている。
그녀는 활발한 성격이라서 모두에게 사랑받고 있다.

Chapter 01 Chapter 02 Chapter 03

13 ほうもん
訪問
방문
동

首相(しゅしょう)は明日(あした)からアジア各国(かっこく)を公式訪問(こうしきほうもん)する。
총리는 내일부터 아시아 각국을 공식 방문한다.

問 : 물을 문 訪問(ほうもん) 방문
門 : 문 문 専門(せんもん) 전문

14 えいきょう
影響
영향
동

台風(たいふう)の影響(えいきょう)で飛行機(ひこうき)の出発(しゅっぱつ)が遅(おく)れた。
태풍의 영향으로 비행기 출발이 지연됐다.

15 くうせき
空席
공석, 빈자리

ロンドン行(ゆ)きの飛行機(ひこうき)に空席(くうせき)はありますか。
런던행 비행기에 공석은 있습니까?

16 しゅと
首都
수도

イギリスの首都(しゅと)はどこですか。
영국의 수도는 어디입니까?

17 そつぎょう
卒業
졸업
↔ 入学にゅうがく 입학
동

大学(だいがく)を卒業(そつぎょう)したので、親(おや)に孝行(こうこう)しようと思(おも)う。
대학을 졸업했으므로 부모님께 효도하려고 한다.

18 みらい
未来
미래

人類(じんるい)の未来(みらい)のために環境(かんきょう)を保護(ほご)するべきだ。
인류의 미래를 위해 환경을 보호해야 한다.

未来みらい는 과거와 현재에 상대되는 객관적인 시간을 말하고, 将来しょうらい는 어떤 사람이나 단체에 앞으로 전개될 상황을 나타내는 주관적인 시간을 말한다.

19 しじ
指示
지시
동

ぶちょう しりょう ぶか しじ
部長は資料をコピーするように部下に指示した。
부장은 자료를 복사하도록 부하에게 지시했다.

20 ぜんぶ
全部
전부

↔ 一部いちぶ 일부

しごと ひとり ぜんぶ むり
この仕事を一人で全部やるのは無理かもしれない。
이 일을 혼자서 전부 하는 것은 무리일지도 모른다.

21 やちん
家賃
집세

えき とお やちん やす
駅から遠くなると、家賃は安くなる。
역에서 멀어지면 집세는 싸진다.

- 家(집 가)
  や 家賃(やちん) 집세
  か 家族(かぞく) 가족

22 げんざい
現在
현재

≒ 今いま 지금

わたし そぼ げんざい さい
私の祖母は現在８５歳です。
우리 할머니는 현재 85세입니다.

23 あんない
案内
안내

≒ ガイド 가이드
동

かいじょう うけつけ あんない ひと
会場の受付に案内の人がいる。
회장 접수처에 안내하는 사람이 있다.

案 : 생각 안 案内(あんない) 안내
安 : 편안 안 安全(あんぜん) 안전

24 きょうりょく
協力
협력
동

しごと せいこう みな きょうりょく
この仕事が成功したのは皆さんのご協力のおかげです。
이 일이 성공한 것은 여러분의 협력 덕분입니다.

25 ちきゅう
地球
지구

わたし　すむ　ちきゅう　かんきょう　まも
私たちの住む地球の環境を守りましょう。
우리가 사는 지구의 환경을 지킵시다.

26 かいけつ
解決
해결
동

もんだい　ふたり　はな　あ　かいけつ
この問題は、二人が話し合って解決したほうがいい。
이 문제는 두 사람이 의논하여 해결하는 편이 좋다.

27 きぼう
希望
희망

≒ 望のぞみ 바람, 소망
동

むすこ　だいがく　しんがく　きぼう
息子は大学に進学することを希望している。
아들은 대학에 진학하는 것을 희망하고 있다.

28 げんりょう
原料
원료

≒ 材料ざいりょう 재료

せいひん　げんりょう　ねあ
製品の原料がどんどん値上がりしている。
제품의 원료값이 점점 오르고 있다.

29 せいり
整理
정리
동

かれ　せいり　へた　へや
彼は整理が下手なので、部屋はごみだらけだ。
그는 정리가 서툴러서 방은 쓰레기투성이다.

30 じゆう
自由
자유

↔ 不自由ふじゆう
부자유, 불편함
ナ

りょこう　い　じゆう　たの
旅行に行って、自由を楽しむ。
여행을 가서 자유를 즐긴다.

由 : 말미암을 유　自由(じゆう) 자유
曲 : 굽을 곡　曲線(きょくせん) 곡선

31 わら
笑う
웃다

先生(せんせい)は笑(わら)いながら、私(わたし)の質問(しつもん)に答(こた)えてくれた。
선생님은 웃으면서 나의 질문에 대답해 주었다.

笑(わら)う　웃다 … 자동사
笑(わら)う　비웃다 … 타동사(※ 笑う는 자동사도 되고, 타동사도 된다.)

32 あつ
集める
모으다

弟(おとうと)は電車(でんしゃ)に関(かん)する写真集(しゃしんしゅう)を集(あつ)めている。
남동생은 전철에 관한 사진집을 모으고 있다.

集(あつ)まる　모이다 … 자동사
集(あつ)める　모으다 … 타동사

33 とど
届ける
전달하다, 배달하다, 신고하다

荷物(にもつ)は今日中(きょうじゅう)にお届(とど)けします。
짐은 오늘 중으로 배달하겠습니다.

届(とど)く　전달되다 … 자동사
届(とど)ける　전달하다 … 타동사

34 つつ
包む
포장하다

これ、プレゼントなんですが、包(つつ)んでいただけますか。
이거, 선물인데요, 포장해 주실 수 있나요?

35 つか
疲れる
피로하다, 지치다

今日(きょう)は疲(つか)れたから早(はや)く帰(かえ)ろう。
오늘은 피곤하니까 빨리 돌아가자.

36 たの
頼む
부탁하다, 주문하다

≒ 注文ちゅうもんする
주문하다

レストランでピザを頼(たの)む。
레스토랑에서 피자를 주문한다.

頼たのむ와 注文ちゅうもんする는 모두 물건을 주문한다는 의미로 쓰이나, 注文する가 더 딱딱한 표현이고, 頼む는 상대에게 무언가를 부탁한다는 의미로 폭넓게 쓰인다.

하루 1분 체크

1 다음 단어의 읽기로 가장 알맞은 것을 a, b 중에서 고르세요.

1. 家賃 (a. かちん　　b. やちん)

2. 指示 (a. じし　　b. しじ)

3. 空席 (a. くうせき　　b. こうせき)

2 다음 단어의 한자 표기로 가장 알맞은 것을 a, b 중에서 고르세요.

4. 요금(りょうきん)　(a. 料金　　b. 科金)

5. 자유(じゆう)　(a. 自曲　　b. 自由)

6. 안내(あんない)　(a. 案内　　b. 安内)

3 다음 괄호 안에 들어갈 말로 가장 알맞은 것을 a, b 중에서 고르세요.

7. これ、プレゼントなんですが、(a. 包んで　b. 頼んで) いただけますか。

8. 弟(おとうと)は電車(でんしゃ)に関(かん)する写真集(しゃしんしゅう)を (a. 集まって　b. 集めて) いる。

9. 首相(しゅしょう)は明日(あした)からアジア各国(かっこく)を公式(こうしき) (a. 訪問　b. 応募) する。

정답 1ⓑ 2ⓑ 3ⓐ 4ⓐ 5ⓑ 6ⓐ 7ⓐ 8ⓑ 9ⓐ

MP3 01-02

Day 02

01 03

공부 순서 미리 보기 → 따라 읽기 → 단어 암기 → 확인 학습

□ 塩(しお)	□ 早退(そうたい)	□ 発見(はっけん)	□ 疑問(ぎもん)
□ 湖(みずうみ)	□ 回収(かいしゅう)	□ 体力(たいりょく)	□ 注文(ちゅうもん)
□ 当日(とうじつ)	□ 自然(しぜん)	□ 相手(あいて)	□ 交換(こうかん)
□ 年中(ねんじゅう)／年中(ねんちゅう)	□ 横断(おうだん)	□ 不安(ふあん)	□ 守(まも)る
□ 相談(そうだん)	□ 消費(しょうひ)	□ 計算(けいさん)	□ 破(やぶ)れる
□ 文章(ぶんしょう)	□ 面接(めんせつ)	□ 正解(せいかい)	□ 別(わか)れる
□ 内緒(ないしょ)	□ 留守(るす)	□ 目標(もくひょう)	□ 覚(さ)める
□ 観察(かんさつ)	□ 期限(きげん)	□ 主張(しゅちょう)	□ 違(ちが)う
□ 禁止(きんし)	□ 値段(ねだん)	□ 方向(ほうこう)	□ 終(お)わる

Chapter 01 Chapter 02 Chapter 03

01 しお
塩
소금

+ 塩辛しおからい 짜다

塩しおを渡わたしてくれませんか。
소금을 건네주지 않겠습니까?

02 みずうみ
湖
호수

この山やまの上うえには湖みずうみがある。
이 산 위에는 호수가 있다.

03 とうじつ
当日
당일

+ 今日きょう 금일, 오늘

料金りょうきんは当日とうじつ、現金げんきんで支払しはらってください。
요금은 당일에 현금으로 지불하세요.

当日とうじつ는 어떤 일이 있는 날을 의미하며 과거와 미래 어느 시점에든 사용할 수 있고, 今日きょう는 바로 오늘을 뜻한다.

04 ねんじゅう ねんちゅう
年中／年中
일 년 내내

+ 年中無休ねんじゅうむきゅう 연중무휴

あのスーパーは、年中ねんじゅう、セールをしている。
저 슈퍼마켓은 일 년 내내 세일을 하고 있다.

05 そうだん
相談
상담

≒ 話はなし合あい 대화

동

家族かぞくと相談そうだんしてから決きめます。
가족과 상담하고 나서 결정하겠습니다.

06 ぶんしょう
文章
문장

彼かれの文章ぶんしょうは分わかりにくい。
그의 문장은 이해하기 힘들다.

07 ないしょ
内緒
비밀

≒ 秘密ひみつ 비밀

かびん　わ　おや　ないしょ
花瓶を割ったことは親には内緒にしておいた。
꽃병을 깬 것은 부모님에게는 비밀로 해 두었다.

内緒ないしょ는 자기 주변의 집단이나 친구 간에 알리지 않는 것을 의미하고, 秘密ひみつ는 어느 사회나 조직에서 외부로 알리지 않는 것을 가리킨다.

08 かんさつ
観察
관찰
동

かんさつ　けっか
観察の結果をレポートにまとめる。
관찰 결과를 리포트로 정리하다.

09 きんし
禁止
금지

↔ 許可きょか 허가
동

ちゅうしゃ　ていしゃ　きんし
ここは駐車だけでなく停車も禁止されている。
여기는 주차뿐 아니라 정차도 금지되어 있다.

10 そうたい
早退
조퇴
동

からだ　ぐあい　わる　がっこう　そうたい
体の具合が悪くて学校を早退した。
몸 상태가 좋지 않아서 학교를 조퇴했다.

11 かいしゅう
回収
회수
동

ようし　かいしゅう
アンケート用紙を回収します。
설문지를 회수하겠습니다.

12 しぜん
自然
자연
ナ

いま　うつく　しぜん　まも　たいせつ
今の美しい自然を守ることが大切だ。
지금의 아름다운 자연을 지키는 것이 중요하다.

- 自(스스로 자)

し　自然(しぜん) 자연
じ　自分(じぶん) 자기 자신

13 おうだん
横断
횡단

道路(どうろ)を横断(おうだん)するときは車(くるま)に気(き)をつけましょう。
도로를 횡단할 때는 차를 조심합시다.

＋横断歩道おうだんほどう 횡단보도
동

14 しょうひ
消費
소비

米(こめ)の消費量(しょうひりょう)は減(へ)り続(つづ)けている。
쌀 소비량은 계속 줄어들고 있다.

↔生産せいさん 생산
동

15 めんせつ
面接
면접
동

面接試験(めんせつしけん)は、午後(ごご)行(おこな)われる。
면접 시험은 오후에 실시된다.

16 るす
留守
부재중

友(とも)だちに電話(でんわ)したが、留守(るす)だった。
친구에게 전화했지만 부재중이었다.

≒不在中ふざいちゅう 부재중

• 留(머무를 류)
る　留守(るす) 부재
りゅう　留学(りゅうがく) 유학

17 きげん
期限
기한

レポートの提出期限(ていしゅつきげん)を守(まも)る。
보고서의 제출 기한을 지킨다.

≒締しめ切きり 마감

18 ねだん
値段
가격

雨不足(あめぶそく)で、野菜(やさい)の値段(ねだん)が上(あ)がった。
가뭄 때문에 채소 가격이 올랐다.

≒価格かかく 가격

19 はっけん
発見
발견
동

めずらしい動物(どうぶつ)が発見(はっけん)された。
희귀한 동물이 발견되었다.

20 たいりょく
体力
체력

病気(びょうき)をしてから体力(たいりょく)が落(お)ちている。
병을 앓고 나서 체력이 저하되었다.

21 あいて
相手
상대

相手(あいて)の悪(わる)いところを非難(ひなん)する。
상대의 단점을 비난하다.

22 ふあん
不安
불안

↔ 安心あんしん 안심
ナ

初(はじ)めての発表(はっぴょう)なので不安(ふあん)が大(おお)きい。
처음 하는 발표라서 불안감이 크다.

23 けいさん
計算
계산

≒ 勘定かんじょう 계산, 셈
동

計算(けいさん)に間違(まちが)いがあって修正(しゅうせい)した。
계산에 실수가 있어서 수정했다.

計算けいさん은 수량을 재거나 세는 것을 의미하고, **勘定**かんじょう는 대금을 지불하거나 금전적인 수입, 지출을 계산하는 것을 말한다.

24 せいかい
正解
정답

≒ 解答かいとう 해답

次(つぎ)の問題(もんだい)の正解(せいかい)を書(か)いてください。
다음 문제의 정답을 쓰세요.

25 もくひょう
目標
목표

+ 目的もくてき 목적

売り上げの目標を達成する。（う あ もくひょう たっせい）
매출 목표를 달성하다.

26 しゅちょう
主張
주장

≒ 意見いけん 의견
동

彼の主張には賛成できない。（かれ しゅちょう さんせい）
그의 주장에는 찬성할 수 없다.

27 ほうこう
方向
방향

≒ 方面ほうめん 방면

駅はどちらの方向ですか。（えき ほうこう）
역은 어느 방향입니까?

方向ほうこう는 일정한 장소로 향하여 나아가는 쪽을 가리키고, 方面ほうめん은 주로 행선지나 목적지를 가리킨다.

28 ぎもん
疑問
의문

調査結果に疑問を感じる。（ちょうさ けっか ぎもん かん）
조사 결과에 의문을 느끼다.

29 ちゅうもん
注文
주문

≒ オーダー 오더, 주문
동

注文した本が届いた。（ちゅうもん ほん とど）
주문한 책이 도착했다.

30 こうかん
交換
교환, 교체

≒ 取とり替かえ 교체
동

リモコンの電池を交換した。（でんち こうかん）
리모컨의 건전지를 교체했다.

31 まも
守る
지키다, 보호하다

↔ 攻せめる 공격하다

くに　こくみん　まも　せきにん
国は国民を守る責任がある。
국가는 국민을 보호할 책임이 있다.

32 やぶ
破れる
찢어지다, 파손되다

たいせつ　ほん　やぶ
大切な本が破れてしまった。
소중한 책이 찢어져 버렸다.

破(やぶ)れる　찢어지다 … 자동사
破(やぶ)る　찢다 … 타동사

33 わか
別れる
헤어지다, 작별하다

↔ 会あう 만나다

えき　とも　わか　いえ　かえ
駅で友だちと別れて家に帰った。
역에서 친구와 헤어지고 집으로 돌아왔다.

34 さ
覚める
(잠을) 깨다, (눈이) 떠지다

あさはや　め　さ
朝早く目が覚めてしまった。
아침 일찍 눈이 떠져 버렸다.

覚(さ)める　깨어나다 … 자동사
覚(さ)ます　깨우다 … 타동사

35 ちが
違う
다르다

しょうひん　ねだん　ちが
商品によって値段が違う。
상품에 따라서 가격이 다르다.

36 お
終わる
끝나다

いま　じゅぎょう　お
今、授業が終わったところです。
지금 수업이 막 끝난 참입니다.

終(お)わる　끝나다 … 자동사
終(お)える　끝내다 … 타동사

하루 1분 체크

1 다음 단어의 읽기로 가장 알맞은 것을 a, b 중에서 고르세요.

1. 留守 (a. るす b. りゅうしゅ)

2. 年中 (a. ねんちょう b. ねんじゅう)

3. 自然 (a. じぜん b. しぜん)

2 다음 단어의 한자 표기로 가장 알맞은 것을 a, b 중에서 고르세요.

4. 소비(しょうひ) (a. 消費 b. 削費)

5. 주문(ちゅうもん) (a. 柱文 b. 注文)

6. 다르다(ちがう) (a. 違う b. 偉う)

3 다음 괄호 안에 들어갈 말로 가장 알맞은 것을 a, b 중에서 고르세요.

7. 大切(たいせつ)な本(ほん)が(a. 破って b. 破れて)しまった。

8. 今(いま)、授業(じゅぎょう)が(a. 終わった b. 終えた)ところです。

9. 朝早(あさはや)く目(め)が(a. 覚まして b. 覚めて)しまった。

정답 1ⓐ 2ⓑ 3ⓑ 4ⓐ 5ⓑ 6ⓐ 7ⓑ 8ⓐ 9ⓑ

MP3 01-03

Day 03

02 04

공부 순서 미리 보기 → 따라 읽기 → 단어 암기 → 확인 학습

□ 汗(あせ)	□ 底(そこ)	□ 緑(みどり)	□ 多少(たしょう)
□ 傷(きず)	□ 商品(しょうひん)	□ 感(かん)じ	□ 頭痛(ずつう)
□ 前後(ぜんご)	□ 分類(ぶんるい)	□ 内容(ないよう)	□ 応援(おうえん)
□ 発生(はっせい)	□ 合計(ごうけい)	□ 緊張(きんちょう)	□ 植(う)える
□ 登場(とうじょう)	□ 休日(きゅうじつ)	□ 混雑(こんざつ)	□ 取(と)る
□ 最近(さいきん)	□ 経由(けいゆ)	□ うわさ	□ 手伝(てつだ)う
□ 失業(しつぎょう)	□ 決(き)まり	□ 出張(しゅっちょう)	□ 眠(ねむ)る
□ 調子(ちょうし)	□ 原因(げんいん)	□ 夫婦(ふうふ)	□ 輝(かがや)く
□ 週刊誌(しゅうかんし)	□ 改札口(かいさつぐち)	□ 仮定(かてい)	□ しぼる

Chapter 01 Chapter 02 Chapter 03

01 あせ
汗
땀

暑(あつ)いのでじっとしていても汗(あせ)が出(で)る。
더워서 가만히 있어도 땀이 난다.

汗 : 땀 한　汗(あせ) 땀
肝 : 간 간　肝(きも) 간(신체 기관)

02 きず
傷
상처, 흠집

メガネに傷(きず)がついてしまった。
안경에 흠집이 생겨 버렸다.

03 ぜんご
前後
전후, 앞뒤

彼(かれ)の話(はなし)だけでは、事件(じけん)の前後関係(ぜんごかんけい)がよく分(わ)からない。
그의 말만으로는 사건의 전후 관계를 잘 모르겠다.

04 はっせい
発生
발생
동

家(いえ)の近(ちか)くで火事(かじ)が発生(はっせい)し、大変(たいへん)だった。
집 근처에서 화재가 발생해서 큰일이었다.

05 とうじょう
登場
등장

≒ 出現しゅつげん 출현
동

女優(じょゆう)の高橋(たかはし)さんが舞台(ぶたい)に登場(とうじょう)した。
여배우인 다카하시 씨가 무대에 등장했다.

06 さいきん
最近
최근

≒ 近ちかごろ 최근

最近運動不足(さいきんうんどうぶそく)で太(ふと)ってしまった。
최근 운동 부족으로 살이 쪄 버렸다.

Day 03

07 しつぎょう
失業
실업

\+ 失業者しつぎょうしゃ 실업자
동

不景気(ふけいき)が続(つづ)き、失業者(しつぎょうしゃ)も増(ふ)えている。
불경기가 이어지면서 실업자도 늘고 있다.

失 : 잃을 실　失業(しつぎょう) 실업
矢 : 화살 시　一矢(いっし) 화살 한 개

08 ちょうし
調子
상태

≒ 具合ぐあい 상태

今日(きょう)は体(からだ)の調子(ちょうし)がよくない。
오늘은 몸 상태가 좋지 않다.

09 しゅうかんし
週刊誌
주간지

今(いま)、この週刊誌(しゅうかんし)が一番(いちばん)売(う)れている。
지금 이 주간지가 가장 잘 팔리고 있다.

10 そこ
底
바닥, 밑

\+ 床ゆか 바닥, 마루

このカップは底(そこ)が広(ひろ)くて倒(たお)れにくい。
이 컵은 바닥이 넓어서 잘 넘어지지 않는다.

底そこ와 床ゆか 모두 바닥을 뜻하지만, 底는 그릇이나 움푹 파인 사물의 아랫부분을 말하는 것이고, 床는 건물의 바닥을 말한다.

11 しょうひん
商品
상품

≒ 品物しなもの 물건

棚(たな)に商品(しょうひん)を並(なら)べている。
선반에 상품을 진열하고 있다.

12 ぶんるい
分類
분류

≒ 区分くぶん 구분
동

みかんを大(おお)きさによって三(みっ)つに分類(ぶんるい)する。
귤을 크기에 따라서 세 가지로 분류하다.

13 ごうけい
合計
합계
[동]

今回(こんかい)の飲(の)み会(かい)の費用(ひよう)は、合計(ごうけい) 3 万円(まんえん)だった。
이번 회식비는 합계 3만 엔이었다.

14 きゅうじつ
休日
휴일

≒ 休やすみ 휴식, 휴일

休日(きゅうじつ)は家(いえ)でテレビを見(み)たり音楽(おんがく)を聞(き)いたりする。
휴일은 집에서 텔레비전을 보거나 음악을 듣거나 한다.

15 けいゆ
経由
경유
[동]

ロンドンを経由(けいゆ)してパリへ行(い)く。
런던을 경유하여 파리에 간다.

16 き
決まり
규칙, 결정

≒ 規則きそく 규칙

服装(ふくそう)は学校(がっこう)の決(き)まりに従(したが)わなければならない。
복장은 학교의 규칙을 따라야 한다.

17 げんいん
原因
원인

↔ 結果けっか 결과

警察(けいさつ)で事故(じこ)の原因(げんいん)を調(しら)べている。
경찰에서 사고 원인을 조사하고 있다.

因 : 인할 인　原因(げんいん) 원인
困 : 곤할 곤　困難(こんなん) 곤란

18 かいさつぐち
改札口
개찰구

改札口(かいさつぐち)では乗車券(じょうしゃけん)を渡(わた)してください。
개찰구에서는 승차권을 건네주세요.

19 みどり
緑
초록색, 녹색

緑(みどり)のシャツを買(か)った。
녹색 셔츠를 샀다.

緑 : 푸를 록　緑(みどり) 초록색
縁 : 가선 연　縁(ふち) 가장자리

20 かん
感じ
느낌

この音楽(おんがく)は春(はる)の感(かん)じがする。
이 음악은 봄의 느낌이 난다.

21 ないよう
内容
내용

↔ 形式けいしき 형식

書類(しょるい)の内容(ないよう)をよく読(よ)んでください。
서류의 내용을 잘 읽어 주십시오.

22 きんちょう
緊張
긴장
동

発表(はっぴょう)のときは、緊張(きんちょう)して胸(むね)がどきどきした。
발표할 때는 긴장해서 가슴이 두근거렸다.

23 こんざつ
混雑
혼잡
동

観光地(かんこうち)は、人(ひと)と車(くるま)で混雑(こんざつ)していた。
관광지는 사람과 차로 혼잡스러웠다.

24
うわさ
소문

うわさをすぐ信用(しんよう)してはならない。
소문을 바로 믿어서는 안 된다.

Chapter 01 Chapter 02 Chapter 03

25 しゅっちょう
出張
출장
동

明日(あした)から出張(しゅっちょう)に行(い)きます。
내일부터 출장을 갑니다.

26 ふうふ
夫婦
부부

≒ 夫妻ふさい 부부

久(ひさ)しぶりに夫婦(ふうふ)で旅行(りょこう)した。
오랜만에 부부가 함께 여행했다.

夫婦ふうふ와 夫妻ふさい의 의미는 같지만, 손윗사람을 대할 때나 공적인 자리에서는 夫婦보다 夫妻를 사용하는 것이 좀 더 정중한 느낌이다.

27 かてい
仮定
가정
동

この説(せつ)は間違(まちが)っていると仮定(かてい)してみよう。
이 설은 잘못된 것이라고 가정해 보자.

28 たしょう
多少
다소, 많고 적음

量(りょう)の多少(たしょう)にかかわらず、注文(ちゅうもん)を受(う)けます。
양의 많고 적음에 관계없이 주문을 받습니다.

29 ずつう
頭痛
두통

風邪(かぜ)をひいて頭痛(ずつう)がひどい。
감기에 걸려서 두통이 심하다.

• 頭(머리 두)
　ず　頭痛(ずつう) 두통
　とう　一頭(いっとう) 한 마리(소, 말 등의 커다란 동물)

30 おうえん
応援
응원
동

先輩(せんぱい)が試合(しあい)に出(で)るので、応援(おうえん)に行(い)った。
선배가 시합에 나와서 응원하러 갔다.

援 : 도울 원　応援(おうえん) 응원
授 : 줄 수　教授(きょうじゅ) 교수

31 う
植える
심다

庭(にわ)に木(き)を植(う)えると季節(きせつ)の変化(へんか)が感(かん)じられる。
정원에 나무를 심으면 계절의 변화를 느낄 수 있다.

32 と
取る
(손에) 들다, 잡다

すみませんが、そのしょうゆを取(と)ってください。
죄송하지만, 그 간장을 집어 주세요.

33 てつだ
手伝う
돕다

青木(あおき)さんに仕事(しごと)を手伝(てつだ)ってもらいました。
아오키 씨가 일을 도와주었습니다.

34 ねむ
眠る
자다, 잠들다

本(ほん)を読(よ)んでいるうちに眠(ねむ)ってしまった。
책을 읽고 있는 사이에 잠들어 버렸다.

≒ 寝ねる 자다, 눕다

眠ねむる와 寝ねる는 모두 기본적으로 수면하는 것을 뜻하지만, 寝る는 옆으로 누워 쉰다는 의미를 포함하고, 眠る는 잠이 든 상태를 말한다.

35 かがや
輝く
빛나다

夜空(よぞら)に星(ほし)が輝(かがや)いている。
밤하늘에 별이 빛나고 있다.

≒ 光ひかる 빛나다

輝かがやく와 光ひかる의 의미는 비슷하지만, 눈빛이나 표정에 생기가 있음을 표현할 때는 輝く를 사용한다.

36
しぼる
(즙을) 짜다

みかんをしぼってジュースにする。
귤을 짜서 주스를 만든다.

하루 1분 체크

1 다음 단어의 읽기로 가장 알맞은 것을 a, b 중에서 고르세요.

1. 頭痛　(a. とうつう　b. ずつう)

2. 夫婦　(a. ふふ　b. ふうふ)

3. 植える　(a. うえる　b. はえる)

2 다음 단어의 한자 표기로 가장 알맞은 것을 a, b 중에서 고르세요.

4. 응원(おうえん)　(a. 応援　b. 応授)

5. 초록색(みどり)　(a. 緑　b. 緑)

6. 실업(しつぎょう)　(a. 矢業　b. 失業)

3 다음 괄호 안에 들어갈 말로 가장 알맞은 것을 a, b 중에서 고르세요.

7. すみませんが、そのしょうゆを(a. 取れて　b. 取って)ください。

8. このカップは(a. 底　b. 床)が 広(ひろ)くて倒(たお)れにくい。

9. みかんを(a. しばって　b. しぼって)ジュースにする。

정답 1ⓑ 2ⓑ 3ⓐ 4ⓐ 5ⓑ 6ⓑ 7ⓑ 8ⓐ 9ⓑ

MP3 01-04

Day 04

03 05

공부 순서 미리 보기 → 따라 읽기 → 단어 암기 → 확인 학습

- □ 横(よこ)
- □ 穴(あな)
- □ 最新(さいしん)
- □ 法律(ほうりつ)
- □ 応用(おうよう)
- □ 広告(こうこく)
- □ 渋滞(じゅうたい)
- □ 文句(もんく)
- □ 関心(かんしん)
- □ 資源(しげん)
- □ 平均(へいきん)
- □ 他人(たにん)
- □ 香り(かおり)
- □ 内側(うちがわ)
- □ 外科(げか)
- □ 実力(じつりょく)
- □ 当然(とうぜん)
- □ 規則(きそく)
- □ 停電(ていでん)
- □ 位置(いち)
- □ 税金(ぜいきん)
- □ 朝食(ちょうしょく)
- □ 姿勢(しせい)
- □ 輸出(ゆしゅつ)
- □ 選手(せんしゅ)
- □ 我慢(がまん)
- □ 教師(きょうし)
- □ 割合(わりあい)
- □ 健康(けんこう)
- □ 情報(じょうほう)
- □ 防ぐ(ふせぐ)
- □ 追う(おう)
- □ 借りる(かりる)
- □ 燃える(もえる)
- □ 許す(ゆるす)
- □ 折る(おる)

01 よこ
横
옆, 가로

鈴木(すずき)さんの横(よこ)にいるのは誰(だれ)ですか。
스즈키 씨 옆에 있는 것은 누구입니까?

≒ 隣となり 옆

隣となり는 성질이나 종류가 같은 대상이 바로 옆에 나란히 있는 것을 말하고, 横よこ는 같은 종류, 가까운 거리에 국한하지 않고 어떤 대상이 수평 또는 좌우 방향으로 위치해 있는 것을 말한다.

02 あな
穴
구멍, 구덩이

袋(ふくろ)に穴(あな)があいてしまった。
자루에 구멍이 나 버렸다.

03 さいしん
最新
최신

この映画館(えいがかん)で最新(さいしん)の映画(えいが)が見(み)られる。
이 영화관에서 최신 영화를 볼 수 있다.

04 ほうりつ
法律
법률

川(かわ)にごみを捨(す)てるのは法律違反(ほうりついはん)だ。
강에 쓰레기를 버리는 것은 법률 위반이다.

05 おうよう
応用
응용
동

このケータイには様々(さまざま)な技術(ぎじゅつ)が応用(おうよう)されている。
이 휴대폰에는 다양한 기술이 응용되어 있다.

06 こうこく
広告
광고
동

広告(こうこく)の効果(こうか)で、新製品(しんせいひん)はよく売(う)れている。
광고 효과로 신제품은 잘 팔리고 있다.

Day 04

07 じゅうたい
渋滞
정체(밀리는 상태)
동

じゅうたい くるま まえ すす
渋滞のせいで車が前に進まない。
정체 탓에 차가 앞으로 나아가지 않는다.

08 もんく
文句
불평, 잔소리

もんく い しごと
文句ばかり言ってないで、仕事しなさい。
불평만 하지 말고 일해.

- 文(글월 문)
  もん 文句(もんく) 잔소리
  ぶん 文学(ぶんがく) 문학

09 かんしん
関心
관심

きょういくもんだい かんしん
教育問題に関心がある。
교육 문제에 관심이 있다.

≒ 興味きょうみ 흥미

10 しげん
資源
자원

しげん たいせつ
資源を大切にしましょう。
자원을 소중히 합시다.

源 : 근원 원 資源(しげん) 자원
原 : 언덕 원 草原(そうげん) 초원

11 へいきん
平均
평균

いがく はったつ へいきんじゅみょう
医学の発達で、平均寿命ものびている。
의학의 발달로 평균 수명도 늘어나고 있다.

12 たにん
他人
타인, 남

たにん へや はい
他人の部屋に入るときは、ノックをする。
남의 방에 들어갈 때는 노크를 한다.

13 かお
香り
□□□ 향기

この果物(くだもの)は香(かお)りがいい。
이 과일은 향이 좋다.

---

14 うちがわ
内側
□□□ 안쪽

↔ 外側(そとがわ) 바깥쪽

黄色(きいろ)い線(せん)の内側(うちがわ)にお立(た)ちください。
노란 선 안쪽으로 서 주세요.

側 : 곁 측　　内側(うちがわ) 안쪽
測 : 헤아릴 측　測量(そくりょう) 측량

---

15 げ か
外科
□□□ 외과

田中(たなか)さんは外科(げか)のお医者(いしゃ)さんです。
다나카 씨는 외과 의사입니다.

• 外(바깥 외)
げ　外科(げか) 외과
がい　外国(がいこく) 외국

---

16 じつりょく
実力
□□□ 실력

彼女(かのじょ)は実力(じつりょく)のある歌手(かしゅ)だ。
그녀는 실력 있는 가수이다.

---

17 とうぜん
当然
□□□ 당연

≒ 当(あ)たり前(まえ) 당연 ナ

教師(きょうし)としてこの忠告(ちゅうこく)は当然(とうぜん)のことだ。
교사로서 이 충고는 당연한 것이다.

---

18 き そく
規則
□□□ 규칙

≒ 決(き)まり 규칙

これから学校(がっこう)の規則(きそく)を説明(せつめい)します。
지금부터 학교의 규칙을 설명하겠습니다.

19 ていでん
停電
정전
동

テレビを見(み)ているときに、停電(ていでん)して困(こま)った。
텔레비전을 보고 있을 때 정전이 되어 곤란했다.

20 いち
位置
위치

＋場所ばしょ 장소
동

決(き)められた位置(いち)に車(くるま)を止(と)める。
정해진 위치에 차를 세우다.

21 ぜいきん
税金
세금

買(か)い物(もの)をすると、税金(ぜいきん)を払(はら)うことになっている。
물건을 사면 세금을 내게 되어 있다.

22 ちょうしょく
朝食
조식, 아침 식사

≒朝あさご飯はん 아침밥

朝食(ちょうしょく)をとらないで出勤(しゅっきん)する人(ひと)が増(ふ)えた。
아침 식사를 하지 않고 출근하는 사람이 늘었다.

23 しせい
姿勢
자세

正(ただ)しい姿勢(しせい)で座(すわ)ってください。
바른 자세로 앉으세요.

24 ゆしゅつ
輸出
수출

↔輸入ゆにゅう 수입
동

この会社(かいしゃ)は、自動車(じどうしゃ)を外国(がいこく)に輸出(ゆしゅつ)している。
이 회사는 자동차를 외국에 수출하고 있다.

輸 : 보낼 수　輸出(ゆしゅつ) 수출
輪 : 바퀴 륜　車輪(しゃりん) 차바퀴

25 せんしゅ
選手
선수

ゆうしょう せんしゅ
優勝した選手にインタビューした。
우승한 선수를 인터뷰했다.

26 が まん
我慢
참음
동

かれ しつれい たい ど が まん
彼の失礼な態度に我慢できなかった。
그의 무례한 태도를 참을 수 없었다.

27 きょう し
教師
교사

≒ 先生せんせい 선생님

かのじょ ゆうのう きょう し
彼女は有能な教師である。
그녀는 유능한 교사이다.

28 わりあい
割合
비율

≒ 比率ひりつ 비율

たまご せいぶん わりあい しら
卵の成分の割合を調べた。
계란의 성분 비율을 조사했다.

29 けんこう
健康
건강
ナ

けんこう うんどう
健康のために運動をしよう。
건강을 위해서 운동을 하자.

健 : 굳셀 건 健康(けんこう) 건강
建 : 세울 건 建設(けんせつ) 건설

30 じょうほう
情報
정보

さまざま りょこう じょうほう あつ
様々な旅行の情報を集めている。
여러 가지 여행 정보를 모으고 있다.

情 : 뜻 정 情報(じょうほう) 정보
清 : 맑을 청 清掃(せいそう) 청소

Day 04

31 ふせ
防ぐ
□□□ 막다, 방지하다

じこ ふせ くふう
事故を防ぐ工夫をしましょう。
사고를 막을 궁리를 합시다.

32 お
追う
□□□ 좇다, 따르다

ははおや こども うし お はし
母親が子供の後ろを追って走っている。
어머니가 아이의 뒤를 쫓아서 달리고 있다.

33 か
借りる
□□□ 빌리다

か ほん かえ
借りた本を返した。
빌린 책을 돌려주었다.

借 : 빌릴 차　借(か)りる 빌리다
惜 : 아낄 석　惜(お)しい 아깝다

34 も
燃える
□□□ 타다, 불타다

も きんようび だ
燃えないゴミは金曜日に出してください。
타지 않는 쓰레기는 금요일에 내어 놓으세요.

燃(も)える 불타다 … 자동사
燃(も)やす 불태우다 … 타동사

35 ゆる
許す
□□□ 용서하다, 허락하다

こんかい ゆる
今回だけは許してください。
이번만은 용서해 주세요.

36 お
折る
□□□ 꺾다

こうえん き えだ お
公園の木の枝を折ってはいけません。
공원의 나뭇가지를 꺾어서는 안 됩니다.

折(お)れる 꺾이다 … 자동사
折(お)る 꺾다 … 타동사

하루 1분 체크

1 다음 단어의 읽기로 가장 알맞은 것을 a, b 중에서 고르세요.

1. 外科 (a. げか　　b. がいか)

2. 文句 (a. ぶんく　　b. もんく)

3. 税金 (a. せいきん　　b. ぜいきん)

2 다음 단어의 한자 표기로 가장 알맞은 것을 a, b 중에서 고르세요.

4. 안쪽(うちがわ) (a. 内側　　b. 内測)

5. 정보(じょうほう) (a. 清報　　b. 情報)

6. 빌리다(かりる) (a. 借りる　　b. 惜りる)

3 다음 괄호 안에 들어갈 말로 가장 알맞은 것을 a, b 중에서 고르세요.

7. 公園(こうえん)の木(き)の枝(えだ)を(a. 折っては　b. 折れては)いけません。

8. 医学(いがく)の発達(はったつ)で、(a. 平均　b. 応用)寿命(じゅみょう)ものびている。

9. (a. 停電　b. 渋滞)のせいで車(くるま)が前(まえ)に進(すす)まない。

정답 1ⓐ 2ⓑ 3ⓑ 4ⓐ 5ⓑ 6ⓐ 7ⓐ 8ⓐ 9ⓑ

MP3 01-05

Day 05

04 05 06

공부 순서 ▢ 미리 보기 ➔ ▢ 따라 읽기 ➔ ▢ 단어 암기 ➔ ▢ 확인 학습

- □ 歯(は)
- □ 空(から)
- □ 呼吸(こきゅう)
- □ 貯金(ちょきん)
- □ 指導(しどう)
- □ 順番(じゅんばん)
- □ 泡(あわ)
- □ 休養(きゅうよう)
- □ 経営(けいえい)

- □ 単語(たんご)
- □ 発表(はっぴょう)
- □ 血液(けつえき)
- □ 各地(かくち)
- □ 共通(きょうつう)
- □ 材料(ざいりょう)
- □ 完成(かんせい)
- □ 期待(きたい)
- □ 栄養(えいよう)

- □ 複数(ふくすう)
- □ 締(し)め切(き)り
- □ 集中(しゅうちゅう)
- □ 移動(いどう)
- □ くせ
- □ 到着(とうちゃく)
- □ 大会(たいかい)
- □ 食器(しょっき)
- □ 楽器(がっき)

- □ 検査(けんさ)
- □ 制限(せいげん)
- □ 泣(な)く
- □ 振(ふ)る
- □ 迷(まよ)う
- □ 分(わ)ける
- □ 囲(かこ)む
- □ 怒(おこ)る
- □ 信(しん)じる

Chapter 01
Chapter 02
Chapter 03

01 は
歯
이, 치아

は　いた　　は いしゃ　い
歯が痛くなって歯医者に行った。
이가 아파져서 치과에 갔다.

歯 : 이 치　歯(は) 이
菌 : 버섯 균　細菌(さいきん) 세균

02 から
空
속이 빈 모양

から　　びん　　お
空になった瓶はここに置いてください。
빈 병은 여기에 두세요.

• 空(빌 공)
そら　空(そら) 하늘
から　空(から) (속이) 빔

03 こ きゅう
呼吸
호흡, 숨

≒ 息いき 숨, 호흡
동

め　と　　　こ きゅう
目を閉じて、ゆっくりと呼吸してみた。
눈을 감고 천천히 호흡해 보았다.

04 ちょきん
貯金
저금, 저축
동

ちょきん　かね　りょこう　い
貯金したお金で旅行に行った。
저금한 돈으로 여행을 갔다.

05 し どう
指導
지도
동

せんせい　し どう　　はつおん　れんしゅう
先生の指導にしたがって発音の練習をした。
선생님의 지도를 따라 발음 연습을 했다.

06 じゅんばん
順番
순번, 차례

はっぴょう　じゅんばん　き
発表の順番を決めよう。
발표 순서를 정하자.

07 あわ
泡
거품

石けん(せっ)で泡(あわ)を立(た)てて手(て)を洗(あら)いましょう。
비누로 거품을 내서 손을 씻읍시다.

08 きゅうよう
休養
휴양

≒ 休やすみ 휴식

동

自宅(じたく)で十分(じゅうぶん)に休養(きゅうよう)を取(と)ってください。
집에서 충분히 휴양을 취하세요.

09 けいえい
経営
경영

+ 経営学けいえいがく 경영학

동

父(ちち)は貿易会社(ぼうえきがいしゃ)を経営(けいえい)している。
아버지는 무역 회사를 경영하고 있다.

10 たんご
単語
단어

昨日(きのう)習(なら)った単語(たんご)をもう忘(わす)れてしまった。
어제 배운 단어를 벌써 잊어버렸다.

単 : 홑 단　単語(たんご) 단어
草 : 풀 초　草原(そうげん) 초원

11 はっぴょう
発表
발표

동

調査(ちょうさ)の結果(けっか)を発表(はっぴょう)した。
조사 결과를 발표했다.

12 けつえき
血液
혈액

+ 血液型けつえきがた 혈액형

健康診断(けんこうしんだん)で血液検査(けつえきけんさ)を受(う)けた。
건강 검진에서 혈액 검사를 받았다.

13 かくち
各地
각지

彼(かれ)は、世界各地(せかいかくち)を旅(たび)しながら写真(しゃしん)を撮(と)っている。
그는 세계 각지를 여행하면서 사진을 찍고 있다.

各 : 각각 각　各地(かくち) 각지
客 : 손 객　お客(きゃく)さん 손님

14 きょうつう
共通
공통

+ 共通点きょうつうてん 공통점
동 ナ

私(わたし)たちの共通(きょうつう)の趣味(しゅみ)は、テニスである。
우리의 공통 취미는 테니스이다.

15 ざいりょう
材料
재료

≒ 原料げんりょう 원료

料理(りょうり)するための材料(ざいりょう)を買(か)っておいた。
요리하기 위한 재료를 사다 놓았다.

16 かんせい
完成
완성
동

このビルはあと2か月(げつ)で完成(かんせい)する。
이 빌딩은 앞으로 2개월 안에 완성된다.

17 きたい
期待
기대

≒ 楽たのしみ 기대, 즐거움
동

あなたの成功(せいこう)に期待(きたい)しています。
당신의 성공을 기대하고 있습니다.

待 : 기다릴 대　期待(きたい) 기대
持 : 가질 지　維持(いじ) 유지

18 えいよう
栄養
영양

栄養(えいよう)のバランスを考(かんが)えて、料理(りょうり)をする。
영양 밸런스를 생각하여 요리를 한다.

19 ふくすう
複数
□□□ 복수, 여러 개

↔ 単数たんすう 단수

ふくすう ひと いちだい つか
複数の人が一台のパソコンを使う。
여러 사람이 한 대의 컴퓨터를 사용한다.

複 : 겹칠 복　複数(ふくすう) 복수(여러 개)
復 : 회복할 복　往復(おうふく) 왕복

20 し き
締め切り
□□□ 마감, 마감 시간

≒ 期限きげん 기한

し き あした
レポートの締め切りは明日です。
리포트 마감은 내일입니다.

21 しゅうちゅう
集中
□□□ 집중

↔ 分散ぶんさん 분산
동

しごと しゅうちゅう
うるさくて仕事に集中できない。
시끄러워서 일에 집중할 수 없다.

22 いどう
移動
□□□ 이동
동

いどう じかん
バスによる移動は時間がかかる。
버스 이동은 시간이 걸린다.

23
くせ
□□□ 버릇

かれ か じまん
彼は、買ったものを自慢するくせがある。
그는 산 물건을 자랑하는 버릇이 있다.

24 とうちゃく
到着
□□□ 도착

↔ 出発しゅっぱつ 출발
동

ひこうき くうこう とうちゃく
飛行機が空港に到着した。
비행기가 공항에 도착했다.

到 : 이를 도　到着(とうちゃく) 도착
倒 : 넘어질 도　倒産(とうさん) 노산

25 たいかい
大会
대회

+ 花火大会はなびたいかい
불꽃놀이

今度(こんど)こそは全国大会(ぜんこくたいかい)で優勝(ゆうしょう)したい。
이번만큼은 전국 대회에서 우승하고 싶다.

26 しょっき
食器
식기

食(た)べ終(お)わったら食器(しょっき)を洗(あら)ってください。
다 먹었으면 식기를 씻어 주세요.

27 がっき
楽器
악기

+ 演奏えんそう 연주

山田(やまだ)さんは、いろいろな楽器(がっき)を弾(ひ)くことができる。
야마다 씨는 여러 가지 악기를 연주할 수 있다.

28 けんさ
検査
검사
동

検査(けんさ)の日(ひ)は、朝食(ちょうしょく)を食(た)べずに来(き)てください。
검사하는 날은 아침을 먹지 말고 오세요.

検 : 검사할 검　検査(けんさ) 검사
険 : 험할 험　保険(ほけん) 보험

29 せいげん
制限
제한
동

制限速度(せいげんそくど)を守(まも)って安全運転(あんぜんうんてん)をしましょう。
제한 속도를 지켜 안전 운전을 합시다.

30 な
泣く
울다

赤(あか)ちゃんが泣(な)いている。
아기가 울고 있다.

31 ふ
振る
□□□ 흔들다

彼女(かのじょ)は軽(かる)く手(て)を振(ふ)ってあいさつした。
그녀는 가볍게 손을 흔들어 인사했다.

振(ふ)れる　흔들리다 … 자동사
振(ふ)る　흔들다 … 타동사

32 まよ
迷う
□□□ 헤매다, 망설이다

+ 迷子まいご 미아

少(すこ)し高(たか)いので、買(か)おうかどうか迷(まよ)っている。
조금 비싸서 살지 말지 망설이고 있다.

33 わ
分ける
□□□ 나누다, 구분하다

重(おも)い荷物(にもつ)は二(ふた)つの箱(はこ)に分(わ)けて運(はこ)ぶ。
무거운 짐은 두 개의 상자에 나눠서 옮긴다.

分(わ)かれる　나누어지다 … 자동사
分(わ)ける　나누다 … 타동사

34 かこ
囲む
□□□ 둘러싸다, 에워싸다

テーブルを囲(かこ)んで食事(しょくじ)をする。
테이블에 둘러앉아 식사를 한다.

35 おこ
怒る
□□□ 큰소리로 화를 내다, 꾸짖다

酔(よ)っ払(ぱら)って帰(かえ)ってきて、親(おや)に怒(おこ)られた。
술에 잔뜩 취한 채로 돌아와서 부모님께 꾸중을 들었다.

36 しん
信じる
□□□ 믿다

君(きみ)なら必(かなら)ず成功(せいこう)すると信(しん)じている。
너라면 꼭 성공하리라고 믿고 있다.

하루 1분 체크

1 다음 단어의 읽기로 가장 알맞은 것을 a, b 중에서 고르세요.

1. 材料 (a. さいりょう　　b. ざいりょう)

2. 大会 (a. たいかい　　b. だいかい)

3. 泡 (a. あわ　　b. いわ)

2 다음 단어의 한자 표기로 가장 알맞은 것을 a, b 중에서 고르세요.

4. 이(は)　(a. 菌　b. 歯)

5. 순번(じゅんばん)　(a. 順番　b. 準番)

6. 검사(けんさ)　(a. 検査　b. 険査)

3 다음 괄호 안에 들어갈 말로 가장 알맞은 것을 a, b 중에서 고르세요.

7. 飛行機(ひこうき)が空港(くうこう)に(a. 出発　b. 到着)した。

8. 重(おも)い荷物(にもつ)は二(ふた)つの箱(はこ)に(a. 分かれて　b. 分けて)運(はこ)ぶ。

9. テーブルを(a. 囲んで　b. 迷って)食事(しょくじ)をする。

정답 1ⓑ 2ⓐ 3ⓐ 4ⓑ 5ⓐ 6ⓐ 7ⓑ 8ⓑ 9ⓐ

MP3 01-06

Day 06

공부 순서 ▢ 미리 보기 → ▢ 따라 읽기 → ▢ 단어 암기 → ▢ 확인 학습

- ☐ 波(なみ)
- ☐ 島(しま)
- ☐ 首(くび)
- ☐ 席(せき)
- ☐ 独身(どくしん)
- ☐ 感動(かんどう)
- ☐ おしまい
- ☐ 事情(じじょう)
- ☐ 使用(しよう)
- ☐ 半日(はんにち)
- ☐ 専門家(せんもんか)
- ☐ 笑顔(えがお)
- ☐ 帰宅(きたく)
- ☐ 申請(しんせい)
- ☐ 感覚(かんかく)
- ☐ 坂道(さかみち)
- ☐ 暗記(あんき)
- ☐ 個人(こじん)
- ☐ 成績(せいせき)
- ☐ 直接(ちょくせつ)
- ☐ 興味(きょうみ)
- ☐ 平日(へいじつ)
- ☐ 駐車(ちゅうしゃ)
- ☐ 欠席(けっせき)
- ☐ 手段(しゅだん)
- ☐ 過去(かこ)
- ☐ 代金(だいきん)
- ☐ 修理(しゅうり)
- ☐ 物価(ぶっか)
- ☐ 団体(だんたい)
- ☐ 返す(かえす)
- ☐ 売れる(うれる)
- ☐ 止める(やめる)
- ☐ 曲がる(まがる)
- ☐ 片付ける(かたづける)
- ☐ 汚れる(よごれる)

01 なみ
波
□□□ 파도

台風で波が高いため、船は出ません。
태풍으로 파도가 높기 때문에 배는 출항하지 않습니다.

---

02 しま
島
□□□ 섬

この島には珍しい生き物がたくさんいる。
이 섬에는 희귀한 생물이 많이 있다.

島 : 섬 도　島(しま) 섬
鳥 : 새 조　鳥(とり) 새

---

03 くび
首
□□□ 목

+ 首くびになる 해고되다

首にマフラーを巻いた。
목에 머플러를 감았다.

---

04 せき
席
□□□ 자리, 좌석

≒ 座席ざせき 좌석

この席に座ってもいいですか。
이 자리에 앉아도 됩니까?

席 : 자리 석　席(せき) 자리
度 : 정도 도　度(たび) 때, 번

---

05 どくしん
独身
□□□ 독신

≒ 独ひとり 혼자, 독신

彼はまだ独身のままです。
그는 아직 독신인 채입니다.

---

06 かんどう
感動
□□□ 감동
동

彼女のスピーチを聞いて感動した。
그녀의 연설을 듣고 감동했다.

07 おしまい
끝

≒ 終おわり 끝

では、今日の授業はこれでおしまいにします。
그럼, 오늘 수업은 이것으로 마감하겠습니다.

08 じじょう 事情
사정

≒ 都合つごう 사정, 형편

一人で悩まないで、事情を話してくれませんか。
혼자 고민하지 말고 사정을 이야기해 주지 않겠습니까?

09 しよう 使用
사용

+ 使用料しようりょう 사용료

동

工事のため、3時からエレベーターは使用できません。
공사 때문에 3시부터 엘리베이터는 사용할 수 없습니다.

10 はんにち 半日
반일, 한나절

部屋を掃除するのに半日かかった。
방을 청소하는 데 한나절 걸렸다.

• 日(날 일)
にち　半日(はんにち) 한나절
じつ　平日(へいじつ) 평일

11 せんもんか 専門家
전문가

同じ分野の専門家でも、考え方が違う。
같은 분야의 전문가라도 생각이 다르다.

12 えがお 笑顔
웃는 얼굴, 미소

川村さんは笑顔がとてもすてきです。
가와무라 씨는 미소가 정말 멋있습니다.

13 きたく
帰宅
귀가

≒ 帰かえり 돌아감, 귀가
동

昨日きのうは残業ざんぎょうで帰宅きたくが遅おそくなった。
어제는 잔업으로 귀가가 늦어졌다.

帰 : 돌아갈 귀　帰宅(きたく) 귀가
掃 : 쓸 소　掃除(そうじ) 청소

14 しんせい
申請
신청

≒ 申もうし込こみ 신청
동

パスワードを申請しんせいするために書類しょるいを用意ようい した。
패스워드를 신청하려고 서류를 준비했다.

申請しんせい는 공적으로 무언가를 청구하거나, 어떤 당연한 요구를 할 때 쓰이고, 申もうし込こみ는 조금 더 자신의 의향을 담아 상대에게 요구하는 느낌으로 쓰인다.

15 かんかく
感覚
감각

長ながい間あいだ座すわっていたら、足あしの感覚かんかくがなくなった。
오랫동안 앉아 있었더니 다리 감각이 없어졌다.

16 さかみち
坂道
비탈길

この坂道さかみちをしばらく登のぼると、学校がっこうがあります。
이 비탈길을 조금 오르면 학교가 있습니다.

17 あんき
暗記
암기
동

授業じゅぎょうで習ならった例文れいぶんを暗記あんきした。
수업에서 배운 예문을 암기했다.

18 こじん
個人
개인

↔ 団体だんたい 단체

個人こじんのプライバシーは守まもらなければならない。
개인의 프라이버시는 지켜야 한다.

19 せいせき
成績
성적

彼はあまり勉強しないのに、成績がいい。
그는 별로 공부하지 않는데도 성적이 좋다.

績 : 길쌈할 적　成績(せいせき) 성적
積 : 쌓을 적　面積(めんせき) 면적

20 ちょくせつ
直接
직접

↔ 間接かんせつ 간접
동 ナ

彼が倒れた直接の原因は過労である。
그가 쓰러진 직접적인 원인은 과로다.

21 きょうみ
興味
흥미

≒ 関心かんしん 관심

ヨーロッパの歴史に興味がある。
유럽 역사에 흥미가 있다.

• 興(일 흥)
きょう　興味(きょうみ) 흥미
こう　復興(ふっこう) 부흥

22 へいじつ
平日
평일

+ 週末しゅうまつ 주말

この電車は、平日の昼間も乗客でいっぱいである。
이 전철은 평일 대낮에도 승객으로 가득 차 있다.

23 ちゅうしゃ
駐車
주차

+ 駐車場ちゅうしゃじょう 주차장
동

店の前に駐車しないでください。
가게 앞에 주차하지 마세요.

24 けっせき
欠席
결석

↔ 出席しゅっせき 출석
동

風邪で学校を欠席した。
감기 때문에 학교를 결석했다.

Chapter 01 Chapter 02 Chapter 03

25 しゅだん
手段
수단

\+ 方法ほうほう 방법

もくてき しゅだん えら
目的のためには手段を選ばない。
목적을 위해서는 수단을 가리지 않는다.

26 かこ
過去
과거

かこ み かのじょ ごうかく まちが
過去のデータを見ると、彼女の合格は間違いない。
과거 데이터를 보면 그녀의 합격은 틀림없다.

- 去(갈 거)
  こ 過去(かこ) 과거
  きょ 去年(きょねん) 작년

27 だいきん
代金
대금

≒ 料金りょうきん 요금

か しょうひん だいきん はら
買った商品の代金を払う。
구매한 상품의 대금을 지불하다.

28 しゅうり
修理
수리
동

れいぞうこ ちょうし わる しゅうり たの
冷蔵庫の調子が悪いので、修理を頼んだ。
냉장고의 상태가 나빠서 수리를 부탁했다.

29 ぶっか
物価
물가

くに ぶっか たか せいかつ たいへん
この国は物価が高いので、生活が大変だ。
이 나라는 물가가 비싸서 생활이 힘들다.

30 だんたい
団体
단체

↔ 個人こじん 개인

たいかい こじん だんたい さんか
この大会には個人でも団体でも参加できます。
이 대회에는 개인이든 단체든 참가할 수 있습니다.

31 かえ
返す
□□□ 돌려주다, 반납하다

としょかん　ほん　かえ　い
図書館に本を返しに行ってきます。
도서관에 책을 반납하러 다녀오겠습니다.

32 う
売れる
□□□ (잘) 팔리다

おな　ねだん　しつ　う
同じ値段なら、質がいいほうが売れるだろう。
같은 가격이라면 질이 좋은 쪽이 잘 팔릴 것이다.

売(う)れる　팔리다 … 자동사
売(う)る　팔다 … 타동사

33 や
止める
□□□ 그만두다, 끊다

≒ 辞やめる
그만두다, 사직하다

けんこう　や
健康のため、タバコを止めることにした。
건강을 위해서 담배를 끊기로 했다.

止やめる는 지속해 온 동작이나 행동을 끝낸다는 뜻이고, 辞やめる는 종사해 온 일, 직업을 그만둔다는 의미이다.

34 ま
曲がる
□□□ 굽어지다, 돌다

つぎ　こうさてん　みぎ　ま　ゆうびんきょく
次の交差点を右に曲がると、郵便局があります。
다음 교차로를 오른쪽으로 돌면 우체국이 있습니다.

曲(ま)がる　굽어지다 … 자동사
曲(ま)げる　굽히다 … 타동사

35 かたづ
片付ける
□□□ 치우다, 정리하다

きゃく　く　まえ　へや　かたづ
お客さんが来る前に、部屋を片付けた。
손님이 오기 전에 방을 치웠다.

片付(かたづ)く　정리되다 … 자동사
片付(かたづ)ける　정리하다 … 타동사

36 よご
汚れる
□□□ 더러워지다

よご　あら
汚れたシャツを洗った。
더러워진 셔츠를 빨았다.

汚(よご)れる　더러워지다 … 자동사
汚(よご)す　더럽히다 … 타동사

하루 1분 체크

1 다음 단어의 읽기로 가장 알맞은 것을 a, b 중에서 고르세요.

1. 代金 (a. だいきん　b. たいきん)

2. 過去 (a. かきょ　b. かこ)

3. 興味 (a. きょうみ　b. こうみ)

2 다음 단어의 한자 표기로 가장 알맞은 것을 a, b 중에서 고르세요.

4. 섬(しま)　(a. 島　b. 鳥)

5. 웃는 얼굴(えがお)　(a. 笑顔　b. 絵顔)

6. 성적(せいせき)　(a. 成績　b. 成積)

3 다음 괄호 안에 들어갈 말로 가장 알맞은 것을 a, b 중에서 고르세요.

7. 一人(ひとり)で悩(なや)まないで、(a. 感動　b. 事情)を話(はな)してくれませんか。

8. 次(つぎ)の交差点(こうさてん)を右(みぎ)に(a. 曲がると　b. 曲げると)、郵便局(ゆうびんきょく)があります。

9. お客(きゃく)さんが来(く)る前(まえ)に、部屋(へや)を(a. 片付いた　b. 片付けた)。

정답 1ⓐ 2ⓑ 3ⓐ 4ⓐ 5ⓐ 6ⓐ 7ⓑ 8ⓐ 9ⓑ

MP3 01-07

Day 07

공부 순서 미리 보기 → 따라 읽기 → 단어 암기 → 확인 학습

□ 涙(なみだ)	□ 苦労(くろう)	□ 身長(しんちょう)	□ 減少(げんしょう)
□ 倍(ばい)	□ 創造(そうぞう)	□ 雑誌(ざっし)	□ 制服(せいふく)
□ 滞在(たいざい)	□ 気温(きおん)	□ 沸騰(ふっとう)	□ 観客(かんきゃく)
□ 比較(ひかく)	□ 温泉(おんせん)	□ 延期(えんき)	□ 消(け)す
□ 自信(じしん)	□ 意義(いぎ)	□ 建設(けんせつ)	□ 溢(あふ)れる
□ 通勤(つうきん)	□ 変化(へんか)	□ 自慢(じまん)	□ 生(は)える
□ お祝(いわ)い	□ 機械(きかい)	□ 商業(しょうぎょう)	□ 割(わ)れる
□ 縮小(しゅくしょう)	□ 記念(きねん)	□ 方法(ほうほう)	□ 閉(と)じる
□ 残業(ざんぎょう)	□ 下線(かせん)	□ 特徴(とくちょう)	□ 貸(か)す

01 なみだ
涙
눈물

悔(くや)しくて涙(なみだ)が出(で)た。
분해서 눈물이 나왔다.

---

02 ばい
倍
배(수량의 배수)

+ 二倍にばい 2배

この商品(しょうひん)の販売(はんばい)は、前(まえ)の年(とし)の倍(ばい)になった。
이 상품의 판매는 전년도의 배가 되었다.

倍 : 곱 배　　二倍(にばい) 두 배
培 : 북을 돋울 배　栽培(さいばい) 재배

---

03 たいざい
滞在
체재, 체류
동

外国人(がいこくじん)が日本(にほん)に滞在(たいざい)する目的(もくてき)は様々(さまざま)である。
외국인이 일본에 체재하는 목적은 다양하다.

---

04 ひかく
比較
비교
동

他社(たしゃ)と比較(ひかく)してうちの会社(かいしゃ)は給料(きゅうりょう)が安(やす)い。
타사와 비교해서 우리 회사는 월급이 적다.

---

05 じしん
自信
자신(감)

+ 自身じしん 자신, 자기

みんなの前(まえ)で自信(じしん)を持(も)って発言(はつげん)した。
모두 앞에서 자신감을 가지고 발언했다.

自信じしん은 자신의 능력에 대한 확신이나 신뢰를 의미하고, 自身じしん은 그 사람 자체를 뜻한다.

---

06 つうきん
通勤
통근

+ 通学つうがく 통학
동

家(いえ)から会社(かいしゃ)までの通勤時間(つうきんじかん)は、約(やく)1時間(じかん)である。
집에서 회사까지의 통근 시간은 약 1시간이다.

07 いわ
お祝い
□□□ 축하, 축하 행사

誕生日(たんじょうび)のお祝(いわ)いをするので部屋(へや)を飾(かざ)った。
생일 축하 파티를 할 거라서 방을 장식했다.

---

08 しゅくしょう
縮小
□□□ 축소

↔ 拡大かくだい 확대
[동]

この写真(しゃしん)は、少(すこ)し縮小(しゅくしょう)してコピーしてください。
이 사진은 조금 축소하여 복사해 주세요.

小 : 작을 소　縮小(しゅくしょう) 축소
少 : 적을 소　減少(げんしょう) 감소

---

09 ざんぎょう
残業
□□□ 잔업
[동]

最近(さいきん)、残業(ざんぎょう)が続(つづ)いてとても疲(つか)れている。
요즘 잔업이 계속되어 몹시 피곤하다.

---

10 くろう
苦労
□□□ 고생, 노고
[동] [ナ]

子供(こども)ができてはじめて、親(おや)の苦労(くろう)が分(わ)かった。
아이가 생기고 나서야 비로소 부모님의 노고를 알게 되었다.

労 : 일할 로　苦労(くろう) 고생
学 : 배울 학　学者(がくしゃ) 학자

---

11 そうぞう
創造
□□□ 창조

＋ 想像そうぞう 상상
[동]

教育(きょういく)で新(あたら)しい物(もの)を創造(そうぞう)する力(ちから)を育(そだ)てる。
교육으로 새로운 것을 창조하는 힘을 키운다.

創造そうぞう는 지금까지 없었던 새로운 것을 만들어 내는 것을 말하고, 想像そうぞう는 실제로 경험하지 않은 일을 생각하거나 추측하는 것을 말한다.

---

12 きおん
気温
□□□ 기온

昼(ひる)になって気温(きおん)が上(あ)がり始(はじ)めた。
낮이 되어 기온이 오르기 시작했다.

13 おんせん
温泉
온천

温泉(おんせん)に入(はい)って疲(つか)れを取(と)る。
온천욕을 하여 피로를 풀다.

14 いぎ
意義
의의

勝(か)つかどうかより参加(さんか)することに意義(いぎ)がある。
이기고 지는 것보다 참가하는 데 의의가 있다.

義 : 옳을 의　意義(いぎ) 의의, 의미
議 : 의논할 의　会議(かいぎ) 회의

15 へんか
変化
변화

≒ 変動へんどう 변동
동

最近(さいきん)、気温(きおん)の変化(へんか)が激(はげ)しい。
최근 기온의 변화가 심하다.

変化へんか는 무언가가 바뀌어 가는 것을 통틀어 나타내고, 変動へんどう는 수량이나 어떤 기준이 되는 것의 정도(온도, 주가, 물가 등)가 바뀌어 가는 것을 나타낸다.

16 きかい
機械
기계

この機械(きかい)は、ボタン一(ひと)つで簡単(かんたん)に動(うご)かせる。
이 기계는 버튼 하나로 쉽게 작동시킬 수 있다.

17 きねん
記念
기념
동

友(とも)だちと一緒(いっしょ)に卒業(そつぎょう)の記念写真(きねんしゃしん)を撮(と)った。
친구와 함께 졸업 기념사진을 찍었다.

18 かせん
下線
밑줄

大事(だいじ)なところに下線(かせん)を引(ひ)いてください。
중요한 부분에 밑줄을 그으세요.

19 しんちょう
身長
신장, 키

身長(しんちょう)をはかったら、ほとんど伸(の)びてなかった。
키를 쟀더니 거의 자라지 않았다.

20 ざっし
雑誌
잡지

コンビニで雑誌(ざっし)を買(か)った。
편의점에서 잡지를 샀다.

21 ふっとう
沸騰
비등, 끓음
동

沸騰(ふっとう)したお湯(ゆ)で、赤(あか)ちゃんの食器(しょっき)を消毒(しょうどく)する。
끓는 물로 아기의 식기를 소독하다.

22 えんき
延期
연기

雨(あめ)で遠足(えんそく)は延期(えんき)になってしまった。
비 때문에 소풍은 연기되고 말았다.

+ 延長えんちょう 연장
동

시간적 의미에서 延期えんき는 예정되어 있던 일을 다음 기회로 미룰 때 쓰이고, 延長えんちょう는 이미 진행 중인 일의 진행 기간을 더 늘린다는 의미로 쓰인다.

23 けんせつ
建設
건설
동

近所(きんじょ)でビルの建設工事(けんせつこうじ)が行(おこな)われている。
근처에서 빌딩 건설 공사가 진행되고 있다.

24 じまん
自慢
자랑
동

あの人(ひと)はいつも自慢(じまん)ばかりする。
저 사람은 언제나 자랑만 한다.

慢 : 거만할 만　自慢(じまん) 자랑
漫 : 흩어질 만　漫画(まんが) 만화

25 しょうぎょう
商業
상업

この町(まち)は昔(むかし)から商業(しょうぎょう)が盛(さか)んだった。
이 마을은 옛날부터 상업이 활발했다.

26 ほうほう
方法
방법

≒ やり方(かた) 방법

勉強(べんきょう)というのは方法(ほうほう)が大事(だいじ)だ。
공부라는 것은 방법이 중요하다.

27 とくちょう
特徴
특징

新(あたら)しい製品(せいひん)の特徴(とくちょう)は何(なん)ですか。
새로운 제품의 특징은 무엇입니까?

特 : 특별할 특　特徴(とくちょう) 특징
持 : 가질 지　持参(じさん) 지참

28 げんしょう
減少
감소

↔ 増加(ぞうか) 증가
동

この町(まち)の人口(じんこう)は減少(げんしょう)している。
이 마을의 인구는 감소하고 있다.

29 せいふく
制服
제복, 교복

今年(ことし)から制服(せいふく)のデザインが新(あたら)しくなった。
올해부터 교복 디자인이 새로워졌다.

30 かんきゃく
観客
관객

コンサート会場(かいじょう)は若(わか)い観客(かんきゃく)でいっぱいだった。
콘서트장은 젊은 관객이 가득했다.

観 : 볼 관　観客(かんきゃく) 관객
勧 : 권할 권　勧誘(かんゆう) 권유

31 け
消す
□ □ □ 끄다, 지우다

寝(ね)るとき、部屋(へや)の電気(でんき)を消(け)します。
잘 때 방의 불을 끕니다.

消(き)える　꺼지다 … 자동사
消(け)す　끄다 … 타동사

---

32 あふ
溢れる
□ □ □ 흘러넘치다

昨日(きのう)の大雨(おおあめ)で川(かわ)の水(みず)が溢(あふ)れて、大変(たいへん)だった。
어제 폭우로 강물이 넘쳐서 큰일이었다.

---

33 は
生える
□ □ □ 나다, 돋아나다

この森(もり)には、めずらしい植物(しょくぶつ)が生(は)えています。
이 숲에는 희귀한 식물이 자라고 있습니다.

生(は)える　돋아나다 … 자동사
生(は)やす　자라게 하다 … 타동사

---

34 わ
割れる
□ □ □ 깨지다, 나누어지다

ボールを投(な)げたら、窓(まど)のガラスが割(わ)れてしまった。
공을 던졌더니 유리창이 깨져 버렸다.

割(わ)れる　깨지다 … 자동사
割(わ)る　깨다 … 타동사

---

35 と
閉じる
□ □ □ 닫다, (눈을) 감다

↔ 開(あ)ける 열다

目(め)を閉(と)じて昨日(きのう)のことを思(おも)い出(だ)してみた。
눈을 감고 어제 일을 떠올려 보았다.

閉(と)じる　닫히다 … 자동사
閉(と)じる　닫다 … 타동사(※ 閉じる는 자동사도 되고, 타동사도 된다.)

---

36 か
貸す
□ □ □ 빌려주다

↔ 借(か)りる 빌리다

ちょっと辞書(じしょ)を貸(か)していただけませんか。
사전 좀 빌려주시지 않겠습니까?

하루 1분 체크

1 다음 단어의 읽기로 가장 알맞은 것을 a, b 중에서 고르세요.

1. 比較 (a. ひかく　　b. ひこう)

2. 残業 (a. さんぎょう　　b. ざんぎょう)

3. 貸す (a. かす　　b. かえす)

2 다음 단어의 한자 표기로 가장 알맞은 것을 a, b 중에서 고르세요.

4. 감소(げんしょう)　(a. 減小　　b. 減少)

5. 관객(かんきゃく)　(a. 勧客　　b. 観客)

6. 고생(くろう)　(a. 苦労　　b. 苦学)

3 다음 괄호 안에 들어갈 말로 가장 알맞은 것을 a, b 중에서 고르세요.

7. 寝(ね)るとき、部屋(へや)の電気(でんき)を(a. 消えます　b. 消します)。

8. この森(もり)には、めずらしい植物(しょくぶつ)が(a. 生えて　b. 生やして)います。

9. ボールを投(な)げたら、窓(まど)のガラスが(a. 割って　b. 割れて)しまった。

정답 1ⓐ　2ⓑ　3ⓐ　4ⓑ　5ⓑ　6ⓐ　7ⓑ　8ⓐ　9ⓑ

MP3 01-08

Day 08

07 08 09

공부 순서 미리 보기 → 따라 읽기 → 단어 암기 → 확인 학습

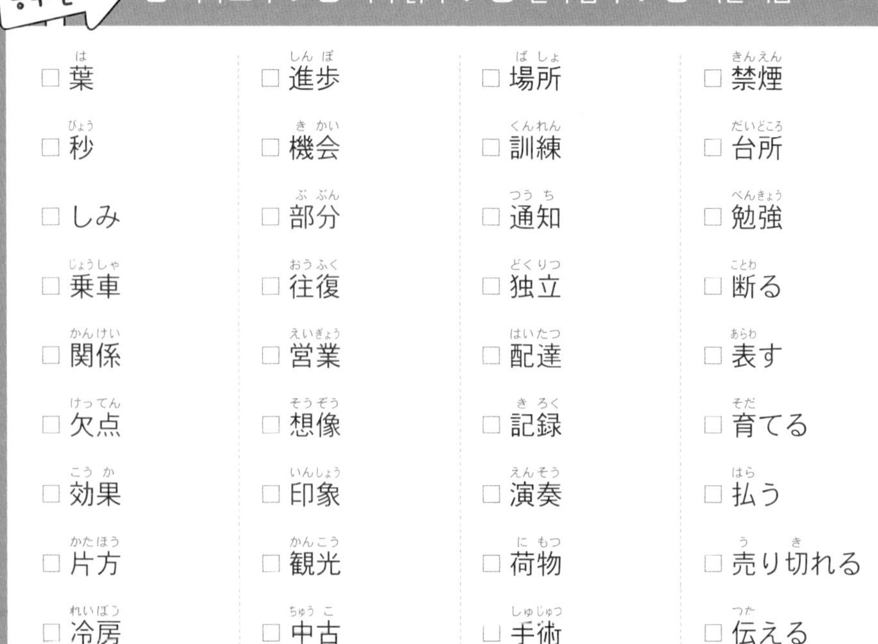

- □ 葉(は)
- □ 秒(びょう)
- □ しみ
- □ 乗車(じょうしゃ)
- □ 関係(かんけい)
- □ 欠点(けってん)
- □ 効果(こうか)
- □ 片方(かたほう)
- □ 冷房(れいぼう)
- □ 進歩(しんぽ)
- □ 機会(きかい)
- □ 部分(ぶぶん)
- □ 往復(おうふく)
- □ 営業(えいぎょう)
- □ 想像(そうぞう)
- □ 印象(いんしょう)
- □ 観光(かんこう)
- □ 中古(ちゅうこ)
- □ 場所(ばしょ)
- □ 訓練(くんれん)
- □ 通知(つうち)
- □ 独立(どくりつ)
- □ 配達(はいたつ)
- □ 記録(きろく)
- □ 演奏(えんそう)
- □ 荷物(にもつ)
- □ 手術(しゅじゅつ)
- □ 禁煙(きんえん)
- □ 台所(だいどころ)
- □ 勉強(べんきょう)
- □ 断る(ことわ)
- □ 表す(あらわ)
- □ 育てる(そだ)
- □ 払う(はら)
- □ 売り切れる(う・き)
- □ 伝える(つた)

01 は
葉
잎

秋(あき)になると、葉(は)が赤(あか)や黄色(きいろ)に変(か)わっていく。
가을이 되면 잎이 빨간색이나 노란색으로 변한다.

02 びょう
秒
초(시간)

100メートルを何秒(なんびょう)で走(はし)れますか。
100미터를 몇 초에 달릴 수 있습니까?

03
しみ
얼룩

服(ふく)にコーヒーをこぼしてしみができた。
옷에 커피를 쏟아서 얼룩이 생겼다.

04 じょうしゃ
乗車
승차

+ 乗車券じょうしゃけん 승차권
동

特急電車(とっきゅうでんしゃ)に乗車(じょうしゃ)する。
특급 전철에 승차하다.

05 かんけい
関係
관계

+ 関係者かんけいしゃ 관계자
동

人間関係(にんげんかんけい)を大切(たいせつ)にする必要(ひつよう)がある。
인간관계를 소중히 할 필요가 있다.

係 : 맬 계(관련) 関係(かんけい) 관계
系 : 맬 계(혈연) 系列(けいれつ) 계열

06 けってん
欠点
결점

≒ 短所たんしょ 단점

この車(くるま)は、価格(かかく)が高(たか)いという欠点(けってん)がある。
이 차는 가격이 비싸다는 결점이 있다.

07 こうか
効果
☐☐☐ 효과

この果物(くだもの)は血圧(けつあつ)を下(さ)げる効果(こうか)がある。
이 과일은 혈압을 낮추는 효과가 있다.

効 : 본받을 효　効果(こうか) 효과
郊 : 들 교　郊外(こうがい) 교외

08 かたほう
片方
☐☐☐ 한쪽

↔ 両方りょうほう 양쪽

いくら探(さが)しても、手袋(てぶくろ)が片方(かたほう)しか見(み)つからない。
아무리 찾아 봐도 장갑이 한쪽밖에 보이지 않는다.

09 れいぼう
冷房
☐☐☐ 냉방

↔ 暖房だんぼう 난방
동

冷房(れいぼう)が強(つよ)すぎると体(からだ)によくない。
냉방이 너무 강하면 몸에 좋지 않다.

10 しんぽ
進歩
☐☐☐ 진보
동

技術(ぎじゅつ)が進歩(しんぽ)して、生活(せいかつ)が便利(べんり)になった。
기술이 진보하여 생활이 편리해졌다.

11 きかい
機会
☐☐☐ 기회

≒ チャンス 찬스, 기회

子供(こども)たちが外(そと)で遊(あそ)ぶ機会(きかい)が減(へ)った。
아이들이 밖에서 놀 기회가 줄었다.

12 ぶぶん
部分
☐☐☐ 부분

↔ 全部ぜんぶ 전부

レポートは、指摘(してき)された部分(ぶぶん)を直(なお)して、提出(ていしゅつ)した。
리포트는 지적받은 부분을 고쳐서 제출했다.

13 おうふく
往復
왕복

↔ 片道かたみち 편도
동

家と学校の往復に2時間もかかる。(いえ、がっこう、おうふく、じかん)
집에서 학교를 왕복하는 데 2시간이나 걸린다.

往 : 갈 왕　往復(おうふく) 왕복
住 : 살 주　住民(じゅうみん) 주민

14 えいぎょう
営業
영업
동

店の営業時間は、平日の9時から6時までです。(みせ、えいぎょうじかん、へいじつ、じ、じ)
가게 영업시간은 평일 9시부터 6시까지입니다.

15 そうぞう
想像
상상
동

将来の自分を想像してみた。(しょうらい、じぶん、そうぞう)
장래의 자신을 상상해 보았다.

像 : 모양 상　想像(そうぞう) 상상
象 : 코끼리 상　対象(たいしょう) 대상

16 いんしょう
印象
인상

笑顔は相手にいい印象を与える。(えがお、あいて、いんしょう、あた)
웃는 얼굴은 상대방에게 좋은 인상을 준다.

17 かんこう
観光
관광
동

観光バスに乗って、紅葉を見に行きませんか。(かんこう、の、こうよう、み、い)
관광버스를 타고 단풍을 보러 가지 않겠습니까?

18 ちゅうこ
中古
중고

中古の車を安く買った。(ちゅうこ、くるま、やす、か)
중고차를 싸게 샀다.

19 ばしょ
場所
장소

\+ 現場げんば 현장

パーティーの場所(ばしょ)はまだ決(き)まっていない。
파티 장소는 아직 정해지지 않았다.

- 場(마당 장)
  ば　場所(ばしょ) 장소
  じょう　工場(こうじょう) 공장

20 くんれん
訓練
훈련
동

地震(じしん)に備(そな)えて訓練(くんれん)を行(おこな)う。
지진에 대비해서 훈련을 실시한다.

21 つうち
通知
통지

≒ 知らせ 공지, 안내
동

面接(めんせつ)の結果(けっか)は、一週間以内(いっしゅうかんいない)に通知(つうち)します。
면접 결과는 일주일 이내에 통지하겠습니다.

22 どくりつ
独立
독립
동

彼女(かのじょ)は職業(しょくぎょう)を持(も)ち、親(おや)から独立(どくりつ)した。
그녀는 직업을 갖고 부모로부터 독립했다.

23 はいたつ
配達
배달
동

配達(はいたつ)する日(ひ)や時間(じかん)を指定(してい)することはできません。
배달하는 날짜나 시간을 지정할 수는 없습니다.

24 きろく
記録
기록
동

会議(かいぎ)で決(き)まったことを記録(きろく)する。
회의에서 결정된 것을 기록하다.

25 えんそう
演奏
연주
동

彼女(かのじょ)の演奏(えんそう)にみんな感動(かんどう)した。
그녀의 연주에 모두 감동했다.

26 にもつ
荷物
짐

明日(あした)荷物(にもつ)が届(とど)くことになっている。
내일 짐이 도착하기로 되어 있다.

27 しゅじゅつ
手術
수술
동

早(はや)く手術(しゅじゅつ)をしないと、命(いのち)があぶない。
빨리 수술을 하지 않으면 생명이 위험하다.

28 きんえん
禁煙
금연

+ 禁煙席きんえんせき 금연석
동

ここは禁煙(きんえん)ですから、タバコは吸(す)えません。
여기는 금연이므로 담배는 피울 수 없습니다.

29 だいどころ
台所
부엌

≒ キッチン 키친, 주방

料理(りょうり)が終(お)わって、台所(だいどころ)の電気(でんき)を消(け)した。
요리가 끝나서 부엌 불을 껐다.

• 台(태풍 태, 대 대)
だい　台所(だいどころ) 부엌
たい　台風(たいふう) 태풍

30 べんきょう
勉強
공부
동

図書館(としょかん)は静(しず)かだから、いつも図書館(としょかん)で勉強(べんきょう)します。
도서관은 조용하기 때문에 항상 도서관에서 공부합니다.

Day 08

31 ことわ
断る
거절하다

そんな無理(むり)な要求(ようきゅう)は断(ことわ)ったほうがいい。
그런 무리한 요구는 거절하는 편이 좋다.

32 あらわ
表す
나타내다, 표현하다

外国語(がいこくご)で感情(かんじょう)を表(あらわ)すことは難(むずか)しい。
외국어로 감정을 표현하는 것은 어렵다.

表(あらわ)れる 나타나다 … 자동사
表(あらわ)す 나타내다 … 타동사

33 そだ
育てる
키우다, 기르다

野菜(やさい)を育(そだ)てるのは簡単(かんたん)なことではない。
채소를 기르는 것은 쉬운 일이 아니다.

育(そだ)つ 자라다 … 자동사
育(そだ)てる 키우다 … 타동사

34 はら
払う
지불하다

≒ 支払(しはら)う 지불하다

お金(かね)は今月(こんげつ)の31日(にち)までに払(はら)います。
돈은 이달 31일까지 지불하겠습니다.

35 う き
売り切れる
매진되다

その商品(しょうひん)は売(う)り切(き)れてしまいました。
그 상품은 품절되어 버렸습니다.

36 つた
伝える
전달하다

田中(たなか)さんに石田(いしだ)から電話(でんわ)があったとお伝(つた)えください。
다나카 씨에게 이시다로부터 전화가 왔었다고 전해 주세요.

伝(つた)わる 전달되다 … 자동사
伝(つた)える 전달하다 … 타동사

하루 1분 체크

1 다음 단어의 읽기로 가장 알맞은 것을 a, b 중에서 고르세요.

1. 場所 (**a.** ばしょ **b.** じょうしょ)

2. 荷物 (**a.** かもつ **b.** にもつ)

3. 片方 (**a.** かたほう **b.** へんぽう)

2 다음 단어의 한자 표기로 가장 알맞은 것을 a, b 중에서 고르세요.

4. 잎(は) (**a.** 葉 **b.** 歯)

5. 효과(こうか) (**a.** 郊果 **b.** 効果)

6. 왕복(おうふく) (**a.** 往復 **b.** 住腹)

3 다음 괄호 안에 들어갈 말로 가장 알맞은 것을 a, b 중에서 고르세요.

7. 外国語(がいこくご)で感情(かんじょう)を(**a.** 表れる **b.** 表す)ことは難(むずか)しい。

8. 野菜(やさい)を(**a.** 育てる **b.** 育つ)のは簡単(かんたん)なことではない。

9. 田中(たなか)さんに石田(いしだ)から電話(でんわ)があったとお(**a.** 伝え **b.** 伝わり)ください。

정답 1ⓐ 2ⓑ 3ⓐ 4ⓐ 5ⓑ 6ⓐ 7ⓑ 8ⓐ 9ⓐ

MP3 01-09

Day 09

공부 순서 ▢ 미리 보기 → ▢ 따라 읽기 → ▢ 단어 암기 → ▢ 확인 학습

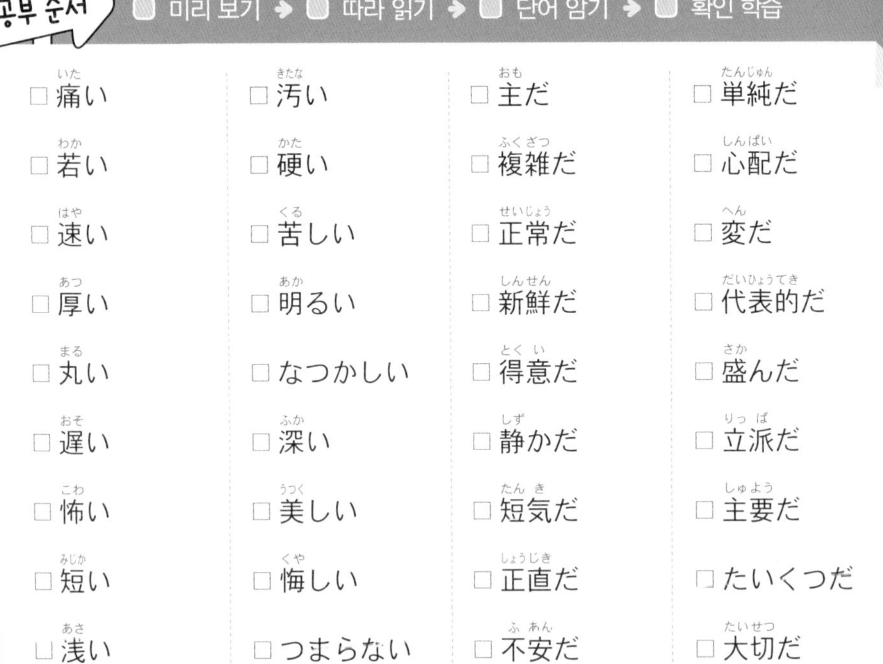

□ 痛い (いた)	□ 汚い (きたな)	□ 主だ (おも)	□ 単純だ (たんじゅん)
□ 若い (わか)	□ 硬い (かた)	□ 複雑だ (ふくざつ)	□ 心配だ (しんぱい)
□ 速い (はや)	□ 苦しい (くる)	□ 正常だ (せいじょう)	□ 変だ (へん)
□ 厚い (あつ)	□ 明るい (あか)	□ 新鮮だ (しんせん)	□ 代表的だ (だいひょうてき)
□ 丸い (まる)	□ なつかしい	□ 得意だ (とくい)	□ 盛んだ (さか)
□ 遅い (おそ)	□ 深い (ふか)	□ 静かだ (しず)	□ 立派だ (りっぱ)
□ 怖い (こわ)	□ 美しい (うつく)	□ 短気だ (たんき)	□ 主要だ (しゅよう)
□ 短い (みじか)	□ 悔しい (くや)	□ 正直だ (しょうじき)	□ たいくつだ
□ 浅い (あさ)	□ つまらない	□ 不安だ (ふあん)	□ 大切だ (たいせつ)

01 いた
痛い
아프다

飲(の)み過(す)ぎたせいか頭(あたま)が痛(いた)い。
과음한 탓인지 머리가 아프다.

02 わか
若い
젊다

若(わか)いうちにたくさん旅行(りょこう)をしておいてください。
젊었을 때 여행을 많이 해 두세요.

若 : 어릴 약　若(わか)い 젊다
苦 : 쓸 고　苦(にが)い 쓰다

03 はや
速い
빠르다

＋ 早はやい 빠르다, 이르다

この川(かわ)は流(なが)れが速(はや)いから、泳(およ)いではいけません。
이 강은 물살이 빠르기 때문에 수영해서는 안 됩니다.

速はやい는 속도나 움직임이 빠르다는 의미이고, 早はやい는 시간이나 시점이 어떤 기준보다 이르다는 의미이다.

04 あつ
厚い
두껍다

↔ 薄うすい 얇다

寒(さむ)いので、厚(あつ)いコートを着(き)て出(で)かける。
추워서 두꺼운 코트를 입고 외출한다.

05 まる
丸い
둥글다

丸(まる)い形(かたち)のテーブルを買(か)いました。
둥근 모양의 테이블을 샀습니다.

06 おそ
遅い
느리다, 늦다

↔ 速はやい 빠르다

何(なに)かを決(き)めるのが遅(おそ)くて、ずっと悩(なや)んできた。
무언가를 결정하는 것이 느려서 계속 고민해 왔다.

07 こわ
怖い
무섭다

こわ　せんせい　き　ほんとう
怖い先生だと聞いていたが、本当はやさしかった。
무서운 선생님이라고 들었는데, 사실은 상냥했다.

08 みじか
短い
짧다

↔ 長ながい 길다

いっぱく ふつか　りょこう　みじか　おも
一泊二日の旅行はやはり短いと思う。
1박 2일 여행은 역시 짧다고 생각한다.

09 あさ
浅い
얕다

↔ 深ふかい 깊다

こども　ころ　かわ　あさ　ところ　みずあそ
子供の頃、よく川の浅い所で水遊びをした。
어렸을 때 강물이 얕은 곳에서 자주 물놀이를 했다.

10 きたな
汚い
더럽다, 지저분하다

↔ きれいだ 깨끗하다

かれ　へや　ほんとう　きたな
彼の部屋は本当に汚い。
그의 방은 정말 지저분하다.

11 かた
硬い
단단하다, 딱딱하다

↔ 柔やわらかい 부드럽다

たなかせんせい　ひょうじょう　かた
田中先生はいつも表情が硬い。
다나카 선생님은 언제나 표정이 딱딱하다.

12 くる
苦しい
괴롭다, 힘들다

+ 苦にがい (맛이) 쓰다

かのじょ　くる　せいかつ　なか　むすめ　りっぱ　そだ　あ
彼女は苦しい生活の中で娘を立派に育て上げた。
그녀는 어려운 생활 속에서 딸을 훌륭하게 키웠다.

苦くるしい는 정신적 · 신체적 고통을 느끼는 상태를 나타내고, 苦にがい는 맛이 쓰거나 심리적으로 불쾌한 것을 나타낸다.

13 あか
明るい
밝다, 명랑하다

↔ 暗くらい 어둡다

ことし ふゆ あか いろ りゅうこう
今年の冬は、明るい色が流行している。
올겨울은 밝은색이 유행하고 있다.

14
なつかしい
그립다

≒ 恋こいしい 그립다

どうそうかい ねん とも あ
同窓会で10年ぶりになつかしい友だちに会った。
동창회에서 10년 만에 그리운 친구를 만났다.

なつかしい는 과거의 체험이나 추억에 대해 느끼는 감정을 나타내는 것이고, 恋こいしい는 과거의 추억을 다시 재현하고 싶은 기분을 나타낸다.

15 ふか
深い
깊다

↔ 浅あさい 얕다

こども ふか ねむ
子供は深く眠っている。
아이는 깊이 잠들어 있다.

16 うつく
美しい
아름답다

≒ きれいだ 예쁘다, 아름답다

あき やまやま こうよう うつく
秋は山々の紅葉が美しい。
가을에는 산의 단풍이 아름답다.

きれいだ와 美うつくしい는 모두 아름답다는 의미로 사용하지만, 내면적인 아름다움이나 미학적, 예술적 아름다움을 나타낼 때는 美しい를 사용한다.

17 くや
悔しい
분하다, 억울하다

つよ ひと ま くや おも
強い人に負けたので、悔しいとは思わない。
강한 사람에게 졌기 때문에 분하다고 생각하지는 않는다.

18
つまらない
시시하다, 재미없다

≒ たいくつだ
지루하다, 따분하다

きのう
昨日のパーティーはつまらなかった。
어제 파티는 재미없었다.

Day 09

19 おも
主だ
주되다

＋ 主おもに 주로

わたし おも しごと ほん なら はんばい
私の主な仕事は本を並べたり販売したりすることです。
나의 주된 일은 책을 진열하거나 판매하는 것입니다.

20 ふくざつ
複雑だ
복잡하다

↔ 単純たんじゅんだ 단순하다
명

さっか ひと ふくざつ きも しょうせつ あらわ
この作家は、人の複雑な気持ちを小説で表す。
이 작가는 사람의 복잡한 심리를 소설로 표현한다.

21 せいじょう
正常だ
정상이다
명

きかい せいじょう うご
機械が正常に動いている。
기계가 정상적으로 움직이고 있다.

22 しんせん
新鮮だ
신선하다
명

やおや やさい しんせん やす
この八百屋の野菜は、新鮮で安い。
이 야채 가게의 채소는 신선하고 저렴하다.

23 とくい
得意だ
잘하다, 자신 있다

≒ 上手じょうずだ
잘하다, 능숙하다
명

がくせいじだい すうがく ぶつり とくい
学生時代、数学や物理が得意だった。
학창 시절 수학과 물리를 잘했다.

得意とくいだ는 타인을 칭찬할 때는 물론, 자신의 능력을 이야기할 때도 쓰지만, 上手じょうずだ는 자신의 능력에 대해서는 사용하지 않는다.

24 しず
静かだ
조용하다

↔ うるさい 시끄럽다

こうがい しず ところ す
郊外の静かな所に住んでいる。
교외의 조용한 곳에 살고 있다.

25 たんき
短気だ
□□□ 성급하다
명

短気(たんき)な性格(せいかく)の人(ひと)に、この仕事(しごと)は無理(むり)だ。
성격이 급한 사람에게 이 일은 무리다.

26 しょうじき
正直だ
□□□ 정직하다

≒ 率直そっちょくだ 솔직하다
명

岡田(おかだ)さんは正直(しょうじき)な人(ひと)で、うそは言(い)わない。
오카다 씨는 정직한 사람이라서 거짓말은 하지 않는다.

率直そっちょくだ와 正直しょうじきだ 모두 꾸밈없이 있는 그대로라는 느낌을 나타내지만, 正直だ는 마음이 진실하고 거짓이 없다는 의미를 내포한다.

27 ふあん
不安だ
□□□ 불안하다

↔ 気楽きらくだ 편안하다
명

初(はじ)めての発表(はっぴょう)なので不安(ふあん)な気持(きも)ちでいっぱいだ。
처음 하는 발표라서 불안한 마음으로 가득하다.

28 たんじゅん
単純だ
□□□ 단순하다

↔ 複雑ふくざつだ 복잡하다
명

このスポーツのルールは単純(たんじゅん)だ。
이 스포츠의 규칙은 단순하다.

純 : 순수할 순　単純(たんじゅん)だ 단순하다
鈍 : 둔할 둔　鈍感(どんかん)だ 둔감하다

29 しんぱい
心配だ
□□□ 걱정되다
명 동

お母(かあ)さんのことが心配(しんぱい)なので、転勤(てんきん)したくない。
어머니가 걱정되어 전근하고 싶지 않다.

30 へん
変だ
□□□ 이상하다

≒ おかしい 우습다, 이상하다

変(へん)な男(おとこ)が家(いえ)の前(まえ)を行(い)ったり来(き)たりしている。
이상한 남자가 집 앞을 왔다 갔다 하고 있다.

変へんだ와 おかしい 모두 보통과는 상태가 다르거나 의심스러운 상황에서 사용하나, おかしい는 이외에도 재밌는 것을 보았을 때, 우스꽝스럽다는 의미로도 쓰인다.

31 だいひょうてき
代表的だ
대표적이다

この小説(しょうせつ)は、日本文学(にほんぶんがく)の中(なか)でも代表的(だいひょうてき)なものだ。
이 소설은 일본 문학 중에서도 대표적인 작품이다.

32 さか
盛んだ
왕성하다, 활발하다

この町(まち)は、自動車産業(じどうしゃさんぎょう)が盛(さか)んだ。
이 마을은 자동차 산업이 활발하다.

33 りっぱ
立派だ
훌륭하다

北村先生(きたむらせんせい)は、誰(だれ)からも尊敬(そんけい)される立派(りっぱ)な人(ひと)です。
기타무라 선생님은 누구에게나 존경받는 훌륭한 사람입니다.

34 しゅよう
主要だ
주요하다
명

11月(がつ)は、主要(しゅよう)な学校行事(がっこうぎょうじ)として文化祭(ぶんかさい)がある。
11월에는 주요 학교 행사로 문화제가 있다.

35
たいくつだ
지루하다, 따분하다

≒ つまらない
시시하다, 재미없다
명 동

仕事(しごと)を辞(や)めてからたいくつな毎日(まいにち)だ。
일을 그만두고 나서 따분한 나날들이다.

たいくつだ는 하는 일이 없어서 지루하고 재미가 없다는 의미이고, つまらない는 어떤 일을 하는 재미가 없다는 의미를 나타낸다.

36 たいせつ
大切だ
중요하다

≒ 重要じゅうようだ 중요하다
명

上手(じょうず)になるためには、練習(れんしゅう)が大切(たいせつ)である。
능숙해지기 위해서는 연습이 중요하다.

하루 1분 체크

1 다음 단어의 읽기로 가장 알맞은 것을 a, b 중에서 고르세요.

1. 遅い (a. あさい b. おそい)

2. 汚い (a. きたない b. みじかい)

3. 大切だ (a. たいせつだ b. だいせつだ)

2 다음 단어의 한자 표기로 가장 알맞은 것을 a, b 중에서 고르세요.

4. 젊다(わかい) (a. 若い b. 苦い)

5. 무섭다(こわい) (a. 痛い b. 怖い)

6. 단순하다(たんじゅんだ) (a. 単鈍だ b. 単純だ)

3 다음 괄호 안에 들어갈 말로 가장 알맞은 것을 a, b 중에서 고르세요.

7. 一泊二日(いっぱくふつか)の旅行(りょこう)はやはり (a. 短い b. 深い) と思(おも)う。

8. この川(かわ)は流(なが)れが (a. 遅い b. 速い) から、泳(およ)いではいけません。

9. 岡田(おかだ)さんは (a. 正直な b. 短気な) 人(ひと)で、うそは言(い)わない。

정답 1ⓑ 2ⓐ 3ⓐ 4ⓐ 5ⓑ 6ⓑ 7ⓐ 8ⓑ 9ⓐ

MP3 01-10

Day 10

공부 순서 ▢ 미리 보기 → ▢ 따라 읽기 → ▢ 단어 암기 → ▢ 확인 학습

□ からから	□ しっかり	□ そっと	□ 早(はや)めに
□ さっそく	□ いつも	□ 全(まった)く	□ 今(いま)にも
□ ぴったり	□ ずいぶん	□ 約(やく)	□ 相変(あいか)わらず
□ そろそろ	□ ふらふら	□ 突然(とつぜん)	□ 一般(いっぱん)に
□ 必(かなら)ず	□ うっかり	□ 全然(ぜんぜん)	□ 絶対(ぜったい)に
□ どきどき	□ さっき	□ 意外(いがい)に	□ いちいち
□ しばらく	□ がらがら	□ 大体(だいたい)	□ 決(けっ)して
□ もう一度(いちど)	□ ちょっと	□ 別々(べつべつ)に	□ 急(きゅう)に
□ がっかり	□ まさか	□ 次第(しだい)に	□ なるべく

01
からから
□□□
바싹바싹
(몹시 건조한 모양)
ナ

何も飲んでいないので、のどがからからだ。
아무것도 마시지 않아서 목이 바싹바싹 마른다.

02
さっそく
□□□
즉시, 당장

≒ すぐ 곧, 즉시

新しい店ができたというので、さっそく行ってみた。
새로운 가게가 생겼다고 해서 당장 가 보았다.

03
ぴったり
□□□
딱, 꼭(빈틈없이 들어맞거나 잘 어울리는 모양)
동 ナ

このシャツは私にぴったりだ。
이 셔츠는 나에게 딱이다.

04
そろそろ
□□□
슬슬

バスがそろそろ来る時間ですよ。
버스가 슬슬 올 시간이에요.

05
必ず(かならず)
□□□
반드시

≒ きっと 분명, 꼭

約束は必ず守ります。
약속은 반드시 지키겠습니다.

06
どきどき
□□□
두근두근

≒ わくわく 두근두근
동

緊張して、胸がどきどきしている。
긴장해서 가슴이 두근두근대고 있다.

わくわく는 기대감이 따르는 기쁜 감정에 의한 반응이고, どきどき는 기대나 기쁨뿐만 아니라 불안, 공포, 놀람에 의한 순간의 반응까지 포함한다.

07 **しばらく**
잠시, 잠깐

もうしばらくお待(ま)ちいただけますか。
잠시만 더 기다려 주시겠습니까?

08 **もう一度(いちど)**
한 번 더, 다시 한번

後(あと)でもう一度(いちど)電話(でんわ)します。
나중에 다시 전화하겠습니다.

09 **がっかり**
실망하여 낙심한 모양
동

旅行(りょこう)に行(い)けなくなってがっかりした。
여행을 갈 수 없게 되어 실망했다.

10 **しっかり**
단단히, 꽉, 제대로

≒ ちゃんと 제대로, 확실히
동

肉(にく)や野菜(やさい)をしっかり食(た)べましょう。
고기나 채소를 든든히 먹읍시다.

11 **いつも**
항상

≒ 常(つね)に 늘, 항상
명

私(わたし)はいつも遅(おそ)く寝(ね)ます。
나는 항상 늦게 잡니다.

12 **ずいぶん**
꽤, 상당히

≒ 非常(ひじょう)に 상당히

この地図(ちず)はずいぶん分(わ)かりにくいですね。
이 지도는 꽤 알아보기 어렵네요.

13
ふらふら
비틀비틀, 휘청휘청

風邪(かぜ)をひいて、体(からだ)がふらふらする。
감기에 걸려서 몸이 비틀거린다.

+ ぶらぶら 어슬렁어슬렁
동

ふらふら는 힘없고 기운 없는 모습을 나타내고, ぶらぶら는 여유롭게 천천히 걷는 모습을 나타낸다.

14
うっかり
깜박, 무심코
(실수하는 모습)
동

うっかり財布(さいふ)を落(お)としてしまった。
무심코 지갑을 떨어뜨리고 말았다.

15
さっき
아까, 조금 전
명

さっき青山(あおやま)さんという人(ひと)がたずねてきました。
아까 아오야마 씨라는 사람이 찾아왔습니다.

16
がらがら
텅텅(빈 모양),
와르르(무너지는 모양)
동 ナ

夕(ゆう)べ、駅前(えきまえ)の映画館(えいがかん)はがらがらだった。
어젯밤, 역 앞의 영화관은 텅 비어 있었다.

17
ちょっと
조금, 잠깐

ちょっと静(しず)かにしてくださいませんか。
좀 조용히 해 주시지 않겠습니까?

≒ 少(すこ)し 조금

18
まさか
설마
명

まさか失敗(しっぱい)するとは思(おも)わなかった。
설마 실패하리라고는 생각하지 않았다.

19 そっと

☐☐☐ 살짝, 슬며시, 쓱

＋ さっと 휙, 잽싸게

会議(かいぎ)が始(はじ)まっていたので、そっと中(なか)に入(はい)った。
회의가 시작되었으므로 슬며시 안으로 들어갔다.

そっと는 어떤 동작을 조용하게 한다는 정숙성을 나타내고, さっと는 재빠르게 한다는 속도감을 나타낸다.

---

20 まった 全く

☐☐☐ 전혀

≒ 全然ぜんぜん 전혀

お酒(さけ)は全(まった)く飲(の)まない。
술은 전혀 마시지 않는다.

---

21 やく 約

☐☐☐ 약

≒ およそ 대강

家(いえ)から会社(かいしゃ)まで約(やく)1時間(じかん)かかります。
집에서 회사까지 약 한 시간 걸립니다.

---

22 とつぜん 突然

☐☐☐ 돌연, 갑자기

≒ いきなり 갑자기

後(うし)ろから、突然(とつぜん)名前(なまえ)を呼(よ)ばれてびっくりした。
뒤에서 갑자기 이름을 불려서 깜짝 놀랐다.

突然とつぜん과 いきなり 모두 예기치 못한 상황이 급히 발생했을 때 쓰이는데 突然은 주체가 사람이든 사물이든 상관없지만 いきなり는 주체가 사람인 경우에만 사용한다.

---

23 ぜんぜん 全然

☐☐☐ 전혀

≒ 全まったく 전혀

あの人(ひと)は謝(あやま)る気(き)は全然(ぜんぜん)なさそうだ。
저 사람은 사과할 생각은 전혀 없어 보인다.

---

24 いがい 意外に

☐☐☐ 의외로

予想(よそう)と違(ちが)って、今年(ことし)の入学試験(にゅうがくしけん)は意外(いがい)にやさしかった。
예상과 달리 올해 입학시험은 의외로 쉬웠다.

Chapter 01
Chapter 02
Chapter 03

25 だいたい
大体
□□□ 대체로, 대부분, 대략

≒ 大抵たいてい 대개
명

せつめい　だいたい わ
説明は大体分かりました。
설명은 대략 이해했습니다.

26 べつべつ
別々に
□□□ 따로따로

+ 別べつに 별로, 특별히

ふたり　べつべつ　しゅっぱつ
二人は別々に出発した。
두 사람은 따로 출발했다.

別べつには 흔히「～ない」와 함께 쓰이며 '특별히 (~않는다)'라는 의미로 쓰이고, 別々べつべつには 함께 있지 않고 각자 떨어져 있는 것을 의미한다.

27 しだい
次第に
□□□ 점차

≒ だんだん 점점

たいふう　しだい　かぜ　つよ
台風で、次第に風が強くなってきた。
태풍으로 점차 바람이 강해지기 시작했다.

28 はや
早めに
□□□ 일찌감치

+ 早はやく 빨리, 일찍

ねつ　すこ　はや　かえ
熱があるので、少し早めに帰らせてください。
열이 있으니, 조금 일찍 돌아가게 해 주세요.

早はやくは '지금 바로'라는 의미가 강하고, 早はやめには '지금 바로'는 아니지만, 정해진 기간보다 무언가를 여유 있게 한다는 의미를 나타낸다.

29 いま
今にも
□□□ 당장에라도, 금세

いま　あめ　ふ　だ　てんき
今にも雨が降り出しそうな天気ですね。
당장에라도 비가 내릴 것 같은 날씨네요.

30 あいか
相変わらず
□□□ 여전히

くに　けいざいじょうきょう　あいか　きび
この国の経済状況は相変わらず厳しいらしい。
이 나라의 경제 상황은 여전히 어렵다는 것 같다.

Day 10

31 いっぱん
一般に
일반적으로

いっぱん　にほん　にゅうがくしき　がつ
一般に日本では入学式は４月だ。
일반적으로 일본에서는 입학식은 4월이다.

32 ぜったい
絶対に
절대로, 꼭

≒ 必かならず 반드시, 꼭

さいご　ぜったい　ごうかく
最後までがんばって絶対に合格します。
끝까지 분발해서 꼭 합격하겠습니다.

33
いちいち
하나하나, 일일이

≒ 一ひとつ一ひとつ 하나하나

しんにゅうしゃいん　せつめい
新入社員にはいちいち説明しなければならない。
신입 사원에게는 일일이 설명해야 한다.

34 けっ
決して
결코

けっ　い
決してうそは言いません。
결코 거짓말은 하지 않겠습니다.

35 きゅう
急に
갑자기

≒ いきなり 갑자기

きゅう　そら　くら　あめ　ふ
急に空が暗くなり、雨が降ってきた。
갑자기 하늘이 어두워지고 비가 내리기 시작했다.

36
なるべく
되도록, 가능한 한

≒ できるだけ 가능한 한

あした　はや　き
明日はなるべく早く来てください。
내일은 가능한 한 일찍 오세요.

하루 1분 체크

1 다음 단어의 일본어 표현으로 가장 알맞은 것을 a, b 중에서 고르세요.

1. 즉시 (a. さっそく b. さっき)

2. 두근두근 (a. そろそろ b. どきどき)

3. 일찌감치 (a. しばらく b. 早めに)

4. 되도록 (a. なるべく b. まったく)

5. 점차 (a. 突然 b. 次第に)

2 다음 빈칸에 들어갈 가장 알맞은 단어를 보기에서 고르세요.

보기 **a.** 今にも **b.** いちいち **c.** うっかり

6. ( )財布(さいふ)を落(お)としてしまった。

7. 新入社員(しんにゅうしゃいん)には ( )説明(せつめい)しなければならない。

8. ( )雨(あめ)が降(ふ)り出(だ)しそうな天気(てんき)ですね。

3 다음 괄호 안에 들어갈 말로 가장 알맞은 것을 a, b 중에서 고르세요.

9. この国(くに)は昔(むかし)から農業(のうぎょう)が盛(さか)んだ。最近(さいきん)は魚(さかな)のような水産物(すいさんぶつ)の輸出(ゆしゅつ)が増(ふ)えているが、(a. 相変わらず b. 決して)輸出(ゆしゅつ)の半分以上(はんぶんいじょう)は農産物(のうさんぶつ)だそうだ。

정답 1ⓐ 2ⓑ 3ⓑ 4ⓐ 5ⓑ 6ⓒ 7ⓑ 8ⓐ 9ⓐ

해석 이 나라는 옛날부터 농업이 활발하다. 최근에는 생선과 같은 수산물 수출이 늘어나고 있지만, 여전히 수출의 절반 이상은 농산물이라고 한다.

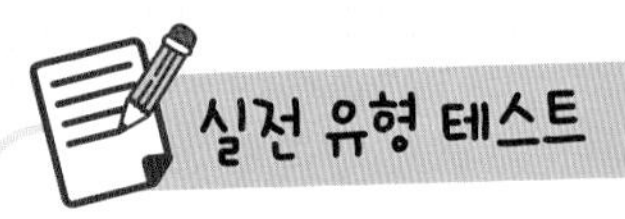

실전 유형 테스트

문제 1 밑줄 친 단어의 읽기 방법으로 가장 알맞은 것을 고르세요. (한자 읽기)

1 道が込んで通勤に２時間もかかりました。

1 つうがく　　2 つうきん　　3 つうしん　　4 つうやく

2 山田さんはスポーツなら何でも得意だ。

1 とくい　　2 どくい　　3 とおくい　　4 どおくい

3 気温の変化をグラフで表した。

1 しめした　　2 うつした　　3 あらわした　　4 うごかした

문제 2 밑줄 친 단어의 한자 표기로 가장 알맞은 것을 고르세요. (한자 표기)

4 米の輸入がげんしょうしている。

1 減小　　2 減少　　3 感小　　4 感少

5 この町は、子供をそだてるのにいい環境だ。

1 助てる　　2 育てる　　3 守てる　　4 教てる

6 セーターはもう少しあついほうがいいですね。

1 甘い　　2 重い　　3 暑い　　4 厚い

Chapter 01 Chapter 02 Chapter 03

문제 3 빈칸에 들어갈 단어로 가장 알맞은 것을 고르세요. (문맥 규정)

7 彼なら今度の試験に合格できると(　　　　)います。

1 貸して　2 信じて　3 許して　4 追って

8 急いでいたので、(　　　　)反対方向の電車に乗ってしまった。

1 しっかり　2 がっかり　3 うっかり　4 ぴったり

9 東京のような大都市は(　　　　)が高いので、生活が大変です。

1 消費　2 資源　3 物価　4 支出

문제 4 밑줄 친 단어와 의미가 가장 가까운 것을 고르세요. (유의어)

10 鈴木さんは<u>絶対に</u>来ると思います。

1 かならず　2 さっそく　3 たぶん　4 あとで

11 飲み物はもう<u>注文しましたか</u>。

1 けしましたか　2 かりましたか　3 しらべましたか　4 たのみましたか

12 店の入り口は、<u>いつも</u>きれいに掃除しておきましょう。

1 常に　2 一気に　3 次第に　4 別々に

➔ 정답과 해석은 다음 페이지에서 확인하세요.

실전 유형 테스트 정답과 해석

정답 1② 2① 3③ 4② 5② 6④ 7② 8③ 9③ 10① 11④ 12①

	문제 해석	복습하기
1	길이 막혀서 통근에 2시간이나 걸렸습니다.	→ p.61
2	야마다 씨는 스포츠라면 무엇이든 잘한다.	→ p.80
3	기온의 변화를 그래프로 나타냈다.	→ p.74
4	쌀 수입이 감소하고 있다.	→ p.65
5	이 마을은 아이를 기르기에 좋은 환경이다.	→ p.74
6	스웨터는 좀 더 두꺼운 것이 좋아요.	→ p.77
7	그라면 이번 시험에 합격할 수 있을 것이라고 (믿고) 있습니다.	→ p.50
8	서두르고 있었기 때문에, (무심코) 반대 방향의 전철을 타고 말았다.	→ p.87
9	도쿄와 같은 대도시는 (물가)가 비싸서 생활하기 힘듭니다.	→ p.57
10	스즈키 씨는 반드시 올 것이라고 생각합니다. 1 반드시 2 즉시 3 아마 4 나중에	→ p.90
11	음료는 벌써 주문했습니까? 1 꼈습니까 2 빌렸습니까 3 조사했습니까 4 주문(부탁)했습니까	→ p.18
12	가게 입구는 항상 깨끗하게 청소해 둡시다. 1 항상 2 한꺼번에 3 점점 4 따로따로	→ p.86

★★☆

2순위 단어

Day 11~20

MP3 01-11

Day 11

10 11 12

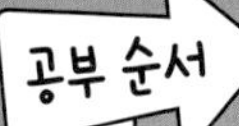

공부 순서 미리 보기 → 따라 읽기 → 단어 암기 → 확인 학습

□ 孫(まご)	□ 真ん中(まんなか)	□ 以降(いこう)	□ カバー
□ 列(れつ)	□ やり方(かた)	□ 復習(ふくしゅう)	□ チャレンジ
□ 根(ね)	□ 募集(ぼしゅう)	□ 流行(りゅうこう)	□ ノック
□ 向(む)き	□ 支給(しきゅう)	□ 理由(りゆう)	□ 預(あず)ける
□ 右折(うせつ)	□ 大量(たいりょう)	□ 貿易(ぼうえき)	□ 扱(あつか)う
□ 放送(ほうそう)	□ 申(もう)し込(こ)み	□ 発展(はってん)	□ あきらめる
□ 床(ゆか)	□ 行(ゆ)き先(さき)	□ 満足(まんぞく)	□ 確(たし)かめる
□ 豆(まめ)	□ 物語(ものがたり)	□ 命令(めいれい)	□ 余(あま)る
□ 翻訳(ほんやく)	□ 農業(のうぎょう)	□ 両替(りょうがえ)	□ 混(ま)ぜる

01 まご
孫
손주(손자와 손녀)

+ 孫娘まごむすめ 손녀

夏休み(なつやす)みになって孫(まご)が遊(あそ)びに来(き)た。
여름 방학이 되어 손주가 놀러 왔다.

02 れつ
列
열, 줄

↔ 行ぎょう 행

この列(れつ)に並(なら)んでください。
이 줄에 서 주세요.

03 ね
根
뿌리

この草(くさ)は根(ね)が深(ふか)い。
이 풀은 뿌리가 깊다.

04 む
向き
방향, ~향

南向(みなみむ)きの部屋(へや)は日当(ひあ)たりがいい。
남향 방은 볕이 잘 든다.

05 うせつ
右折
우회전

↔ 左折させつ 좌회전
동

交差点(こうさてん)を右折(うせつ)するときは、左右(さゆう)をしっかり見(み)ましょう。
교차로에서 우회전할 때는 좌우를 잘 봅시다.

06 ほうそう
放送
방송

+ 番組ばんぐみ (방송)프로그램
동

新(あたら)しいドラマが来週(らいしゅう)から放送(ほうそう)される。
새 드라마가 다음 주부터 방송된다.

07 ゆか
床
바닥, 마루

床(ゆか)をきれいに掃除(そうじ)する。
바닥을 깨끗하게 청소한다.

+ 底そこ 바닥, 밑

08 まめ
豆
콩

時間(じかん)をかけて豆(まめ)を煮(に)る。
시간을 들여 콩을 삶는다.

09 ほんやく
翻訳
번역

これを英語(えいご)に翻訳(ほんやく)してください。
이것을 영어로 번역해 주세요.

+ 通訳つうやく 통역
동

翻訳ほんやく는 문서에 적힌 문장을 다른 언어로 기록하는 것이고, 通訳つうやく는 말로 표현된 문장을 다른 언어로 전달하는 것이다.

10 まなか
真ん中
한가운데

部屋(へや)の真(ま)ん中(なか)にテーブルを置(お)く。
방 한가운데에 테이블을 놓다.

+ 真上まうえ 바로 위

11 かた
やり方
(하는) 방법, 방식

このゲームのやり方(かた)を教(おし)えてください。
이 게임을 하는 방법을 가르쳐 주세요.

≒ しかた 방법

12 ぼしゅう
募集
모집
동

店(みせ)でアルバイトを募集(ぼしゅう)している。
가게에서 아르바이트를 모집하고 있다.

13 しきゅう
支給
□□□ 지급

≒ 支払しはらい 지불
동

しゃいん きゅうりょう しきゅう
社員に給料を支給する。
직원들에게 급료를 지급하다.

支給しきゅう는 금전이나 물품을 상대방에게 내어 주는 것이며, 支払しはらい은 대금이나 차입금 등의 금전을 내는 것을 말한다.

14 たいりょう
大量
□□□ 대량

↔ 小量しょうりょう 소량

こうじょう くるま たいりょう せいさん
工場で車を大量に生産する。
공장에서 차를 대량으로 생산하다.

15 もう こ
申し込み
□□□ 신청

＋ 申込書もうしこみしょ 신청서

しょうがくきん もう こ
奨学金の申し込みをした。
장학금 신청을 했다.

16 ゆ さき
行き先
□□□ 목적지, 행선지

がいしゅつ とき だれ ゆ さき つた
外出する時は誰かに行き先を伝えておいてください。
외출할 때는 누군가에게 행선지를 전해 두세요.

17 ものがたり
物語
□□□ 이야기

≒ ストーリー 스토리

ものがたり ほんとう はなし
この物語は本当の話です。
이 이야기는 실화입니다.

18 のうぎょう
農業
□□□ 농업

くに おも さんぎょう のうぎょう
この国の主な産業は農業だ。
이 나라의 주된 산업은 농업이다.

19 いこう
以降
이후

≒ 以後いご 이후

明日5時以降なら時間があります。
내일 5시 이후라면 시간이 있습니다.

以降いこう는 '특정 시점'에 중점을 두고, 以後いご는 '어느 시점 이후'의 시간에 중점을 둔 표현이다. 위 예문에서는 5시라는 특정 시점을 강조하므로 以降가 적절하다.

20 ふくしゅう
復習
복습

↔ 予習よしゅう 예습

동

試験の前にテキストを復習した。
시험 전에 교재를 복습했다.

21 りゅうこう
流行
유행

≒ はやり 유행

동

いま風邪が流行している。
지금 감기가 유행하고 있다.

22 りゆう
理由
이유

≒ 原因げんいん 원인, 이유

彼がパーティーに来なかった理由を聞いた。
그가 파티에 오지 않은 이유를 물었다.

理由りゆう는 어떤 결론이나 결과에 이르게 된 근거를 뜻하고, 原因げんいん은 어떤 부정적인 사건이나 상태를 일으킨 근본이 된 일을 뜻한다.

23 ぼうえき
貿易
무역

동

父は貿易会社を経営している。
아버지는 무역 회사를 경영하고 있다.

24 はってん
発展
발전

동

この国の経済は発展している。
이 나라의 경제는 발전하고 있다.

25 まんぞく
満足
만족
동 ナ

今の仕事に満足している。
지금 하는 일에 만족하고 있다.

26 めいれい
命令
명령
동

社長の命令で出張に行く。
사장의 명령으로 출장을 가다.

27 りょうがえ
両替
환전
동

銀行でドルを円に両替した。
은행에서 달러를 엔화로 환전했다.

28
カバー
커버, 덮개
동

バイクにカバーをかけた。
오토바이에 커버를 씌웠다.

29
チャレンジ
챌린지, 도전

≒ 挑戦ちょうせん 도전
동

彼は田舎に戻って農業にチャレンジした。
그는 시골로 돌아가서 농업에 도전했다.

チャレンジ는 부담없이 해 본다는 뉘앙스로 영어 Challenge와는 의미가 다소 다르며, 挑戦ちょうせん은 곤란한 일을 시도한다는 의미이다.

30
ノック
노크
동

弟の部屋をノックしても返事がない。
남동생의 방을 노크해도 대답이 없다.

Day 11

31 あず
預ける
맡기다

+ 預あずかる 맡다

ぎんこう かね あず ふ
銀行にお金を預けてもなかなか増えない。
은행에 돈을 맡겨도 좀처럼 불어나지 않는다.

預あずける는 자신의 물품을 상대방에게 주고 보관하게 하는 것을 말하고, 預あずかる는 자신이 다른 사람의 물품을 보관하는 것을 말한다.

32 あつか
扱う
다루다, 취급하다

さら ちゅうい あつか
この皿は、注意して扱ってください。
이 접시는 조심해서 다뤄 주세요.

33
あきらめる
포기하다

しっぱい わたし
失敗しても私はあきらめない。
실패해도 나는 포기하지 않겠다.

34 たし
確かめる
확인하다

≒ 確認かくにんする 확인하다

でんわばんごう まちが たし
電話番号が間違っていないか確かめる。
전화번호가 틀리지 않았는지 확인한다.

35 あま
余る
남다

≒ 残のこる 남다

じかん あま
テストで時間が余った。
시험에서 시간이 남았다.

余あまる는 처음부터 필요한 기준 수량을 넘어선 상태를 말하고, 残のこる는 전체에서 사용한 것을 뺀 일부가 있는 상태를 말한다.

36 ま
混ぜる
섞다

りょうり ざいりょう ま
料理の材料をよく混ぜる。
요리 재료를 잘 섞는다.

混(ま)じる 섞이다 … 자동사
混(ま)ぜる 섞다 … 타동사

하루 1분 체크

1 다음 단어의 읽기로 가장 알맞은 것을 a, b 중에서 고르세요.

1. 豆　(**a.** まめ　　**b.** まね)

2. 発展　(**a.** はつでん　　**b.** はってん)

3. 募集　(**a.** ぼしゅう　　**b.** もしゅう)

2 다음 단어의 한자 표기로 가장 알맞은 것을 a, b 중에서 고르세요.

4. 바닥(ゆか)　(**a.** 床　　**b.** 底)

5. 이후(いこう)　(**a.** 以後　　**b.** 以降)

6. 만족(まんぞく)　(**a.** 万足　　**b.** 満足)

3 다음 괄호 안에 들어갈 말로 가장 알맞은 것을 a, b 중에서 고르세요.

7. 銀行(ぎんこう)にお金(かね)を(**a.** 預けても　**b.** 預かっても)なかなか増(ふ)えない。

8. 料理(りょうり)の材料(ざいりょう)をよく(**a.** 混じる　**b.** 混ぜる)。

9. 弟(おとうと)の部屋(へや)を(**a.** ノック　**b.** カバー)しても返事(へんじ)がない。

정답 1ⓐ　2ⓑ　3ⓐ　4ⓐ　5ⓑ　6ⓑ　7ⓐ　8ⓑ　9ⓐ

MP3 01-12

Day 12

미리 보기 → 따라 읽기 → 단어 암기 → 확인 학습

- □ 缶(かん)
- □ 種(たね)
- □ 不満(ふまん)
- □ 物置(ものおき)
- □ 騒音(そうおん)
- □ 限界(げんかい)
- □ 愛(あい)
- □ 差(さ)
- □ 故郷(こきょう)／故郷(ふるさと)
- □ 生(なま)
- □ 直線(ちょくせん)
- □ 請求(せいきゅう)
- □ 食欲(しょくよく)
- □ 次男(じなん)
- □ 通行(つうこう)
- □ 冗談(じょうだん)
- □ 主婦(しゅふ)
- □ 歩道橋(ほどうきょう)
- □ 空き地(あきち)
- □ 明後日(あさって)
- □ 屋外(おくがい)
- □ 容器(ようき)
- □ 係(かかり)
- □ 短期(たんき)
- □ 反省(はんせい)
- □ 強調(きょうちょう)
- □ 不足(ふそく)
- □ アイデア／アイディア
- □ キッチン
- □ チャンス
- □ 結ぶ(むすぶ)
- □ 駆ける(かける)
- □ こぼす
- □ 疑う(うたがう)
- □ 降りる(おりる)
- □ はかる

01 かん
缶
캔, 깡통

缶コーヒーを買って飲んだ。
캔 커피를 사 마셨다.

02 たね
種
씨앗

庭に花の種をまいた。
뜰에 꽃씨를 뿌렸다.

03 ふまん
不満
불만

↔ 満足まんぞく 만족
ナ

店のサービスに不満がある。
가게의 서비스에 불만이 있다.

04 ものおき
物置
헛간, 창고

物置で古いカメラを発見した。
창고에서 오래된 카메라를 발견했다.

05 そうおん
騒音
소음

この部屋は道路が近いので騒音が気になる。
이 방은 도로가 가까워서 소음이 신경 쓰인다.

06 げんかい
限界
한계

≒ 限度げんど 한도

一人でできることには限界がある。
혼자서 할 수 있는 것에는 한계가 있다.

Chapter 01 Chapter 02 Chapter 03

Day 12

07 あい
愛
□□□ 사랑, 애정
동

私(わたし)のあなたへの愛(あい)は変(か)わりません。
당신에 대한 나의 사랑은 변하지 않습니다.

---

08 さ
差
□□□ 차이, 차

両(りょう)チームの力(ちから)の差(さ)を感(かん)じた。
양 팀의 실력 차이를 느꼈다.

---

09 こきょう　ふるさと
故郷／故郷
□□□ 고향

夏休(なつやす)みは故郷(こきょう)に帰(かえ)るつもりだ。
여름 방학은 고향에 돌아갈 예정이다.

故郷는 こきょう라고도 읽고, ふるさと라고도 읽는다. こきょう는 태어나고 자란 물리적인 장소를 말하며, ふるさと는 조금 더 마음속 깊이 그립고 정든 곳이라는 의미를 내포한다.

---

10 なま
生
□□□ 날 것

冷(ひ)えた生(なま)ビールはいかがですか。
차가운 생맥주는 어떤가요?

---

11 ちょくせん
直線
□□□ 직선

↔ 曲線きょくせん 곡선

二本(にほん)の直線(ちょくせん)を引(ひ)いてみましょう。
두 개의 직선을 그어 봅시다.

---

12 せいきゅう
請求
□□□ 청구

＋ 請求書せいきゅうしょ 청구서
동

サービスの利用料金(りようりょうきん)を請求(せいきゅう)する。
서비스 이용 요금을 청구한다.

13 しょくよく
食欲
식욕

あつ しょくよく
暑くて食欲がなくなった。
더워서 식욕이 없어졌다.

14 じなん
次男
차남

+ 長男ちょうなん 장남

きょう じなん にゅうがくしき
今日は次男の入学式がある。
오늘은 차남의 입학식이 있다.

- 男(사내 남)
  なん　次男(じなん) 차남
  だん　男性(だんせい) 남성

15 つうこう
通行
통행

+ 一方通行いっぽうつうこう
일방통행

동

まつ くるま つうこう せいげん
祭りのため、車の通行が制限されます。
축제 때문에 차량 통행이 제한됩니다.

16 じょうだん
冗談
농담

じょうだん い かんが
冗談は言わないで、まじめに考えてください。
농담하지 말고 진지하게 생각해 주세요.

17 しゅふ
主婦
주부

かてい しゅふ いそが
家庭の主婦もなかなか忙しい。
가정주부도 상당히 바쁘다.

18 ほどうきょう
歩道橋
육교

ほどうきょう わた
あそこの歩道橋を渡ってください。
저 육교를 건너세요.

19 あち
空き地
공터

はなや となり あ ち
花屋の隣に空き地がある。
꽃집 옆에 공터가 있다.

20 あさって
明後日
모레

あした あさって やす
明日と明後日は休みです。
내일과 모레는 휴일입니다.

21 おくがい
屋外
옥외

≒ 野外やがい 야외

おくがい すいえい れんしゅう
屋外のプールで水泳の練習をした。
옥외 수영장에서 수영 연습을 했다.

屋外おくがい는 단순히 건물의 바깥을 의미하며, 野外やがい도 건물의 바깥을 의미하나, 넓은 공간이라는 조건이 따른다.

22 ようき
容器
용기(그릇)

ようき しよう へ
プラスチック容器の使用を減らそう。
플라스틱 용기의 사용을 줄이자.

23 かかり
係
담당, 담당자

≒ 担当者たんとうしゃ 담당자

あんない かかり ひと かいぎじょう ばしょ き
案内の係の人に会議場の場所を聞いた。
안내 담당자에게 회의장 장소를 물었다.

24 たんき
短期
단기

↔ 長期ちょうき 장기

りょこう たんき
旅行のために短期のアルバイトをする。
여행 때문에 단기 아르바이트를 한다.

25 はんせい
反省
반성
동

じぶん こうどう はんせい
自分の行動を反省する。
자신의 행동을 반성한다.

26 きょうちょう
強調
강조
동

かれ きょういく じゅうようせい きょうちょう
彼は教育の重要性を強調した。
그는 교육의 중요성을 강조했다.

27 ふそく
不足
부족
동

かね ふそく なや
お金が不足していて悩んでいる。
돈이 부족해서 고민하고 있다.

28
アイデア／アイディア
아이디어

さんぽ う
散歩しているときにいいアイデアが浮かんだ。
산책하고 있을 때 좋은 아이디어가 떠올랐다.

29
キッチン
키친, 주방

≒ 台所だいどころ 부엌

りょうり
キッチンで料理をする。
주방에서 요리를 한다.

30
チャンス
찬스, 기회

≒ 機会きかい 기회

いいチャンスだからやってみなさい。
좋은 기회니까 해 보렴.

31 むす
結ぶ
매다, 묶다

くつ　むす
靴のひもをしっかり結んだ。
구두끈을 단단히 매었다.

32 か
駆ける
달리다, 뛰다

≒ 走はしる 달리다

ちこく　えき　か
遅刻しそうだったので、駅まで駆けた。
지각할 것 같아서, 역까지 뛰었다.

33
こぼす
쏟다, 엎지르다

しろ
白いシャツにコーヒーをこぼしてしまった。
흰 셔츠에 커피를 쏟아 버렸다.

こぼれる　쏟아지다, 엎질러지다 … 자동사
こぼす　쏟다, 엎지르다 … 타동사

34 うたが
疑う
의심하다

ひと　うたが
人を疑ってはいけない。
사람을 의심해서는 안 된다.

35 お
降りる
내리다

こども　ひとり　かいだん　お
子供が一人で階段を降りるようになった。
아이가 혼자서 계단을 내려가게 되었다.

降(お)りる　(사람이) 내리다 … 자동사
降(お)ろす　(사물 등을) 내리다 … 타동사

36
はかる
재다, 측정하다

にもつ　おも
荷物の重さをはかる。
짐의 무게를 재다.

무언가를 측정한다는 의미의 はかる는 量る, 測る, 計る 세 가지로 표기할 수 있는데 量る는 주로 무게를, 測る는 길이와 면적을, 計る는 시간이나 온도 등을 잴 때 사용한다.

하루 1분 체크

1 다음 단어의 읽기로 가장 알맞은 것을 a, b 중에서 고르세요.

1. 種 (a. かね b. たね)

2. 次男 (a. じだん b. じなん)

3. 直線 (a. ちょくせん b. きょくせん)

2 다음 단어의 한자 표기로 가장 알맞은 것을 a, b 중에서 고르세요.

4. 담당, 담당자(かかり) (a. 系 b. 係)

5. 날 것(なま) (a. 生 b. 全)

6. 주부(しゅふ) (a. 主婦 b. 住婦)

3 다음 괄호 안에 들어갈 말로 가장 알맞은 것을 a, b 중에서 고르세요.

7. 子供(こども)が一人(ひとり)で階段(かいだん)を(a. 降りる b. 降ろす)ようになった。

8. 白(しろ)いシャツにコーヒーを(a. こぼして b. こぼれて)しまった。

9. サービスの利用料金(りようりょうきん)を(a. 通行 b. 請求)する。

정답 1ⓑ 2ⓑ 3ⓐ 4ⓑ 5ⓐ 6ⓐ 7ⓐ 8ⓐ 9ⓑ

MP3 01-13

Day 13

12 13 14

미리 보기 → 따라 읽기 → 단어 암기 → 확인 학습

- □ ふた
- □ 針(はり)
- □ 許可(きょか)
- □ 行事(ぎょうじ)
- □ 物忘れ(ものわすれ)
- □ 成功(せいこう)
- □ 国語(こくご)
- □ 寿命(じゅみょう)
- □ 予報(よほう)
- □ 黒板(こくばん)
- □ 環境(かんきょう)
- □ 直前(ちょくぜん)
- □ 灰色(はいいろ)
- □ 並木(なみき)
- □ 考え(かんがえ)
- □ 送金(そうきん)
- □ 参加(さんか)
- □ 問い合わせ(といあわせ)
- □ 居眠り(いねむり)
- □ 半年(はんとし)
- □ おしゃれ
- □ 書留(かきとめ)
- □ 研究(けんきゅう)
- □ 本社(ほんしゃ)
- □ 距離(きょり)
- □ 世の中(よのなか)
- □ 現金(げんきん)
- □ テーマ
- □ キャンセル
- □ アドバイス
- □ 枯れる(かれる)
- □ しゃべる
- □ 経つ(たつ)
- □ 遅れる(おくれる)
- □ 区切る(くぎる)
- □ 太る(ふとる)

01 ふた
뚜껑
≒ キャップ 캡, 뚜껑

瓶(びん)のふたは固(かた)くしめておく。
병뚜껑은 꽉 닫아 둔다.

02 はり
針
바늘

年(とし)を取(と)ると、針(はり)に糸(いと)を通(とお)しにくくなった。
나이를 먹으니 바늘에 실을 꿰는 것이 어려워졌다.

03 きょか
許可
허가, 허락
동

先生(せんせい)に許可(きょか)をもらって、発言(はつげん)する。
선생님께 허락을 받고 발언한다.

04 ぎょうじ
行事
행사

会社(かいしゃ)の行事(ぎょうじ)に参加(さんか)する。
회사의 행사에 참가하다.

- 行(다닐 행)
  ぎょう 行事(ぎょうじ) 행사
  こう 行動(こうどう) 행동

05 ものわすれ
物忘れ
건망증
동

最近物忘(さいきんものわす)れがひどくなった。
요즘 건망증이 심해졌다.

06 せいこう
成功
성공
↔ 失敗しっぱい 실패
동

小(ち)いさな成功(せいこう)も努力(どりょく)は必要(ひつよう)だ。
작은 성공도 노력은 필요하다.

Day 13

07 こくご
国語
국어

国語(こくご)は自分(じぶん)の得意(とくい)な科目(かもく)です。
국어는 내가 자신 있는 과목입니다.

08 じゅみょう
寿命
수명

電池(でんち)の寿命(じゅみょう)を確認(かくにん)する。
건전지의 수명을 확인한다.

• 命(목숨 명)
みょう　寿命(じゅみょう) 수명
めい　命令(めいれい) 명령

09 よほう
予報
예보

+ 天気予報てんきよほう
일기 예보
동

このごろ、天気予報(てんきよほう)はいつも外(はず)れる。
요즘 일기예보는 항상 빗나간다.

10 こくばん
黒板
칠판

黒板(こくばん)の字(じ)が小(ちい)さくて、見(み)えない。
칠판의 글자가 작아서 보이지 않는다.

11 かんきょう
環境
환경

環境問題(かんきょうもんだい)について討論(とうろん)した。
환경 문제에 대해서 토론했다.

12 ちょくぜん
直前
직전

↔ 直後ちょくご 직후

出発直前(しゅっぱつちょくぜん)に、妹(いもうと)から電話(でんわ)がかかってきた。
출발 직전에 여동생에게서 전화가 걸려 왔다.

13 はいいろ
灰色
회색

≒ グレー 회색

はいいろ そら いま あめ
灰色の空から、今にも雨がふってきそうだ。
회색빛 하늘에서 금세라도 비가 내릴 것 같다.

14 なみき
並木
가로수

≒ 街路樹がいろじゅ 가로수

なみきみち ある
並木道をぶらぶら歩いた。
가로수 길을 천천히 걸었다.

15 かんが
考え
생각

じぶん かんが の
自分の考えをはっきり述べる。
자신의 생각을 분명하게 말하다.

16 そうきん
送金
송금

≒ 振ふり込こみ (은행)송금
동

おや がくひ そうきん
親から学費を送金してもらった。
부모님에게서 학비를 송금받았다.

送金そうきん은 은행 계좌나 우편환으로 돈을 보내는 것을 말하며, 振ふり込こみ는 송금의 일종으로, 금융기관 중 은행에서 은행으로 돈을 보내는 것을 말한다.

17 さんか
参加
참가
동

たなか かいぎ さんか
田中さんも会議に参加しますか。
다나카 씨도 회의에 참가합니까?

18 と あ
問い合わせ
문의

でんわ しょうひん と あ
電話で商品について問い合わせをする。
전화로 상품에 대해서 문의를 한다.

Day 13

19 いねむ
居眠り
앉아서 조는 것
동

かれ かいぎちゅう いねむ
彼は、会議中に居眠りをしていた。
그는 회의 중에 졸고 있었다.

20 はんとし
半年
반년

+ 半日はんにち 반일, 한나절

はんとし べんきょう しけん ごうかく
半年の勉強で試験に合格した。
반년의 공부로 시험에 합격했다.

21
おしゃれ
멋내기, 멋쟁이
동 ナ

いもうと で
妹はおしゃれをして出かけた。
여동생은 멋을 내고 외출했다.

22 かきとめ
書留
등기 우편

+ 速達そくたつ 속달

ゆうびんきょく まどぐち かきとめ う と
郵便局の窓口で書留を受け取った。
우체국 창구에서 등기를 받았다.

書留かきとめ는 접수, 배달 과정을 기록하는 우편이며, 중요한 서류나 상품권 등을 전달할 때 사용한다. 한편, 速達そくたつ은 일반 우편보다 빨리 배달하는 우편을 말한다.

23 けんきゅう
研究
연구

+ 研究室けんきゅうしつ 연구실
동

せかいけいざい けんきゅう
世界経済について研究している。
세계 경제에 대해서 연구하고 있다.

24 ほんしゃ
本社
본사

+ 支社ししゃ 지사

ごぜんちゅう ほんしゃ しょるい おく
午前中、本社に書類を送らなければならない。
오전 중으로 본사에 서류를 보내야 한다.

25 きょり
距離
□□□ 거리

いえ こうつう べんり えき ある ふん きょり
この家は交通が便利で、駅まで歩いて２分という距離だ。
이 집은 교통이 편리해서, 역까지 걸어서 2분이라는 거리이다.

---

26 よ なか
世の中
□□□ 세상

≒ 世界せかい 세계

とお よ なか うご し
ニュースを通して、世の中の動きを知る。
뉴스를 통해서 세상의 움직임을 안다.

世よの中なか는 자신을 둘러싼 환경이나 조건과 관련된 영역을 말하며, 世界せかい는 지구라는 공간적인 영역을 말한다

---

27 げんきん
現金
□□□ 현금

みせ げんきん はら
この店では現金で払わなければならない。
이 가게에서는 현금으로 내야 한다.

28
テーマ
□□□ 테마, 주제

≒ 主題しゅだい 주제

こうえん なん
講演のテーマは何ですか。
강연 주제는 무엇입니까?

29
キャンセル
□□□ 취소

≒ 取とり消けし 취소
[동]

ひこうき よやく
飛行機の予約をキャンセルした。
비행기 예약을 취소했다.

30
アドバイス
□□□ 어드바이스, 조언
[동]

せんぱい しゅうしょく かん う
先輩に就職に関してアドバイスを受けた。
선배에게 취직에 관해서 조언을 받았다.

31 か
枯れる
시들다

テーブルに置(お)いてあった花(はな)が枯(か)れてしまった。
탁자에 놓여 있던 꽃이 시들어 버렸다.

枯(か)れる　시들다 … 자동사
枯(か)らす　시들게 하다 … 타동사

32
しゃべる
말하다

≒ 言いう 말하다

彼(かれ)は、会議中(かいぎちゅう)、一言(ひとこと)もしゃべらなかった。
그는 회의 중 한마디도 말하지 않았다.

33 た
経つ
지나다, 경과하다

≒ 過すぎる 지나다

料理(りょうり)を習(なら)い始(はじ)めて2か月(げつ)も経(た)っていない。
요리를 배우기 시작하고 2개월도 지나지 않았다.

経たつ와 過すぎる 모두 시간이 '지나다, 경과하다'라는 의미지만, 경과된 시간이 아닐 때는 経つ를 사용할 수 없다. 예) 春はるが経つ(×), 春が過ぎる(○)

34 おく
遅れる
늦다

会社(かいしゃ)に遅(おく)れないように駅(えき)から走(はし)った。
회사에 늦지 않도록 역에서부터 달렸다.

35 くぎ
区切る
구분하다

数字(すうじ)は3桁(けた)ごとにコンマで区切(くぎ)ってください。
숫자는 세 자릿수마다 콤마로 구분하여 주세요.

36 ふと
太る
살찌다

↔ やせる 살이 빠지다

一週間(いっしゅうかん)で3キロも太(ふと)ってしまった。
일주일에 3킬로나 살이 쪄 버렸다.

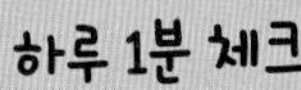

1 다음 단어의 읽기로 가장 알맞은 것을 a, b 중에서 고르세요.

1. 行事 (**a.** ぎょうじ **b.** こうじ)

2. 寿命 (**a.** じゅめい **b.** じゅみょう)

3. 予報 (**a.** よほう **b.** ようほう)

2 다음 단어의 한자 표기로 가장 알맞은 것을 a, b 중에서 고르세요.

4. 살찌다(ふとる) (**a.** 太る **b.** 大る)

5. 직전(ちょくぜん) (**a.** 直先 **b.** 直前)

6. 참가(さんか) (**a.** 散加 **b.** 参加)

3 다음 괄호 안에 들어갈 말로 가장 알맞은 것을 a, b 중에서 고르세요.

7. 先生(せんせい)に(**a.** 許可 **b.** 予報)をもらって、発言(はつげん)する。

8. テーブルに置(お)いてあった花(はな)が(**a.** 枯らして **b.** 枯れて)しまった。

9. 先輩(せんぱい)に就職(しゅうしょく)に関(かん)して(**a.** キャンセル **b.** アドバイス)を受(う)けた。

정답 1ⓐ 2ⓑ 3ⓐ 4ⓐ 5ⓑ 6ⓑ 7ⓐ 8ⓑ 9ⓑ

MP3 01-14

Day 14

□ 미리 보기 → □ 따라 읽기 → □ 단어 암기 → □ 확인 학습

□ 腰(こし)
□ 事務(じむ)
□ 書店(しょてん)
□ 割引(わりびき)
□ 場合(ばあい)
□ お尻(しり)
□ 正座(せいざ)
□ 舞台(ぶたい)
□ 死亡(しぼう)

□ 直通(ちょくつう)
□ 通過(つうか)
□ 模様(もよう)
□ 掃除(そうじ)
□ 歓迎(かんげい)
□ 初心者(しょしんしゃ)
□ 税込み(ぜいこ)
□ 総合(そうごう)
□ 言語(げんご)

□ 家具(かぐ)
□ 誕生(たんじょう)
□ 犯人(はんにん)
□ 握手(あくしゅ)
□ 違反(いはん)
□ 種類(しゅるい)
□ 答案(とうあん)
□ 梅雨(つゆ)／梅雨(ばいう)
□ 予定(よてい)

□ イメージ
□ グループ
□ パンフレット
□ 合(あ)わせる
□ 移(うつ)る
□ にぎる
□ 離(はな)す
□ 過(す)ごす
□ 伝(つた)わる

01 こし
腰
허리

あさ こし いた
朝から腰が痛い。
아침부터 허리가 아프다.

02 じ む
事務
사무

+ 事務所じむしょ 사무소

くうこう じ む しょ い
空港から事務所までタクシーで行く。
공항에서 사무소까지 택시로 간다.

03 しょてん
書店
서점

≒ 本屋ほんや 서점

えきまえ あたら しょてん
駅前に新しい書店がオープンした。
역전에 새로운 서점이 문을 열었다.

04 わりびき
割引
할인

↔ 割増わりまし 할증
동

かいいん わりびき う
会員はいろいろな割引サービスが受けられます。
회원은 다양한 할인 서비스를 받을 수 있습니다.

05 ば あい
場合
경우

あめ ば あい えんそく ちゅう し
雨の場合には遠足を中止します。
비가 올 경우에는 소풍을 중지합니다.

06 しり
お尻
엉덩이

ちち しり
いたずらをして、父にお尻をたたかれた。
장난을 쳐서 아버지에게 엉덩이를 맞았다.

07 せいざ
正座
정좌, 무릎 꿇고 앉음
[동]

じかん せいざ
1時間も正座をしていた。
1시간이나 무릎을 꿇고 있었다.

08 ぶたい
舞台
무대

ぶたい かしゅ うた
舞台で歌手が歌っている。
무대에서 가수가 노래하고 있다.

09 しぼう
死亡
사망

↔ 誕生たんじょう 탄생
[동]

けさ こうつうじこ はっせい さんにん しぼう
今朝、交通事故が発生し、三人が死亡した。
오늘 아침 교통사고가 발생해서 세 명이 사망했다.

10 ちょくつう
直通
직통
[동]

でんしゃ しんじゅく ちょくつう うんてん
この電車は新宿まで直通で運転している。
이 열차는 신주쿠까지 직통으로 운행하고 있다.

11 つうか
通過
통과, 지나감
[동]

たいふう つうか あと は
台風が通過した後は晴れるでしょう。
태풍이 통과한 뒤에는 맑아지겠습니다.

12 もよう
模様
모양

≒ 柄がら 무늬

はな もよう
このドレスは花の模様がきれいだ。
이 드레스는 꽃 모양이 예쁘다.

模様もよう는 천, 공예품, 가구 등에 장식으로써 사용하는 그림이나 도형을 말한다. 이 가운데 천 등에 한정하여 장식하는 모양을 柄がら라고 한다.

Chapter 01 Chapter 02 Chapter 03

13 そうじ
掃除
청소

+ 掃除機そうじき 청소기
동

お客(きゃく)さんが来(く)るまえに、掃除(そうじ)をしましょう。
손님이 오기 전에 청소를 합시다.

14 かんげい
歓迎
환영

+ 歓迎会かんげいかい 환영회
동

新入生(しんにゅうせい)の歓迎(かんげい)パーティーを開(ひら)いた。
신입생 환영 파티를 열었다.

15 しょしんしゃ
初心者
초심자, 초보자

このゲームは初心者(しょしんしゃ)でもすぐ覚(おぼ)えられます。
이 게임은 초보자라도 쉽게 배울 수 있습니다.

16 ぜいこ
税込み
세금 포함

↔ 税抜ぜいぬき 세금 미포함

すべての商品(しょうひん)は税込(ぜいこ)みの価格(かかく)を表示(ひょうじ)しています。
모든 상품은 세금 포함 가격을 표시하고 있습니다.

17 そうごう
総合
종합
동

書類(しょるい)と面接(めんせつ)の結果(けっか)を総合(そうごう)して合格(ごうかく)を決定(けってい)する。
서류와 면접 결과를 종합해서 합격을 결정한다.

18 げんご
言語
언어

≒ 言葉ことば 말

この小説(しょうせつ)はいろいろな言語(げんご)に翻訳(ほんやく)されている。
이 소설은 여러 언어로 번역되어 있다.

言語げんご는 주로 문장체에서 사용되며 학문적이고 딱딱한 인상을 주고, 言葉ことば는 회화체에서 사용되며 부드러운 느낌이다.

19 かぐ
家具
가구

引っ越しをして、新しい家具を買った。
이사를 해서 새 가구를 샀다.

20 たんじょう
誕生
탄생

+ 誕生日たんじょうび 생일
동

家族みんなで新しい命の誕生をお祝いした。
가족이 모두 함께 새 생명의 탄생을 축하했다.

- 生(날 생)
  じょう　誕生(たんじょう) 탄생
  せい　人生(じんせい) 인생

21 はんにん
犯人
범인

逃げていた犯人が捕まった。
도망쳤던 범인이 붙잡혔다.

22 あくしゅ
握手
악수
동

卒業の時、先生と握手した。
졸업 때 선생님과 악수했다.

23 いはん
違反
위반
동

駐車違反が増加している。
주차 위반이 증가하고 있다.

24 しゅるい
種類
종류

お茶にはいろいろな種類があります。
차에는 여러 종류가 있습니다.

25 **答案**(とうあん)
답안

彼(かれ)の答案(とうあん)は間違(まちが)いだらけだった。
그의 답안은 실수투성이였다.

26 **梅雨／梅雨**(つゆ／ばいう)
장마

梅雨(つゆ)の時(とき)は雨(あめ)の日(ひ)が多(おお)い。
장마 때는 비 오는 날이 많다.

27 **予定**(よてい)
예정

≒ 計画けいかく 계획
동

来週(らいしゅう)の会議(かいぎ)には、社長(しゃちょう)も出席(しゅっせき)する予定(よてい)だ。
다음 주 회의에는 사장님도 출석할 예정이다.

28 **イメージ**
이미지, 인상
동

メガネを替(か)えたら、イメージが変(か)わった。
안경을 바꿨더니 이미지가 바뀌었다.

29 **グループ**
그룹

≒ 組くみ 조, 반

4つ(よっ)のグループに分(わ)かれて、工場内(こうじょうない)を見学(けんがく)します。
4개의 그룹으로 나뉘어 공장 내부를 견학하겠습니다.

30 **パンフレット**
팸플릿, 소책자

海外旅行(かいがいりょこう)のパンフレットをもらってきた。
해외여행 팸플릿을 받아 왔다.

Day 14

31 合わせる（あ）
合치다, 맞추다

ネクタイをスーツの色(いろ)に合(あ)わせる。
넥타이를 양복의 색깔에 맞춘다.

合(あ)う　맞다 … 자동사
合(あ)わせる　맞추다 … 타동사

32 移る（うつ）
옮기다, 이전하다

工場(こうじょう)が他(ほか)のところに移(うつ)ることになった。
공장이 다른 곳으로 이전하게 되었다.

移(うつ)る　이동하다 … 자동사
移(うつ)す　이동시키다 … 타동사

33 にぎる
잡다, 움켜쥐다

ご飯(はん)をにぎっておにぎりを作(つく)る。
밥을 꼭 움켜서 주먹밥을 만든다.

34 離す（はな）
떼어내다, 분리하다

プラスチック容器(ようき)は、火(ひ)から離(はな)して置(お)いてください。
플라스틱 용기는 불에서 멀리 놓으세요.

離(はな)れる　떨어지다 … 자동사
離(はな)す　떼어내다 … 타동사

35 過ごす（す）
지내다, 보내다

忙(いそが)しい毎日(まいにち)を過(す)ごしています。
바쁜 하루를 보내고 있습니다.

過(す)ぎる　지나다 … 자동사
過(す)ごす　지내다 … 타동사

36 伝わる（つた）
전달되다, 전해지다

自分(じぶん)の意見(いけん)が伝(つた)わるように文章(ぶんしょう)を書(か)きましょう。
자신의 의견이 전해지도록 글을 씁시다.

伝(つた)わる　전달되다 … 자동사
伝(つた)える　전달하다 … 타동사

하루 1분 체크

1 다음 단어의 읽기로 가장 알맞은 것을 a, b 중에서 고르세요.

1. 舞台 (a. ぶたい b. ぶだい)

2. 掃除 (a. そうじ b. そうじょ)

3. 種類 (a. しょるい b. しゅるい)

2 다음 단어의 한자 표기로 가장 알맞은 것을 a, b 중에서 고르세요.

4. 장마(つゆ) (a. 梅雨 b. 海雨)

5. 가구(かぐ) (a. 家臭 b. 家具)

6. 악수(あくしゅ) (a. 屋手 b. 握手)

3 다음 괄호 안에 들어갈 말로 가장 알맞은 것을 a, b 중에서 고르세요.

7. 工場(こうじょう)が他(ほか)のところに(a. 移る b. 移す)ことになった。

8. ネクタイをスーツの色(いろ)に(a. 合う b. 合わせる)。

9. 自分(じぶん)の意見(いけん)が(a. 伝わる b. 伝える)ように文章(ぶんしょう)を書(か)きましょう。

정답 1ⓐ 2ⓐ 3ⓑ 4ⓐ 5ⓑ 6ⓑ 7ⓐ 8ⓑ 9ⓐ

MP3 01-15

Day 15

공부 순서 미리 보기 → 따라 읽기 → 단어 암기 → 확인 학습

□ 縁(ふち)	□ 現実(げんじつ)	□ 子育(こそだ)て	□ インタビュー
□ 昔(むかし)	□ 消化(しょうか)	□ あくび	□ ヒント
□ 販売(はんばい)	□ お土産(みやげ)	□ 看護師(かんごし)	□ サイズ
□ 給料(きゅうりょう)	□ 物理(ぶつり)	□ 日時(にちじ)	□ 干(ほ)す
□ 書類(しょるい)	□ 灯台(とうだい)	□ 現代(げんだい)	□ 組(く)む
□ 性質(せいしつ)	□ 司会(しかい)	□ 受取人(うけとりにん)	□ 黙(だま)る
□ 売店(ばいてん)	□ 統計(とうけい)	□ 通信(つうしん)	□ 見送(みおく)る
□ うがい	□ 国会(こっかい)	□ 本人(ほんにん)	□ 落(お)ち着(つ)く
□ 迎(むか)え	□ 足跡(あしあと)	□ 医療(いりょう)	□ 慰(なぐさ)める

01 ふち
縁
テドゥリ
테두리, 가장자리

ふち ほそ
このメガネの縁は細くデザインされています。
이 안경테는 가늘게 디자인되었습니다.

• 縁(가선 연, 인연 연)
ふち 縁(ふち) 테두리, 가장자리
えん 縁(えん) 인연

02 むかし
昔
옛날

＋ 昔話むかしばなし 옛날이야기

ねん とも あ むかし
10年ぶりに友だちに会ったが、昔のままだった。
10년 만에 친구를 만났는데 옛날 그대로였다.

03 はんばい
販売
판매
동

あした しんしょうひん はんばい かいし
明日から新商品の販売を開始します。
내일부터 신상품의 판매를 개시하겠습니다.

04 きゅうりょう
給料
급료, 월급

きゅうりょう か
給料をもらったらカメラを買うつもりだ。
월급을 받으면 카메라를 살 생각이다.

05 しょるい
書類
서류

しょるい ぶ
この書類を30部コピーしてください。
이 서류를 30부 복사해 주세요.

06 せいしつ
性質
성질

きんぞく でんき とお せいしつ
金属には電気を通す性質がある。
금속에는 전기를 통하게 하는 성질이 있다.

Day 15

07 ばいてん
売店
매점

えき ばいてん しんぶん か
駅の売店で新聞を買った。
역 매점에서 신문을 샀다.

08
うがい
양치질, 가글
동

わたし いえ かえ
私は家に帰ると、うがいをする。
나는 집에 돌아오면 가글을 한다.

09 むかえ
迎え
마중

↔ 見送みおくり 배웅

えき とも むか い
駅に友だちを迎えに行く。
역에 친구를 마중하러 가다.

10 げんじつ
現実
현실

げんじつ かんが ほ
現実を、もうちょっと考えて欲しい。
현실을 좀 더 생각했으면 좋겠다.

11 しょうか
消化
소화

+ 消火しょうか 소화
동

こども しょうか た
子供には消化にいいものを食べさせている。
아이에게는 소화가 잘되는 것을 먹이고 있다.

消化しょうか는 체내에서 음식물을 분해하여 영양소로 변화시키는 과정을 의미하고, 消火しょうか는 불을 끄는 것을 의미한다.

12 みやげ
お土産
기념품, 선물

ちいき か みやげ か
この地域でしか買えないお土産を買ってあげたい。
이 지역에서밖에 살 수 없는 기념품을 사 주고 싶다.

Chapter 01 Chapter 02 Chapter 03

13 ぶつり
物理
물리

+ 物理学ぶつりがく 물리학

今物理の宿題をしている。(いまぶつりのしゅくだい)
지금 물리 숙제를 하고 있다.

• 物(물건 물)
ぶつ 物理(ぶつり) 물리
もつ 貨物(かもつ) 화물

---

14 とうだい
灯台
등대

遠くに灯台が見える。(とお、とうだい、み)
멀리 등대가 보인다.

---

15 しかい
司会
사회, 사회자
동

友だちの結婚パーティーの司会を頼まれた。(とも、けっこん、しかい、たの)
친구의 결혼 파티의 사회를 부탁받았다.

司 : 맡을 사 司会(しかい) 사회
可 : 옳을 가 可能(かのう) 가능

---

16 とうけい
統計
통계

貿易に関する統計資料を調べる。(ぼうえき、かん、とうけいしりょう、しら)
무역에 관한 통계 자료를 조사한다.

---

17 こっかい
国会
국회

+ 国会委員こっかいぎいん
국회의원

彼は国会議員に選ばれた。(かれ、こっかいぎいん、えら)
그는 국회 의원으로 선출되었다.

---

18 あしあと
足跡
발자국

庭で犯人の足跡が発見された。(にわ、はんにん、あしあと、はっけん)
정원에서 범인의 발자국이 발견되었다.

Day 15

19 こそだ
子育て
육아

≒ 育児いくじ 육아
동

こそだ あと いちど はたら
子育ての後、もう一度働きたい。
육아 후 다시 한번 일하고 싶다.

20
あくび
하품

じゅぎょうちゅう ねむ なんど で
授業中に眠くて何度もあくびが出た。
수업 중에 졸려서 몇 번이나 하품이 나왔다.

21 かんごし
看護師
간호사

+ 医師いし 의사

しょうらい かんごし
将来は看護師になりたい。
장래에는 간호사가 되고 싶다.

22 にちじ
日時
일시(날짜와 시간)

にちじ き
パーティーの日時を決める。
파티 일시를 결정한다.

23 げんだい
現代
현대

+ 現在げんざい 현재

げんだい でんき せいかつ
現代は電気がなければ生活できない。
현대에는 전기가 없으면 생활할 수 없다.

現在げんざい는 지금 이 순간을 말하고, 現代げんだい는 지금 이 순간을 포함한 긴 시대를 나타낸다.

24 うけとりにん
受取人
수취인

うけとりにん なまえ まちが
受取人の名前が間違っている。
수취인의 이름이 잘못되어 있다.

Chapter 01
Chapter 02
Chapter 03

25 つうしん
通信
통신
동

げんだい じょうほうつうしん じだい
現代は情報通信の時代である。
현대는 정보 통신 시대이다.

26 ほんにん
本人
본인

ほんにん ちょくせつはなし き
本人から直接話を聞いた。
본인으로부터 직접 이야기를 들었다.

27 いりょう
医療
의료

+ 治療ちりょう 치료

いりょう ぎじゅつ しんぽ むずか びょうき なお
医療技術が進歩して、難しい病気も治せるようになった。
의료 기술이 진보하여 어려운 병도 고칠 수 있게 됐다.

28
インタビュー
인터뷰

≒ 面談めんだん 면담
동

しちょう
市長にインタビューする。
시장을 인터뷰하다.

29
ヒント
힌트

こた わ
答えが分からないので、ヒントをください。
답을 모르겠으니, 힌트를 주세요.

30
サイズ
사이즈

≒ 大おおきさ 크기

もじ おお
文字のサイズを大きくする。
글자의 사이즈를 크게 한다.

31 ほ
干す
(널어) 말리다,
(잔을) 비우다

≒ 乾かわかす 말리다

天気てんきがよかったので布団ふとんを干ほして出でかけた。
날씨가 좋아서 이불을 널고 외출했다.

干ほす와 乾かわかす 둘 다 수분을 제거한다는 의미이다. 다만, 干す에는 수분을 제거하기 위하여 적당한 장소에 놓는다는 의미가 포함되어 있다.

32 く
組む
짜다, 맞추다, 꼬다

田中たなかさんは足あしを組くんで座すわっている。
다나카 씨는 다리를 꼬고 앉아 있다.

33 だま
黙る
침묵하다, 말이 없다

彼かれは何なにも言いわずに、黙だまって聞きいていた。
그는 아무런 말도 없이, 잠자코 듣고 있었다.

34 みおく
見送る
배웅하다, 보류하다

↔ 迎むかえる 마중하다

空港くうこうまで田中先生たなかせんせいを見送みおくった。
공항까지 다나카 선생님을 배웅했다.

35 お つ
落ち着く
침착하다, 차분하다,
안정되다

地震じしんの時ときは、落おち着ついて行動こうどうしてください。
지진 때는 침착하게 행동하세요.

36 なぐさ
慰める
위로하다

落おち込こんでいる友達ともだちを慰なぐさめてあげたい。
낙심해 있는 친구를 위로해 주고 싶다.

1 다음 단어의 읽기로 가장 알맞은 것을 a, b 중에서 고르세요.

1. 現実 (a. げんしつ b. げんじつ)

2. 灯台 (a. とうたい b. とうだい)

3. 本人 (a. ほんにん b. ほんじん)

2 다음 단어의 한자 표기로 가장 알맞은 것을 a, b 중에서 고르세요.

4. 테두리(ふち) (a. 緑 b. 縁)

5. 옛날(むかし) (a. 昔 b. 借)

6. 판매(はんばい) (a. 販売 b. 販買)

3 다음 괄호 안에 들어갈 말로 가장 알맞은 것을 a, b 중에서 고르세요.

7. 天気(てんき)がよかったので布団(ふとん)を(a. 干して b. 組んで)出(で)かけた。

8. 金属(きんぞく)には電気(でんき)を通(とお)す(a. 現実 b. 性質)がある。

9. 子供(こども)には(a. 消化 b. 消火)にいいものを食(た)べさせている。

정답 1ⓑ 2ⓑ 3ⓐ 4ⓑ 5ⓐ 6ⓐ 7ⓐ 8ⓑ 9ⓐ

MP3 01-16

Day 16

15 16 17

공부 순서 : 미리 보기 → 따라 읽기 → 단어 암기 → 확인 학습

□ 間(ま)	□ 学者(がくしゃ)	□ 青春(せいしゅん)	□ エネルギー
□ 筆(ふで)	□ 保存(ほぞん)	□ 味見(あじみ)	□ マナー
□ 限度(げんど)	□ 時間割(じかんわり)	□ 蛇口(じゃぐち)	□ スケジュール
□ 小包(こづつみ)	□ 無休(むきゅう)	□ 通帳(つうちょう)	□ かかる
□ 好(この)み	□ 日中(にっちゅう)	□ 送別会(そうべつかい)	□ 通(とお)り過(す)ぎる
□ やる気(き)	□ 日当(ひあ)たり	□ 離婚(りこん)	□ 受(う)け入(い)れる
□ 区域(くいき)	□ 違(ちが)い	□ 知(し)り合(あ)い	□ 追(お)いつく
□ 地下(ちか)	□ 感情(かんじょう)	□ 知(し)らせ	□ 飽(あ)きる
□ 上下(じょうげ)	□ 拍手(はくしゅ)	□ 相続(そうぞく)	□ しまう

01 ま
間
사이(공간, 시간적 사이), 방

連休(れんきゅう)が、あっという間(ま)に過(す)ぎてしまった。
연휴가 눈 깜짝할 사이에 지나가 버렸다.

02 ふで
筆
붓

葉書(はがき)に筆(ふで)でメッセージを書(か)いた。
엽서에 붓으로 메시지를 썼다.

03 げんど
限度
한도

≒ 限界げんかい 한계

市(し)の施設(しせつ)は、使用限度(しようげんど)を超(こ)えて使用(しよう)できません。
시의 시설은 사용 한도를 넘어 사용할 수 없습니다.

04 こづつみ
小包
소포

友人(ゆうじん)から届(とど)いた小包(こづつみ)を開(あ)けた。
친구에게서 온 소포를 열었다.

05 この
好み
기호, 취향

このシャツは私(わたし)の好(この)みではない。
이 셔츠는 내 취향이 아니다.

06 き
やる気
의욕

今日(きょう)はあまりやる気(き)が出(で)ない。
오늘은 별로 의욕이 생기지 않는다.

Day 16

07 くいき
区域
구역

≒ 地域ちいき 지역

きんえん くいき
ここは禁煙区域です。
여기는 금연 구역입니다.

08 ちか
地下
지하

↔ 地上ちじょう 지상

う ば ち か いっかい
パンやケーキの売り場は、地下一階にある。
빵이나 케이크 매장은 지하 1층에 있다.

09 じょうげ
上下
상하, 위아래
동

あか ふく じょうげ べつべつ
この赤ちゃんの服は上下が別々になっている。
이 유아복은 위아래가 따로따로 되어 있다.

- 下(아래 하)
  げ　上下(じょうげ) 상하
  か　下線(かせん) 밑줄

10 がくしゃ
学者
학자

かのじょ ちちおや ゆうめい がくしゃ
彼女の父親は有名な学者である。
그녀의 아버지는 유명한 학자이다.

11 ほぞん
保存
보존
동

しょくひん れいぞうこ い ほぞん
この食品は冷蔵庫に入れて保存します。
이 식품은 냉장고에 넣어 보존합니다.

- 存(있을 존)
  ぞん　保存(ほぞん) 보존
  そん　存在(そんざい) 존재

12 じかんわり
時間割
시간표

≒ 時刻表じこくひょう 시간표

しんがっき じかんわり き
新学期の時間割が決まった。
새 학기의 시간표가 정해졌다.

時間割じかんわり는 주로 학교 수업 시간표를 말하고, **時刻表**じこくひょう는 기차, 버스, 비행기 등 탈것이 떠나고 닿는 시간을 적어 놓은 표를 말한다.

13 むきゅう
無休
무휴, 쉬지 않음

12月は無休で営業しています。
12월은 무휴로 영업하고 있습니다.

14 にっちゅう
日中
낮, 대낮

≒ 昼間ひるま 대낮

日中の最高気温は30度ぐらいまで上がるでしょう。
낮 최고 기온은 30도 정도까지 오르겠지요.

'日中の最高気温(낮 최고기온)'의 日中にっちゅう는 해가 중천에 떠 있을 때를 말하여, '日中関係(일중 관계)'의 日中にっちゅう는 일본과 중국을 가리킨다.

15 ひあ
日当たり
일조(햇볕이 듦)

この植木は日当たりのいいところに置いてください。
이 화분은 햇볕이 잘 드는 곳에 놓으세요.

16 ちが
違い
차이

≒ 差さ 차

両国の飲食文化には違いがある。
양국의 음식 문화에는 차이가 있다.

17 かんじょう
感情
감정

うれしい感情を言葉で表す。
기쁜 감정을 말로 나타내다.

18 はくしゅ
拍手
박수
동

演奏が終わると観客は拍手をおくった。
연주가 끝나자 관객은 박수를 보냈다.

19 せいしゅん
青春
□□□ 청춘

この歌を聞くと青春時代を思い出す。
이 노래를 들으면 청춘 시절이 생각난다.

20 あじみ
味見
□□□ 맛보기
동

これ、ちょっと味見してみて。
이거, 맛 좀 봐 줘.

21 じゃぐち
蛇口
□□□ 수도꼭지

蛇口を開けても水が出てこない。
수도꼭지를 열어도 물이 나오지 않는다.

22 つうちょう
通帳
□□□ 통장

+ 口座こうざ 계좌

通帳を作るときは、はんこが必要です。
통장을 만들 때는 도장이 필요합니다.

帳 : 장막 장　通帳(つうちょう) 통장
張 : 베풀 장　出張(しゅっちょう) 출장

23 そうべつかい
送別会
□□□ 송별회

↔ 歓迎会かんげいかい 환영회

会社の送別会に参加した。
회사의 송별회에 참가했다.

24 りこん
離婚
□□□ 이혼

↔ 結婚けっこん 결혼
동

あの二人は、突然離婚してみんなを驚かせた。
저 두 사람은 갑자기 이혼해서 모두를 놀라게 했다.

25 **知り合い**（しりあい）

지인, 아는 사람

≒ 知人ちじん 지인

知り合いの人から映画の切符をもらった。（しりあいのひとからえいがのきっぷをもらった。）

지인으로부터 영화표를 받았다.

知しり合あい와 知人ちじん의 의미는 거의 같으나, 면접이나 비즈니스 상황에서는 知人을 사용하는 것이 격식 차린 느낌을 준다.

26 **知らせ**（しらせ）

통지, 안내

≒ 通知つうち 통지

合格の知らせを聞いて安心した。（ごうかくのしらせをきいてあんしんした。）

합격 통지를 듣고 안심했다.

27 **相続**（そうぞく）

상속

동

父は祖父から土地と家を相続した。（ちちはそふからとちといえをそうぞくした。）

아버지는 할아버지부터 토지와 집을 상속받았다.

28 **エネルギー**

에너지

太陽エネルギーを利用して、電気を作る。（たいよう、りよう、でんき、つく）

태양 에너지를 이용하여 전기를 만든다.

29 **マナー**

매너, 예의

≒ 礼儀れいぎ 예의

公園では、マナーを守って遊びましょう。（こうえん、まも、あそ）

공원에서는 예의를 지켜가며 놀도록 합시다.

30 **スケジュール**

스케줄, 일정

≒ 日程にってい 일정

会議のスケジュールに変更があります。（かいぎ、へんこう）

회의 스케줄에 변경이 있습니다.

Day 16

31
かかる
걸리다

家(いえ)から会社(かいしゃ)まで1時間(じかん)かかる。
집에서 회사까지 1시간 걸린다.

かかる　걸리다 … 자동사
かける　걸다 … 타동사

32
通(とお)り過(す)ぎる
지나가다

≒ 通過(つうか)する 통과하다

バスは小学校(しょうがっこう)を通(とお)り過(す)ぎて、駅(えき)のほうに走(はし)った。
버스는 초등학교를 지나, 역 쪽으로 달렸다.

33
受(う)け入(い)れる
받아들이다

この学校(がっこう)は、世界中(せかいじゅう)から学生(がくせい)を受(う)け入(い)れている。
이 학교는 전 세계에서 학생을 받아들이고 있다.

34
追(お)いつく
따라잡다

走(はし)りつづけて、やっと追(お)いついた。
계속 달려서 마침내 따라잡았다.

35
飽(あ)きる
질리다, 식상하다

この映画(えいが)は飽(あ)きるほど見(み)た。
이 영화는 질릴 정도로 보았다.

36
しまう
끝내다, 치우다

試験(しけん)を始(はじ)めますから、本(ほん)はしまってください。
시험을 시작할 테니까, 책은 치워 주세요.

하루 1분 체크

1 다음 단어의 읽기로 가장 알맞은 것을 a, b 중에서 고르세요.

1. 上下 (**a.** じょうか **b.** じょうげ)

2. 保存 (**a.** ほぞん **b.** ほそん)

3. 筆 (**a.** ふた **b.** ふで)

2 다음 단어의 한자 표기로 가장 알맞은 것을 a, b 중에서 고르세요.

4. 취향(このみ) (**a.** 好み **b.** 頼み)

5. 이혼(りこん) (**a.** 結婚 **b.** 離婚)

6. 통장(つうちょう) (**a.** 通帳 **b.** 通張)

3 다음 괄호 안에 들어갈 말로 가장 알맞은 것을 a, b 중에서 고르세요.

7. 父(ちち)は祖父(そふ)から土地(とち)と家(いえ)を(**a.** 相続 **b.** 送別)した。

8. バスは小学校(しょうがっこう)を(**a.** 追いついて **b.** 通り過ぎて)、駅(えき)のほうに走(はし)った。

9. 試験(しけん)を始(はじ)めますから、本(ほん)は(**a.** しまって **b.** かかって)ください。

정답 1ⓑ 2ⓐ 3ⓑ 4ⓐ 5ⓑ 6ⓐ 7ⓐ 8ⓑ 9ⓐ

MP3 01-17

Day 17

미리 보기 → 따라 읽기 → 단어 암기 → 확인 학습

- □ 牛(うし)
- □ 箸(はし)
- □ 恋(こい)
- □ 迷子(まいご)
- □ 無視(むし)
- □ 踏み切り(ふきり)
- □ 区間(くかん)
- □ 日程(にってい)
- □ 感心(かんしん)

- □ 部品(ぶひん)
- □ 無地(むじ)
- □ 通訳(つうやく)
- □ 日本酒(にほんしゅ)
- □ 毎度(まいど)
- □ 博物館(はくぶつかん)
- □ 私立(しりつ)
- □ 四季(しき)
- □ 条件(じょうけん)

- □ 理想(りそう)
- □ 学習(がくしゅう)
- □ 成人(せいじん)
- □ 日帰り(ひがえ)
- □ 道路(どうろ)
- □ 地下水(ちかすい)
- □ 送料(そうりょう)
- □ 普段(ふだん)
- □ 勇気(ゆうき)

- □ カーブ
- □ セット
- □ ユーモア
- □ 乾く(かわ)
- □ 戦う(たたか)
- □ 困る(こま)
- □ 編む(あ)
- □ 投げる(な)
- □ 間違える(まちが)

Chapter 01 Chapter 02 Chapter 03

01 うし
牛
소

うし　くさ　しょうか
牛は草を消化することができる。
소는 풀을 소화할 수 있다.

牛 : 소 우　牛(うし) 소
午 : 낮 오　午前(ごぜん) 오전

02 はし
箸
젓가락

はし　つか　かた　おし
箸の使い方を教えてください。
젓가락 사용법을 가르쳐 주세요.

03 こい
恋
사랑, 연애

+ 恋人こいびと 연인
동

ふたり　こい　お
二人は恋に落ちてしまった。
두 사람은 사랑에 빠져 버렸다.

04 まいご
迷子
미아

まいご　こども　な
迷子になった子供が泣いている。
미아가 된 아이가 울고 있다.

- 迷(미혹할 미)
  まい　迷子(まいご) 미아
  めい　迷惑(めいわく) 폐, 성가심

05 むし
無視
무시
동

しんごう　むし　どうろ　おうだん
信号を無視して道路を横断する。
신호를 무시하고 도로를 횡단한다.

06 ふき
踏み切り
건널목

ふき　とお　とき　いちじていし
踏み切りを通る時は、一時停止しなければならない。
건널목을 지날 때는 일시 정지해야 한다.

Day 17

07 くかん
区間
구간

地震(じしん)により、一部区間(いちぶくかん)で電車(でんしゃ)が止(と)まっている。
지진으로 인해 일부 구간에서 전철이 멈춰 있다.

08 にってい
日程
일정

≒ スケジュール 스케줄

会議(かいぎ)の日程(にってい)を変(か)えた。
회의 일정을 바꿨다.

09 かんしん
感心
감탄

＋ 感動かんどう 감동
동 ナ

小(ちい)さい子供(こども)が家(いえ)の手伝(てつだ)いをするのを見(み)て、感心(かんしん)した。
어린아이가 집안일을 돕는 것을 보고 감탄했다.

感心かんしん은 단순히 무언가를 느낀 순간의 마음을 나타내고, 感動かんどう는 깊은 감명을 받은 상태가 지속되는 느낌을 나타낸다.

10 ぶひん
部品
부품

古(ふる)い部品(ぶひん)を新(あたら)しいのに交換(こうかん)した。
낡은 부품을 새것으로 교환했다.

11 むじ
無地
민무늬

シンプルな無地(むじ)のシャツを買(か)った。
심플한 민무늬 셔츠를 샀다.

- 地(땅 지)
  - じ 無地(むじ) 민무늬
  - ち 地下(ちか) 지하

12 つうやく
通訳
통역

＋ 翻訳ほんやく 번역
동

フランス語(ご)の通訳(つうやく)ができる人(ひと)を探(さが)している。
프랑스어 통역이 가능한 사람을 찾고 있다.

Chapter 01 Chapter 02 Chapter 03

13 にほんしゅ
日本酒
일본 술(특히, 청주)

そふ　にほんしゅ　だいす
祖父は日本酒が大好きだ。
할아버지는 일본 술을 매우 좋아한다.

14 まいど
毎度
매번, 항상

≒ いつも 항상

まいど
毎度、ありがとうございます。
항상 감사합니다.

15 はくぶつかん
博物館
박물관

はくぶつかん　かかり　ひと　せつめい　き
博物館で、係の人の説明を聞く。
박물관에서 담당자의 설명을 듣는다.

16 しりつ
私立
사립

＋ 市立しりつ 시립

とうきょう　しりつだいがく　にゅうがく
東京にある私立大学に入学した。
도쿄에 있는 사립대학에 입학했다.

私立しりつ는 민간이 설립하여 운영하는 것이고, 市立しりつ는 시에서 설립하여 관리하는 것을 말한다.

17 しき
四季
사계절

＋ 季節きせつ 계절

にほん　しき　くべつ
日本は、四季の区別がはっきりしている。
일본은 사계절의 구분이 뚜렷하다.

18 じょうけん
条件
조건

もう　こ　まえ　つぎ　じょうけん　よ
申し込む前に、次の条件をよく読んでください。
신청하기 전에 다음 조건을 잘 읽어 주십시오.

19 りそう
理想
□□□ 이상

↔ 現実げんじつ 현실

理想(りそう)と現実(げんじつ)の大(おお)きな違(ちが)いに悩(なや)む。
이상과 현실의 커다란 차이에 고민하다.

20 がくしゅう
学習
□□□ 학습
동

語学(ごがく)の学習(がくしゅう)は、休(やす)まず続(つづ)けることが大切(たいせつ)だ。
어학 학습은 쉬지 않고 계속하는 것이 중요하다.

21 せいじん
成人
□□□ 성인

↔ 子こども 아이

成人(せいじん)を対象(たいしょう)にアンケート調査(ちょうさ)を行(おこな)った。
성인을 대상으로 앙케트 조사를 실시했다.

22 ひがえ
日帰り
□□□ 당일치기
동

日帰(ひがえ)りで近(ちか)くの温泉(おんせん)に行(い)ってきた。
당일치기로 가까운 온천에 다녀왔다.

23 どうろ
道路
□□□ 도로

＋高速道路こうそくどうろ 고속도로

ここは休(やす)みになると、電車(でんしゃ)も道路(どうろ)も込(こ)んで大変(たいへん)だ。
이곳은 휴일이 되면, 전철도 도로도 붐벼서 힘들다.

24 ちかすい
地下水
□□□ 지하수

市(し)では地下水(ちかすい)を保存(ほぞん)する計画(けいかく)を立(た)てた。
시는 지하수를 보존하는 계획을 세웠다.

25 そうりょう
送料
배송료

しょうひん　ごうけい　えん い じょう　そうりょう　む りょう
商品の合計が2,000円以上になると、送料は無料です。
상품의 합계가 2,000엔 이상이 되면 배송료는 무료입니다.

＋ 郵送料ゆうそうりょう 우송료

26 ふだん
普段
평소, 평상시

あた　ふだん　ひと　とお　すく
この辺りは、普段から人の通りが少ない。
이 근처는 평소 사람의 통행이 적다.

27 ゆうき
勇気
용기

ゆうき　も　こうどう
勇気を持って行動する。
용기를 가지고 행동한다.

28
カーブ
커브, 곡선

みち　き
道がカーブしているので、気をつけてください。
길이 굽어 있으니 조심하세요.

≒ 曲線きょくせん 곡선
동

29
セット
세트

か
プレゼントにワインセットを買った。
선물로 와인 세트를 샀다.

30
ユーモア
유머

もり　いっしょ　たの
森さんはユーモアがあって、一緒にいると楽しい。
모리 씨는 유머가 있어서, 함께 있으면 즐겁다.

Day 17

31 かわ
乾く
마르다, 건조되다

このタオルはまだ乾(かわ)いていない。
이 수건은 아직 마르지 않았다.

乾(かわ)く　마르다 … 자동사
乾(かわ)かす　말리다 … 타동사

32 たたか
戦う
싸우다

+ 戦争せんそう 전쟁

この二(ふた)つのチームが決勝戦(けっしょうせん)で戦(たたか)うそうだ。
이 두 팀이 결승전에서 싸운다고 한다.

33 こま
困る
곤란하다

弟(おとうと)はわがままで困(こま)る。
동생은 제멋대로여서 곤란하다.

34 あ
編む
짜다, 뜨개질하다

+ 編あみ物もの
뜨개질, 뜨개질한 것

母(はは)は、私(わたし)のセーターを編(あ)んでくれた。
어머니는 나의 스웨터를 짜 주었다.

編 : 엮을 편　編(あ)む 짜다, 뜨개질하다
組 : 짤 조　組(く)む 짜다, 조직하다

35 な
投げる
던지다

投手(とうしゅ)がボールを投(な)げた。
투수가 공을 던졌다.

36 まちが
間違える
잘못하다, 착각하다

間違(まちが)えて重要(じゅうよう)な書類(しょるい)を捨(す)ててしまった。
잘못해서 중요한 서류를 버리고 말았다.

間違(まちが)う　잘못되다 … 자동사
　잘못하다 … 타동사
間違(まちが)える　잘못하다 … 타동사

하루 1분 체크

1 다음 단어의 읽기로 가장 알맞은 것을 a, b 중에서 고르세요.

1. 無地 (a. むじ b. むち)

2. 恋 (a. あい b. こい)

3. 迷子 (a. まいご b. めいこ)

2 다음 단어의 한자 표기로 가장 알맞은 것을 a, b 중에서 고르세요.

4. 평소(ふだん) (a. 普段 b. 普投)

5. 부품(ぶひん) (a. 部品 b. 剖品)

6. 조건(じょうけん) (a. 条牛 b. 条件)

3 다음 괄호 안에 들어갈 말로 가장 알맞은 것을 a, b 중에서 고르세요.

7. 地震(じしん)により、一部(いちぶ)(a. 時間 b. 区間)で電車(でんしゃ)が止(と)まっている。

8. 母(はは)は、私(わたし)のセーターを(a. 編んで b. 組んで)くれた。

9. 小(ちい)さい子供(こども)が家(いえ)の手伝(てつだ)いをするのを見(み)て、(a. 感心 b. 無視)した。

정답 1ⓐ 2ⓑ 3ⓐ 4ⓐ 5ⓐ 6ⓑ 7ⓑ 8ⓐ 9ⓐ

MP3 01-18

Day 18

공부 순서 ▢ 미리 보기 ➔ ▢ 따라 읽기 ➔ ▢ 단어 암기 ➔ ▢ 확인 학습

□ 土(つち)	□ 留学(りゅうがく)	□ 思(おも)い出(で)	□ チェック
□ 柱(はしら)	□ 資料(しりょう)	□ 社説(しゃせつ)	□ カタログ
□ 量(りょう)	□ 遠回(とおまわ)り	□ 間接(かんせつ)	□ リサイクル
□ 事故(じこ)	□ 確認(かくにん)	□ 拡大(かくだい)	□ 温(あたた)める
□ 速達(そくたつ)	□ 当(あ)たり前(まえ)	□ 友情(ゆうじょう)	□ 話(はな)しかける
□ 近道(ちかみち)	□ 正午(しょうご)	□ 清掃(せいそう)	□ くたびれる
□ 振(ふ)り込(こ)み	□ 入場(にゅうじょう)	□ 悪化(あっか)	□ 逃(に)げる
□ 感想(かんそう)	□ くしゃみ	□ 虫歯(むしば)	□ 効(き)く
□ 負(ま)け	□ 恋人(こいびと)	□ 被害(ひがい)	□ どなる

01 つち
土
흙

土に草が生えている。
땅에 풀이 돋아나 있다.

土 : 흙 토　土(つち) 흙
士 : 선비 사　士気(しき) 사기(의욕)

02 はしら
柱
기둥

家を建てるとき、柱を立てなければならない。
집을 지을 때는, 기둥을 세워야 한다.

03 りょう
量
양

↔ 質しつ 질

この店はおいしいけど、量が少ない。
이 가게는 맛이 있지만, 양이 적다.

04 じこ
事故
사고

彼は飲酒運転で事故を起こした。
그는 음주 운전으로 사고를 냈다.

05 そくたつ
速達
속달
동

急いでいたので、速達で送った。
서두르고 있었기 때문에 속달로 보냈다.

06 ちかみち
近道
지름길

↔ 回まわり道みち
돌아가는 길, 우회

学校から駅までの近道を通った。
학교에서 역까지 가는 지름길을 지나갔다.

07 ふこ
振り込み
송금, 이체

≒ 送金そうきん 송금

社員しゃいんの給料きゅうりょうは、銀行ぎんこう振ふり込こみになっている。
사원의 월급은 은행으로 이체하도록 되어 있다.

08 かんそう
感想
감상

＋ 鑑賞かんしょう 감상

田中たなかさんに旅行りょこうの感想かんそうを聞きいた。
다나카 씨에게 여행의 감상을 물었다.

感想かんそう는 마음속에 떠오르는 느낌을 말하고, 鑑賞かんしょう은 예술 작품을 보거나 들으며 음미하는 행위를 말한다.

09 ま
負け
패배

≒ 敗北はいぼく 패배

彼かれは負まけを認みとめようとしなかった。
그는 패배를 인정하려고 하지 않았다.

10 りゅうがく
留学
유학

＋ 留学生りゅうがくせい 유학생

동

昔むかしからの夢ゆめだった留学りゅうがくが実現じつげんした。
옛날부터 꿈꾸던 유학이 실현되었다.

11 しりょう
資料
자료

≒ データ 데이터

みんな協力きょうりょくして、会議かいぎの資料しりょうを準備じゅんびした。
모두 협력해서 회의 자료를 준비했다.

12 とおまわ
遠回り
우회, 멀리 돌아감

↔ 近回ちかまわり 지름길로 감

동

今日きょうはちょっと遠回とおまわりして帰かえります。
오늘은 조금 멀리 돌아서 가겠습니다.

13 かくにん
確認
확인

≒ チェック 체크, 확인
동

旅行の日程を確認する。
여행 일정을 확인한다.

14 あたりまえ
当たり前
당연

≒ 当然とうぜん 당연
ナ

毎日残業だから、疲れるのは当たり前だ。
매일 잔업이라서, 피곤한 것은 당연하다.

15 しょうご
正午
정오

+ 午前ごぜん 오전

正午から雪が降り始めた。
정오부터 눈이 내리기 시작했다.

16 にゅうじょう
入場
입장

↔ 退場たいじょう 퇴장
동

60歳以上の場合、入場料は無料です。
60세 이상인 경우, 입장료는 무료입니다.

17
くしゃみ
재채기

風邪で鼻水とくしゃみが出る。
감기로 콧물과 재채기가 나온다.

18 こいびと
恋人
연인, 애인

+ 愛人あいじん 애인(불륜 관계)

彼女は恋人といっしょに、アメリカに行くことになった。
그녀는 애인과 함께 미국으로 가게 되었다.

恋人こいびと는 서로 사랑하고 사귀는 연애 관계를 말하고, 愛人あいじん은 배우자 이외의 연애 관계, 즉 불륜 상대를 말한다. 愛人은 한국어 의미와 다르므로 주의해야 한다.

19 おもで
思い出
추억

こんど りょこう たの おもで
今度の旅行は楽しい思い出になるだろう。
이번 여행은 즐거운 추억이 될 것이다.

20 しゃせつ
社説
사설

しんぶん しゃせつ よ
新聞の社説を読んだ。
신문 사설을 읽었다.

21 かんせつ
間接
간접

↔ 直接ちょくせつ 직접

はなし かんせつてき き
その話は間接的に聞いたことがある。
그 이야기는 간접적으로 들은 적이 있다.

22 かくだい
拡大
확대

↔ 縮小しゅくしょう 축소
동

すこ かくだい
ここを少し拡大してコピーしてください。
이곳을 조금 확대해서 복사해 주세요.

23 ゆうじょう
友情
우정

わたし ゆうじょう か
私たちの友情はいつまでも変わらない。
우리의 우정은 언제까지나 변하지 않는다.

24 せいそう
清掃
청소

≒ 掃除そうじ 청소
동

まち どうろ せいそう
街をきれいにするため、道路を清掃する。
거리를 깨끗하게 하기 위해, 도로를 청소한다.

清掃せいそう는 약품 등을 이용하여 보이지 않는 구석구석까지 깨끗하게 하는 것이고, 掃除そうじ는 먼지나 눈에 보이는 지저분한 것을 깨끗하게 치우는 것이다. 가정 등 일상적인 장면에서는 수로 掃除를 사용한다.

25 あっか
悪化
악화

⟷好転こうてん 호전
동

病気(びょうき)が悪化(あっか)する前(まえ)に手術(しゅじゅつ)したほうがいい。
병이 악화되기 전에 수술하는 것이 좋다.

26 むしば
虫歯
충치

甘(あま)いものばかり食(た)べると、虫歯(むしば)になりますよ。
단것만 먹으면 충치가 생겨요.

27 ひがい
被害
피해

≒損害そんがい 손해

台風(たいふう)の被害(ひがい)が拡大(かくだい)している。
태풍의 피해가 확대되고 있다.

28
チェック
체크

≒確認かくにん 확인
동

レポートにミスがないか何回(なんかい)もチェックした。
리포트에 실수가 없는지 몇 번이나 체크했다.

29
カタログ
카탈로그

店(みせ)で車(くるま)のカタログをもらってきた。
가게에서 자동차의 카탈로그를 받아 왔다.

30
リサイクル
리사이클, 재활용

≒再利用さいりよう 재활용
동

着(き)なくなった服(ふく)を回収(かいしゅう)してリサイクルする。
입지 않게 된 옷을 회수하여 재활용한다.

Day 18

31 あたた
温める
따뜻하게 하다, 데우다

レンジでご飯(はん)を温(あたた)めて食(た)べる。
전자레인지로 밥을 데워 먹는다.

温(あたた)まる　데워지다 … 자동사
温(あたた)める　데우다 … 타동사

32 はな
話しかける
말을 걸다

英語(えいご)で話(はな)しかけられてあわててしまった。
영어로 말을 걸어와서 당황해 버렸다.

33
くたびれる
지치다, 녹초가 되다

≒ 疲(つか)れる 피로하다

ずっと歩(ある)きつづけてくたびれた。
계속 걸어서 지쳤다.

34 に
逃げる
도망치다

警察(けいさつ)は、逃(に)げた犯人(はんにん)を追(お)いかけている。
경찰은 달아난 범인을 쫓고 있다.

逃(に)げる　도망치다 … 자동사
逃(の)がす　놓치다 … 타동사

35 き
効く
효과가 있다, 듣다

薬(くすり)が効(き)いて熱(ねつ)が下(さ)がった。
약이 효과가 있어서 열이 내렸다.

36
どなる
고함지르다

そんなにどならなくても、ちゃんと聞(き)こえるよ。
그렇게 고함지르지 않아도 잘 들려.

하루 1분 체크

1 다음 단어의 읽기로 가장 알맞은 것을 a, b 중에서 고르세요.

1. 近道 (a. きんどう b. ちかみち)

2. 資料 (a. しりょう b. ざいりょう)

3. 正午 (a. せいご b. しょうご)

2 다음 단어의 한자 표기로 가장 알맞은 것을 a, b 중에서 고르세요.

4. 확대(かくだい) (a. 拡大 b. 拡太)

5. 피해(ひがい) (a. 被害 b. 被割)

6. 입장(にゅうじょう) (a. 八場 b. 入場)

3 다음 괄호 안에 들어갈 말로 가장 알맞은 것을 a, b 중에서 고르세요.

7. 田中(たなか)さんに旅行(りょこう)の(a. 感想 b. 鑑賞)を聞(き)いた。

8. 店(みせ)で車(くるま)の(a. リサイクル b. カタログ)をもらってきた。

9. レンジでご飯(はん)を(a. 温めて b. 温まって)食(た)べる。

정답 1ⓑ 2ⓐ 3ⓑ 4ⓐ 5ⓐ 6ⓑ 7ⓐ 8ⓑ 9ⓐ

MP3 01-19

Day 19

18 19 20

□ 미리 보기 → □ 따라 읽기 → □ 단어 암기 → □ 확인 학습

- □ うまい
- □ 惜(お)しい
- □ 詳(くわ)しい
- □ 貧(まず)しい
- □ 賢(かしこ)い
- □ 親(した)しい
- □ 幼(おさな)い
- □ おかしい
- □ 恐(おそ)ろしい

- □ きつい
- □ しつこい
- □ 緩(ゆる)い
- □ だるい
- □ まぶしい
- □ 恋(こい)しい
- □ 細(こま)かい
- □ うらやましい
- □ 残念(ざんねん)だ

- □ 十分(じゅうぶん)だ
- □ 簡単(かんたん)だ
- □ 大事(だいじ)だ
- □ 丁寧(ていねい)だ
- □ 楽(らく)だ
- □ 特別(とくべつ)だ
- □ 上品(じょうひん)だ
- □ 平凡(へいぼん)だ
- □ 様々(さまざま)だ

- □ 一般的(いっぱんてき)だ
- □ 自動的(じどうてき)だ
- □ 積極的(せっきょくてき)だ
- □ 幸(しあわ)せだ
- □ 地味(じみ)だ
- □ 清潔(せいけつ)だ
- □ 大変(たいへん)だ
- □ なだらかだ
- □ そっくりだ

01 **うまい**
맛있다, 능숙하다, 잘하다

≒ 上手じょうずだ 능숙하다

山田やまださんは本当ほんとうに料理りょうりがうまい。
야마다 씨는 정말로 요리를 잘한다.

02 お
惜しい
아깝다, 아쉽다

開発かいはつで自然しぜんがなくなるのは惜おしいことだ。
개발로 자연이 사라지는 것은 안타까운 일이다.

03 くわ
詳しい
자세하다

≒ 細こまかい 자세하다

製品せいひんの特徴とくちょうを詳くわしく説明せつめいする。
제품의 특징을 자세히 설명한다.

詳くわしい는 주로 지식과 관련하여 사용하는 경우가 많고, 細こまかい는 사람의 성격, 사물의 특징 등과 관련하여 사소하거나 작다는 느낌으로 사용하는 경우가 많다.

04 まず
貧しい
가난하다

家いえが貧まずしくて大学だいがくに行いけなかった。
집이 가난해서 대학에 가지 못했다.

05 かしこ
賢い
영리하다

あの子こは賢かしこくて、勉強べんきょうもよくできる。
저 아이는 영리하고, 공부도 잘한다.

06 した
親しい
친하다

+ 親友しんゆう 친한 친구

卒業そつぎょうして、親したしい友達ともだちと別わかれる。
졸업하여 친한 친구와 헤어진다.

07 おさな
幼い
어리다

おさな　こども　おんがく　き
幼い子供に音楽を聞かせる。
어린아이에게 음악을 들려준다.

08
おかしい
이상하다, 재미있다, 우습다

≒ 変へんだ 이상하다

ちょうし
おなかの調子がおかしい。
배의 상태가 이상하다.

---

09 おそ
恐ろしい
무섭다

≒ 怖こわい 무섭다

おそ　こえ　で
恐ろしくて声も出ない。
무서워서 목소리도 안 나온다.

10
きつい
꽉 끼다, 힘들다, 괴롭다

かれ　あたら　しごと　すこ
彼は新しい仕事が少しきついらしい。
그는 새로운 일이 조금 힘든 것 같다.

11
しつこい
끈질기다

ひと　しっぱい　い
人の失敗をしつこく言うのはやめてほしい。
남의 실패를 끈질기게 말하는 일은 그만했으면 좋겠다.

---

12 ゆる
緩い
느슨하다, 완만하다

≒ なだらかだ 완만하다

くるま　ゆる　ま
車は緩いカーブを曲がった。
차는 완만한 커브를 돌았다.

なだらかだ는 산비탈의 경사, 도로 커브길의 상태를 설명할 때 사용하고, 緩ゆるい는 이 의미에 더해, 어떠한 사물이나 상황의 정도가 약하다는 의미로도 사용한다.

13 **だるい**

나른하다

風邪(かぜ)のせいで体(からだ)がだるい。

감기 탓에 몸이 나른하다.

14 **まぶしい**

눈부시다

太陽(たいよう)がまぶしすぎて目(め)が痛(いた)い。

태양이 너무나도 눈부셔서 눈이 아프다.

15 **恋(こい)しい**

그립다

≒ なつかしい 그립다

ときどき母(はは)の料理(りょうり)が恋(こい)しくなります。

가끔 어머니의 요리가 그리워집니다.

16 **細(こま)かい**

자세하다, 잘다

≒ 詳(くわ)しい 자세하다

野菜(やさい)を細(こま)かく切(き)ってください。

채소를 잘게 잘라 주세요.

17 **うらやましい**

부럽다

あなたの成功(せいこう)がうらやましい。

당신의 성공이 부럽다.

18 **残念(ざんねん)だ**

유감스럽다

명

試合(しあい)に負(ま)けて残念(ざんねん)だ。

시합에 져서 유감스럽다.

19 じゅうぶん
十分だ
충분하다

≒ 充分じゅうぶんだ 충분하다

たいふう き じゅうぶん ちゅうい ひつよう
台風が来ているので、十分な注意が必要だ。
태풍이 오고 있기 때문에, 충분한 주의가 필요하다.

十分じゅうぶんだ는 수량적, 물리적으로 만족스럽게 느끼는 경우에, 充分じゅうぶんだ는 정신적으로 충분하다고 느끼는 경우에 사용한다. 다만, 充分だ는 관용적으로 사용되며, 공식적으로는 十分だ를 사용하게 되어 있다.

20 かんたん
簡単だ
간단하다

↔ 複雑ふくざつだ 복잡하다

명

かいぎ ないよう かんたん せつめい
会議の内容について簡単に説明します。
회의 내용에 대하여 간단하게 설명하겠습니다.

21 だいじ
大事だ
중요하다

≒ 重要じゅうようだ 중요하다

명

かぞく だいじ かんが
家族を大事に考えている。
가족을 소중하게 생각하고 있다.

22 ていねい
丁寧だ
정중하다, 꼼꼼하다

명

せんせい ていねい せつめい
先生は丁寧に説明してくれました。
선생님은 꼼꼼하게 설명해 주었습니다.

23 らく
楽だ
편하다

↔ つらい 힘들다

명

しごと らく
この仕事は楽ではない。
이 일은 편하지 않다.

24 とくべつ
特別だ
특별하다

とくべつ かみ つつ
特別な紙でプレゼントを包む。
특별한 종이로 선물을 포장한다.

25 じょうひん
上品だ
고상하다, 품위 있다

⟷ 下品げひんだ 천박하다
명

かのじょ　じょうひん　ことば　つか
彼女はいつも上品な言葉を使う。
그녀는 항상 고상한 말을 사용한다.

26 へいぼん
平凡だ
평범하다
명

まいにちへいぼん　く
毎日平凡に暮らす。
매일 평범하게 살아간다.

27 さまざま
様々だ
다양하다

≒ いろいろだ 다양하다
명

ひと　いけん　さまざま
人によって意見は様々である。
사람마다 의견은 다양하다.

28 いっぱんてき
一般的だ
일반적이다

⟷ 特別とくべつだ 특별하다

いっぱんてき
それはあまり一般的なことではない。
그것은 그다지 일반적인 일이 아니다.

29 じどうてき
自動的だ
자동적이다

じどうてき　ひら
このドアは自動的に開きます。
이 문은 자동으로 열립니다.

30 せっきょくてき
積極的だ
적극적이다

⟷ 消極的しょうきょくてきだ 소극적이다

かれ　なん　せっきょくてき　ひと
彼は何でもやってみようとする積極的な人だ。
그는 무엇이든 해 보려는 적극적인 사람이다.

Day 19

31 しあわ
幸せだ
행복하다

⟷ 不幸ふこうだ 불행하다
명

かね しあわ み いえ おお
お金がなくても幸せに見える家も多い。
돈이 없어도 행복해 보이는 집도 많다.

32 じみ
地味だ
수수하다, 소박하다

⟷ 派手はでだ 화려하다
명

じみ いろ ふく き
地味な色の服を着る。
수수한 색깔의 옷을 입는다.

33 せいけつ
清潔だ
청결하다

≒ きれいだ 깨끗하다
명

いえ なか つね せいけつ
家の中は常に清潔にしておきましょう。
집 안은 항상 청결하게 해 둡시다.

34 たいへん
大変だ
힘들다, 큰일이다
명

かし こども たいへん にんき
このお菓子は子供に大変な人気である。
이 과자는 아이들에게 대단히 인기가 있다.

35
なだらかだ
완만하다

≒ 緩ゆるい 느슨하다, 완만하다

さかみち つづ
なだらかな坂道が続いている。
완만한 비탈길이 이어지고 있다.

36
そっくりだ
똑같다

むすめ こえ ははおや
娘の声は母親にそっくりだ。
딸의 목소리는 어머니를 빼닮았다.

하루 1분 체크

1 다음 단어의 읽기로 가장 알맞은 것을 a, b 중에서 고르세요.

1. 惜しい (a. おしい　　b. ほしい)

2. 詳しい (a. くやしい　　b. くわしい)

3. 地味だ (a. じみだ　　b. ちみだ)

2 다음 단어의 한자 표기로 가장 알맞은 것을 a, b 중에서 고르세요.

4. 가난하다(まずしい)　(a. 貧しい　　b. 恋しい)

5. 편하다(らくだ)　(a. 楽だ　　b. 薬だ)

6. 간단하다(かんたんだ)　(a. 間単だ　　b. 簡単だ)

3 다음 괄호 안에 들어갈 말로 가장 알맞은 것을 a, b 중에서 고르세요.

7. 家(いえ)の中(なか)は常(つね)に(a. 清潔に　b. 残念に)しておきましょう。

8. 車(くるま)は(a. だるい　b. ゆるい)カーブを曲(ま)がった。

9. 彼(かれ)は何(なん)でもやってみようとする(a. 積極的な　b. 自動的な)人(ひと)だ。

정답 1ⓐ 2ⓑ 3ⓐ 4ⓐ 5ⓐ 6ⓑ 7ⓐ 8ⓑ 9ⓐ

MP3 01-20

Day 20

□ 미리 보기 → □ 따라 읽기 → □ 단어 암기 → □ 확인 학습

□ たっぷり	□ すでに	□ 一斉(いっせい)に	□ 少(すく)なくとも
□ およそ	□ ついに	□ 実(じつ)は	□ 必(かなら)ずしも
□ ぶらぶら	□ ぐっすり	□ 常(つね)に	□ いきなり
□ ぜひ	□ はきはき	□ 次々(つぎつぎ)	□ いつの間(ま)にか
□ いきいき	□ 案外(あんがい)	□ つい	□ しかし
□ ざっと	□ ぎりぎり	□ しいんと	□ それに
□ ちゃんと	□ 思(おも)わず	□ さっさと	□ それから
□ のろのろ	□ あっという間(ま)に	□ 少々(しょうしょう)	□ けれども
□ きちんと	□ たまたま	□ 一気(いっき)に	□ それで

01 **たっぷり**
□□□ 듬뿍, 충분히

パンにジャムをたっぷり塗(ぬ)る。
빵에 잼을 듬뿍 바르다.

02 **およそ**
□□□ 대략

≒ だいたい 대략

駅(えき)からおよそ30分(ぷん)かかる。
역에서 대략 30분 걸린다.

03 **ぶらぶら**
□□□ 어슬렁어슬렁, 빈둥빈둥
동

公園(こうえん)をぶらぶらと歩(ある)く。
공원을 어슬렁어슬렁 걷다.

04 **ぜひ**
□□□ 꼭

また、ぜひ遊(あそ)びに来(き)てください。
꼭 다시 놀러 오세요.

05 **いきいき**
□□□ 생기있게, 활기차게
동

いきいきとした表情(ひょうじょう)をする。
생기있는 표정을 짓다.

06 **ざっと**
□□□ 대충, 대략

≒ おおざっぱに 대충

研究(けんきゅう)についてざっと説明(せつめい)する。
연구에 대해서 대략 설명하다.

07 **ちゃんと**

단정하게, 착실하게

≒ きちんと 제대로, 말끔하게

동

毎朝(まいあさ)ちゃんと朝(あさ)ご飯(はん)を食(た)べる。

매일 아침 착실하게 아침밥을 먹는다.

08 **のろのろ**

느릿느릿

동

彼(かれ)らはのろのろと歩(ある)いた。

그들은 느릿느릿 걸었다.

09 **きちんと**

제대로, 말끔하게

≒ ちゃんと 단정하게, 착실하게

동

部屋(へや)をきちんと片付(かたづ)けなさい。

방을 말끔하게 치우렴.

10 **すでに**

이미, 벌써

会議(かいぎ)はすでに終(お)わっていた。

회의는 이미 끝나 있었다.

11 **ついに**

마침내, 끝내, 드디어

+ つい 무심코, 무심결에

論文(ろんぶん)がついに完成(かんせい)した。

논문이 드디어 완성되었다.

ついに는 오랜 시간 다양한 과정을 거쳐 어떤 결과에 도달할 때 사용하는 것이고, つい는 아무런 생각 없이 평소 습관대로 어떤 행동을 했을 때 사용하는 것으로 둘은 의미상의 관련성이 없다.

12 **ぐっすり**

푹(깊이 잠든 모습)

ぐっすり寝(ね)たので、今朝(けさ)は頭(あたま)がすっきりしている。

푹 잤기 때문에 오늘 아침은 머리가 맑다.

13 **はきはき**

시원시원, 또렷또렷

彼(かれ)は質問(しつもん)にはきはきと答(こた)えた。

그는 질문에 시원시원하게 대답했다.

14 **案外**(あんがい)

의외로

≒ 意外(いがい)に 의외로

동

今日(きょう)の試験(しけん)は案外(あんがい)やさしかった。

오늘 시험은 의외로 쉬웠다.

15 **ぎりぎり**

빠듯하게, 아슬아슬

ぎりぎり終電(しゅうでん)に間(ま)に合(あ)った。

아슬아슬하게 막차 시간에 도착했다.

16 **思**(おも)**わず**

무심코

≒ つい 무심코

本(ほん)がおもしろくて、思(おも)わず笑(わら)ってしまった。

책이 재미있어서 무심코 웃어 버렸다.

17 **あっという間**(ま)**に**

눈 깜짝할 사이에

夏休(なつやす)みもあっという間(ま)に終(お)わった。

여름 방학도 눈 깜짝할 사이에 끝났다.

18 **たまたま**

우연히

たまたま駅(えき)で昔(むかし)の友(とも)だちに会(あ)った。

우연히 역에서 옛 친구를 만났다.

19 いっせい
一斉に
일제히

しんごう か くるま いっせい はし だ
信号が変わると、車は一斉に走り出した。
신호등이 바뀌자 차들은 일제히 달리기 시작했다.

20 じつ
実は
실은

じつ あさ ねぼう
実は、朝、寝坊してしまって…。
실은, 아침에 늦잠을 자 버려서….

21 つね
常に
항상

≒ いつも 언제나, 항상

へや おんど つね いってい
この部屋の温度は常に一定だ。
이 방의 온도는 항상 일정하다.

22 つぎつぎ
次々
차례차례, 잇달아

≒ 続々ぞくぞく 속속, 잇달아 명

かのじょ つぎつぎ さくひん はっぴょう
彼女は次々と作品を発表した。
그녀는 잇달아 작품을 발표했다.

23
つい
그만, 무심코

≒ 思おもわず 그만, 무심코

た
ストレスがたまると、つい食べてしまう。
스트레스가 쌓이면 무심코 먹어 버린다.

つい는 삼가야 할 행동이 아무런 생각 없이 습관처럼 나타나는 모습을 나타내고, 思おもわず는 자신이 그렇게 생각하기도 전에 반사적, 순간적으로 행동하는 모습을 나타낸다.

24
しいんと
조용하게, 쥐 죽은 듯이

もり なか しず
森の中はしいんと静まっていた。
숲속은 쥐 죽은 듯이 조용했다.

25
さっさと
빨리, 서둘러

さっさと家へ帰りましょう。
서둘러 집에 돌아갑시다.

26 しょうしょう
少々
잠시

≒ ちょっと 조금

こちらで少々お待ちください。
이쪽에서 잠시 기다려 주십시오.

27 いっき
一気に
단숨에, 단번에

彼はビールを一気に飲んでしまった。
그는 맥주를 단숨에 마셔 버렸다.

28 すく
少なくとも
적어도

その仕事は、少なくとも一週間はかかる。
그 일은 적어도 일주일은 걸린다.

29 かなら
必ずしも
반드시

\+ 必かならず 반드시

よい本が必ずしも売れるとは言えない。
좋은 책이 반드시 잘 팔린다고는 말할 수 없다.

必かならず와 必かならずしも 모두 '반드시'라는 의미이지만, 必ずしも 뒤에는 부정의 표현이 따른다.

30
いきなり
갑자기

≒ 突然とつぜん 돌연

いきなり雨が降ってきた。
갑자기 비가 내리기 시작했다.

Day 20

31 **いつの間(ま)にか**

어느새인가

雨(あめ)はいつの間(ま)にかやんでいた。

비는 어느샌가 그쳐 있었다.

32 **しかし**

그러나

≒ けれども 하지만, 그렇지만

交通事故(こうつうじこ)が起(お)きた。しかし、けがをした人(ひと)はいなかった。

교통사고가 일어났다. 그러나 다친 사람은 없었다.

33 **それに**

게다가

↔ その上(うえ)に 게다가

この仕事(しごと)は楽(らく)だ。それに給料(きゅうりょう)もいい。

이 일은 편하다. 게다가 월급도 좋다.

34 **それから**

그리고, 그러고 나서

私(わたし)は毎日新聞(まいにちしんぶん)を読(よ)む。それから、ラジオも聞(き)く。

나는 매일 신문을 읽는다. 그리고 라디오도 듣는다.

35 **けれども**

하지만, 그렇지만

≒ しかし 그러나

約束(やくそく)に間(ま)に合(あ)うように走(はし)った。けれども、遅(おく)れてしまった。

약속에 제시간에 도착하도록 달렸다. 하지만 늦고 말았다.

けれども와 しかし 모두 대표적인 역접 표현이나, けれども는 しかし보다는 회화적 표현이며, けれど, けど등의 다양한 형태로 쓰인다.

36 **それで**

그래서

昨日(きのう)は体(からだ)の調子(ちょうし)が悪(わる)かった。それで出(で)かけなかった。

어제는 몸의 상태가 좋지 않았다. 그래서 외출하지 않았다.

하루 1분 체크

1 다음 단어의 일본어 표현으로 가장 알맞은 것을 a, b 중에서 고르세요.

1. 대충, 대략 (**a.** ざっと **b.** ちゃんと)

2. 일제히 (**a.** 一斉に **b.** 一気に)

3. 우연히 (**a.** のろのろ **b.** たまたま)

4. 항상 (**a.** 常に **b.** ぜひ)

5. 갑자기 (**a.** ついに **b.** いきなり)

2 다음 빈칸에 들어갈 가장 알맞은 단어를 보기에서 고르세요.

보기 **a.** はきはき **b.** 案外 **c.** ぎりぎり

6. 彼は質問に(　　　　)と答えた。

7. (　　　　)終電に間に合った。

8. 今日の試験は(　　　　)やさしかった。

3 다음 괄호 안에 들어갈 말로 가장 알맞은 것을 a, b 중에서 고르세요.

9. 私は買い物をするとき、駅前にある八百屋に行って、野菜や果物などを買います。(**a.** それから **b.** それで)、お菓子やお弁当は近くのコンビニで買います。

정답 1ⓐ 2ⓐ 3ⓑ 4ⓐ 5ⓑ 6ⓐ 7ⓒ 8ⓑ 9ⓐ

해석 저는 쇼핑을 할 때, 역 앞에 있는 채소 가게에 가서 채소나 과일 등을 삽니다. 그리고 과자나 도시락은 근처 편의점에서 삽니다.

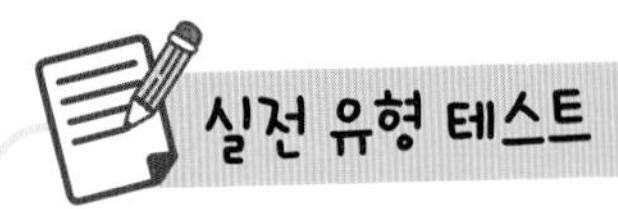

실전 유형 테스트

문제 1　밑줄 친 단어의 읽기 방법으로 가장 알맞은 것을 고르세요. (한자 읽기)

1　この道路の下を地下鉄が通っている。

1 とうろ　2 どうろ　3 とろ　4 どろ

2　商店街のほうまできれいな並木が続いている。

1 なみき　2 なみぎ　3 ならびき　4 ならびぎ

3　店に電話して、どのくらい待つのか確かめた。

1 たかめた　2 たしかめた　3 かくかめた　4 しずかめた

문제 2　밑줄 친 단어의 한자 표기로 가장 알맞은 것을 고르세요. (한자 표기)

4　この植物についてくわしく調べてみましょう。

1 恋しく　2 貧しく　3 詳しく　4 親しく

5　薬を飲んだのに、全然きかない。

1 聞かない　2 聴かない　3 解かない　4 効かない

6　このかばんは工場でたいりょうに作られている。

1 大料　2 大量　3 多料　4 多量

문제 3 빈칸에 들어갈 단어로 가장 알맞은 것을 고르세요. (문맥 규정)

7 ボールを(　　　　)、窓のガラスが割れてしまった。

1 上げたら　2 下げたら　3 投げたら　4 曲げたら

8 スピーチ大会の参加者を(　　　　)しています。

1 募集　2 翻訳　3 保存　4 通行

9 昨日は(　　　　)父と同じバスで帰った。

1 ぐっすり　2 しいんと　3 すでに　4 たまたま

문제 4 밑줄 친 단어와 의미가 가장 가까운 것을 고르세요. (유의어)

10 子どもの安全をテーマに講演会を開(ひら)いた。

1 場合　2 資料　3 主題　4 参加

11 親しい人でもマナーは守らなければならない。

1 理想(りそう)　2 礼儀(れいぎ)　3 歓迎(かんげい)　4 言語(げんご)

12 新しく引っ越した家は、キッチンが広くていい。

1 部屋　2 玄関　3 庭　4 台所

➔ 정답과 해석은 다음 페이지에서 확인하세요.

실전 유형 테스트 정답과 해석

정답 1② 2① 3② 4③ 5④ 6② 7③ 8① 9④ 10③ 11② 12④

	문제 해석	복습하기
1	이 도로 아래를 지하철이 다니고 있다.	→ p.148
2	상점가 쪽까지 예쁜 가로수가 이어져 있다.	→ p.115
3	가게에 전화해서 얼마나 기다리는지 확인했다.	→ p.102
4	이 식물에 대해서 자세히 조사해 봅시다.	→ p.161
5	약을 먹었는데 전혀 듣지 않는다.	→ p.158
6	이 가방은 공장에서 대량으로 만들어지고 있다.	→ p.99
7	공을 (던졌더니), 창문 유리가 깨져 버렸다.	→ p.150
8	스피치 대회 참가자를 (모집)하고 있습니다.	→ p.98
9	어제는 (우연히) 아버지와 같은 버스로 귀가했다.	→ p.171
10	아이의 안전을 테마로 강연회를 개최했다. 1 경우 2 자료 3 주제 4 언어	→ p.117
11	친한 사람이라도 매너는 지켜야 한다. 1 이상 2 예의 3 환영 4 언어	→ p.141
12	새로 이사한 집은 주방이 넓어서 좋다. 1 방 2 현관 3 정원 4 부엌	→ p.109

★☆☆

3순위 단어

Day 21~30

MP3 01-21

Day 21

공부 순서 ▢ 미리 보기 → ▢ 따라 읽기 → ▢ 단어 암기 → ▢ 확인 학습

□ 畑(はたけ)	□ 幸運(こううん)	□ 進学(しんがく)	□ 常識(じょうしき)
□ 印(しるし)	□ 周囲(しゅうい)	□ 遅刻(ちこく)	□ ストーリー
□ お礼(れい)	□ 死後(しご)	□ 工学(こうがく)	□ アレルギー
□ 街(まち)	□ 事件(じけん)	□ 雰囲気(ふんいき)	□ やり直(なお)す
□ 取引(とりひき)	□ 成長(せいちょう)	□ 学費(がくひ)	□ 慌(あわ)てる
□ 飛行(ひこう)	□ 速度(そくど)	□ 息子(むすこ)	□ 覚(おぼ)える
□ 混乱(こんらん)	□ 青年(せいねん)	□ 郵送(ゆうそう)	□ 騒(さわ)ぐ
□ 車輪(しゃりん)	□ 包(つつ)み	□ 今後(こんご)	□ 奪(うば)う
□ 集(あつ)まり	□ 入浴(にゅうよく)	□ 上司(じょうし)	□ 加(くわ)える

01 はたけ
畑
밭

うちの畑(はたけ)でできるトマトは、味(あじ)がいい。
우리 밭에서 나는 토마토는 맛이 좋다.

02 しるし
印
표시, 마크

+ 矢印やじるし 화살표

本(ほん)の大事(だいじ)なところに印(しるし)をつける。
책의 중요한 곳에 표시를 한다.

03 れい
お礼
사례, 감사의 말

鈴木(すずき)さんにお礼(れい)の手紙(てがみ)を書(か)いた。
스즈키 씨에게 감사 편지를 썼다.

04 まち
街
시가지, 거리

≒ 町まち 도회

知(し)らない街(まち)を歩(ある)くのも楽(たの)しい。
모르는 거리를 걷는 것도 즐겁다.

街まち는 상점이 늘어선 거리나 장소를 말하며 '선(線)'의 개념에 가깝고, 町まち는 많은 건물이 밀집한 지역을 말하며 '면(面)'의 개념에 가깝다.

05 とりひき
取引
거래

+ 取引先とりひきさき 거래처
동

今回(こんかい)の取引(とりひき)は成功(せいこう)した。
이번 거래는 성공했다.

06 ひこう
飛行
비행

+ 飛行機ひこうき 비행기
동

飛行機(ひこうき)は午後(ごご)8時(じ)に着(つ)く予定(よてい)だ。
비행기는 오후 8시에 도착할 예정이다.

07 こんらん
混乱
혼란
동

混乱した気持ちを落ち着かせる。
혼란스러운 기분을 진정시키다.

08 しゃりん
車輪
차바퀴

普通、自動車は車輪が四つある。
보통 자동차는 바퀴가 네 개 있다.

09 あつ
集まり
모임

≒ 会かい 회, 모임

昨日、高校の同級生の集まりがあった。
어제 고등학교 동창생 모임이 있었다.

10 こううん
幸運
행운

↔ 不運ふうん 불운

皆さんの幸運を祈ります。
여러분의 행운을 기원합니다.

11 しゅうい
周囲
주위

≒ 周辺しゅうへん 주변

周囲の応援があったから合格できたと思う。
주위의 응원이 있었기 때문에 합격했다고 생각한다.

周囲しゅうい는 어느 지점을 둘러싸고 있으면서 눈에 보이는 범위를 말하고, 周辺しゅうへん은 어느 지점을 중심으로 존재하는 범위로, 눈에 보이고 안 보이고는 관계가 없다.

12 しご
死後
사후(죽은 후)

↔ 生前せいぜん 생전

その国は大統領の死後、政治的に混乱している。
그 나라는 대통령의 사후, 정치적으로 혼란스럽다.

13 じけん
事件
사건

≒ 出来事できごと 일, 사건

かれ　じけん　かんけい　おも
彼はこの事件に関係ないと思う。
그는 이 사건에 관계없다고 생각한다.

---

14 せいちょう
成長
성장
[동]

こども　おや　あいじょう　う　せいちょう
子供は親の愛情を受けて、成長する。
아이는 부모의 애정을 받고 성장한다.

---

15 そくど
速度
속도

≒ スピード 스피드

あんぜん　せいげんそくど　まも
安全のため、制限速度を守ってください。
안전을 위해 제한 속도를 지키세요.

---

16 せいねん
青年
청년

しょうねん　せいちょう　りっぱ　せいねん
少年は成長して立派な青年になった。
소년은 성장해서 멋진 청년이 되었다.

---

17 つつ
包み
꾸러미, 보따리

＋ 小包こづつみ 소포

ちい　つつ　と　だ
バッグから小さな包みを取り出す。
가방에서 작은 꾸러미를 꺼내다.

---

18 にゅうよく
入浴
입욕, 목욕을 함
[동]

にゅうよく　ね　いちじかんまえ　す
入浴は寝る一時間前までに済ませましょう。
목욕은 자기 한 시간 전까지 끝냅시다.

Day 21

19 しんがく
進学
진학
동

高校(こうこう)を卒業(そつぎょう)して大学(だいがく)に進学(しんがく)する。
고등학교를 졸업하고 대학에 진학하다.

20 ちこく
遅刻
지각
동

寝坊(ねぼう)して遅刻(ちこく)してしまった。
늦잠을 자서 지각하고 말았다.

21 こうがく
工学
공학

大学(だいがく)に行(い)ってロボット工学(こうがく)を勉強(べんきょう)したい。
대학에 가서 로봇 공학을 공부하고 싶다.

22 ふんいき
雰囲気
분위기

≒ ムード 무드, 분위기

彼(かれ)はユーモアで雰囲気(ふんいき)を明(あか)るくしてくれる。
그는 유머로 분위기를 밝게 해 준다.

23 がくひ
学費
학비

≒ 授業料じゅぎょうりょう 수업료

学費(がくひ)を払(はら)うためにアルバイトをしている。
학비를 내기 위해 아르바이트를 하고 있다.

授業料じゅぎょうりょう는 수업을 듣기 위해 학교 측에 내는 비용을 말하고, 学費がくひ는 수업료를 비롯한 입학금, 교재비, 급식비 등 학업에 필요한 경비를 말한다.

24 むすこ
息子
아들

↔ 娘むすめ 딸

もう私(わたし)より息子(むすこ)のほうが、力(ちから)が強(つよ)いかもしれない。
이제 나보다 아들 쪽이 힘이 셀지도 모른다.

25 ゆうそう
郵送
□□□ 우송

書類(しょるい)を今日中(きょうじゅう)に郵送(ゆうそう)してください。
서류를 오늘 중에 우송해 주세요.

+ 郵送料ゆうそうりょう 우송료
[동]

26 こんご
今後
□□□ 향후, 앞으로

今後(こんご)はメールでご連絡(れんらく)します。
앞으로는 메일로 연락드리겠습니다.

27 じょうし
上司
□□□ 상사

仕事(しごと)でミスをして、上司(じょうし)に怒(おこ)られた。
일에서 실수를 하여 상사에게 꾸중을 들었다.

↔ 部下ぶか 부하

28 じょうしき
常識
□□□ 상식

それは常識(じょうしき)では考(かんが)えられないことだ。
그것은 상식으로는 생각할 수 없는 일이다.

29
ストーリー
□□□ 스토리, 이야기(줄거리)

この小説(しょうせつ)はストーリーがおもしろい。
이 소설은 스토리가 재미있다.

≒ 物語ものがたり 이야기

30
アレルギー
□□□ 알레르기

この薬(くすり)はアレルギーに効果(こうか)がある。
이 약은 알레르기에 효과가 있다.

31 やり直す（なお）
다시 하다

もう一度(いちど)最初(さいしょ)からやり直(なお)すつもりだ。
다시 한번 처음부터 다시 할 작정이다.

32 慌てる（あわ）
당황하다, 허둥대다

地震(じしん)があっても慌(あわ)てないでください。
지진이 있어도 당황하지 마세요.

33 覚える（おぼ）
기억하다, 외우다

こんなにたくさんの単語(たんご)は覚(おぼ)えられない。
이렇게 많은 단어는 외울 수 없다.

34 騒ぐ（さわ）
떠들다

子供(こども)たちが電車(でんしゃ)で騒(さわ)いでいる。
아이들이 전철에서 떠들고 있다.

35 奪う（うば）
빼앗다

テレビが子供(こども)の読書(どくしょ)の時間(じかん)を奪(うば)っている。
TV가 아이의 독서 시간을 빼앗고 있다.

36 加える（くわ）
추가하다

スープに塩(しお)を加(くわ)えて味(あじ)をつけます。
수프에 소금을 추가하여 맛을 냅니다.

加(くわ)わる　추가되다 … 자동사
加(くわ)える　추가하다 … 타동사

하루 1분 체크

1 다음 단어의 읽기로 가장 알맞은 것을 a, b 중에서 고르세요.

1. 街 (**a.** まち **b.** みち)

2. 郵送 (**a.** ゆそう **b.** ゆうそう)

3. 騒ぐ (**a.** いそぐ **b.** さわぐ)

2 다음 단어의 한자 표기로 가장 알맞은 것을 a, b 중에서 고르세요.

4. 사례(おれい) (**a.** お札 **b.** お礼)

5. 차바퀴(しゃりん) (**a.** 車輪 **b.** 車輸)

6. 기억하다(おぼえる) (**a.** 覚える **b.** 学える)

3 다음 괄호 안에 들어갈 말로 가장 알맞은 것을 a, b 중에서 고르세요.

7. 安全(あんぜん)のため、制限(せいげん)(**a.** 進度 **b.** 速度)を守(まも)ってください。

8. テレビが子供(こども)の読書(どくしょ)の時間(じかん)を(**a.** 奪って **b.** やり直して)いる。

9. スープに塩(しお)を(**a.** 加わって **b.** 加えて)味(あじ)をつけます。

정답 1ⓐ 2ⓑ 3ⓑ 4ⓑ 5ⓐ 6ⓐ 7ⓑ 8ⓐ 9ⓑ

MP3 01-22

Day 22

21 22 23

공부 순서 ▢ 미리 보기 → ▢ 따라 읽기 → ▢ 단어 암기 → ▢ 확인 학습

- □ 梅(うめ)
- □ 幅(はば)
- □ 鶏(にわとり)
- □ 上旬(じょうじゅん)
- □ 美人(びじん)
- □ 提案(ていあん)
- □ 経験(けいけん)
- □ 無線(むせん)
- □ 特色(とくしょく)

- □ 最高(さいこう)
- □ 住居(じゅうきょ)
- □ 知人(ちじん)
- □ 読書(どくしょ)
- □ 合格(ごうかく)
- □ 地方(ちほう)
- □ 測量(そくりょう)
- □ 完了(かんりょう)
- □ 入力(にゅうりょく)

- □ 用途(ようと)
- □ 美術(びじゅつ)
- □ 品物(しなもの)
- □ 間違い(まちが)
- □ 働き(はたら)
- □ 測定(そくてい)
- □ 乾杯(かんぱい)
- □ 生年月日(せいねんがっぴ)
- □ 本物(ほんもの)

- □ 待ち合わせ(ま・あ)
- □ ダイエット
- □ インスタント
- □ 身につける(み)
- □ 隠す(かく)
- □ おぼれる
- □ 剥く(む)
- □ 延ばす(の)
- □ ためる

01 うめ
梅
매화(매실)

このお酒(さけ)は梅(うめ)の香(かお)りがする。
이 술은 매화 향기가 난다.

02 はば
幅
폭, 너비

幅(はば)が2メートルあるテーブルがほしい。
폭이 2미터인 테이블이 필요하다.

幅 : 폭 폭 幅(はば) 폭
福 : 복 복 福(ふく) 복

03 にわとり
鶏
닭

鶏(にわとり)がえさを食(た)べている。
닭이 모이를 먹고 있다.

04 じょうじゅん
上旬
상순, 초순

↔ 下旬げじゅん 하순

来月(らいげつ)の上旬(じょうじゅん)には帰国(きこく)するつもりだ。
다음 달 초순에는 귀국할 작정이다.

05 びじん
美人
미인

彼女(かのじょ)は美人(びじん)で、性格(せいかく)もいい。
그녀는 미인인 데다가 성격도 좋다.

06 ていあん
提案
제안
동

会議(かいぎ)で計画(けいかく)の変更(へんこう)を提案(ていあん)した。
회의에서 계획 변경을 제안했다.

07 けいけん
経験
경험
동

かれ　せいかつ　けいけん
彼はヨーロッパで生活した経験がある。
그는 유럽에서 생활한 경험이 있다.

08 むせん
無線
무선

↔ 有線ゆうせん 유선

むせん
このプリンターは無線でプリントできる。
이 프린터는 무선으로 인쇄할 수 있다.

09 とくしょく
特色
특색

≒ 特徴とくちょう 특징

がっこう　とくしょく　こくさいこうりゅう　さか
この学校の特色は、国際交流が盛んなことだ。
이 학교의 특색은 국제 교류가 활발하다는 점이다.

10 さいこう
最高
최고

↔ 最低さいてい 최저

きょう　おんがくかい　いま　さいこう　えんそう
今日の音楽会は、今までで最高の演奏だった。
오늘 음악회는 지금까지 가운데 최고의 연주였다.

11 じゅうきょ
住居
주거
동

にんげん　く　じゅうきょ　ひつよう
人間は暮らすために住居を必要とする。
인간은 생활하기 위해서 주거를 필요로 한다.

12 ちじん
知人
지인, 아는 사람

≒ 知しり合あい 지인

ちじん　ひさ　あ
知人に久しぶりに会った。
지인을 오랜만에 만났다.

13 どくしょ
読書
독서
동

読書(どくしょ)は強制(きょうせい)するものではない。
독서는 강제하는 것이 아니다.

14 ごうかく
合格
합격

↔ 不合格ふごうかく 불합격
동

友(とも)だちの合格(ごうかく)をみんなで祝(いわ)った。
친구의 합격을 모두 함께 축하했다.

15 ちほう
地方
지방

この地方(ちほう)は人口(じんこう)がだんだん減(へ)っている。
이 지방은 인구가 점점 줄어들고 있다.

16 そくりょう
測量
측량

≒ 測定そくてい 측정
동

川(かわ)の幅(はば)や山(やま)の高(たか)さを測量(そくりょう)して地図(ちず)を作(つく)る。
강의 폭과 산의 높이를 측량하여 지도를 만든다.

測量そくりょう는 주로 거리, 높이 등 지표면에 있는 임의의 점들의 관계를 살피는 것이고, 測定そくてい는 기계를 사용하여 어떤 대상물의 무게나 크기 등 수치적인 특성을 헤아리는 것을 말한다.

17 かんりょう
完了
완료

↔ 開始かいし 개시
동

ビルの工事(こうじ)は、今年(ことし)の10月(がつ)に完了(かんりょう)する。
빌딩 공사는 올해 10월에 완료된다.

18 にゅうりょく
入力
입력

↔ 出力しゅつりょく 출력
동

パソコンを使(つか)って、データを入力(にゅうりょく)していく。
컴퓨터를 사용하여 데이터를 입력해 간다.

Day 22

19 ようと
用途
용도

この機械(きかい)の用途(ようと)は何(なん)ですか。
이 기계의 용도는 무엇입니까?

20 びじゅつ
美術
미술

+ 美術館びじゅつかん 미술관

この美術館(びじゅつかん)には、昔(むかし)の絵(え)が展示(てんじ)されている。
이 미술관에는 옛날 그림이 전시되어 있다.

21 しなもの
品物
물건

≒ 商品しょうひん 상품

大(おお)きい店(みせ)には品物(しなもの)がたくさんある。
큰 가게에는 물건이 많이 있다.

22 まちが
間違い
실수, 오류

≒ ミス 미스, 실수

この作文(さくぶん)は漢字(かんじ)の間違(まちが)いが多(おお)い。
이 작문은 한자의 오류가 많다.

23 はたら
働き
기능, 효능, 일

このお茶(ちゃ)は神経(しんけい)を休(やす)める働(はたら)きがある。
이 차는 신경을 쉬게 해 주는 효능이 있다.

24 そくてい
測定
측정

≒ 測量そくりょう 측량

病院(びょういん)で体重(たいじゅう)の測定(そくてい)をした。
병원에서 체중 측정을 했다.

25 かんぱい
乾杯
건배
동

仕事(しごと)の成功(せいこう)を祝(いわ)って乾杯(かんぱい)した。
일의 성공을 축하하며 건배했다.

26 せいねんがっぴ
生年月日
생년월일

この書類(しょるい)に生年月日(せいねんがっぴ)をお書(か)きください。
이 서류에 생년월일을 써 주세요.

27 ほんもの
本物
진짜, 진품

↔ 偽物にせもの 가짜, 위조품

本物(ほんもの)だと思(おも)って買(か)ったが、偽物(にせもの)だった。
진짜라고 생각하고 샀는데 가짜였다.

28 まちあわせ
待ち合わせ
약속

≒ 約束やくそく 약속
동

待(ま)ち合(あ)わせの時間(じかん)を5時(じ)に変更(へんこう)した。
약속 시간을 5시로 변경했다.

待まち合あわせ는 상대와 만나기 위해 미리 시간과 장소를 정해 둔 일을 말하고, 約束やくそく는 이를 포함하여 계약이나 합의 등의 경우에도 폭넓게 사용할 수 있다.

29
ダイエット
다이어트
동

ダイエットをして体重(たいじゅう)を落(お)とす。
다이어트를 해서 체중을 줄이다.

30
インスタント
인스턴트

インスタント食品(しょくひん)をよく食(た)べる。
인스턴트 식품을 자주 먹는다.

31 み
身につける
□□□ 익히다, 터득하다

しょくじ み
食事のマナーを身につけましょう。
식사 예절을 익힙시다.

身(み)につく 터득되다 … 자동사
身(み)につける 터득하다 … 타동사

32 かく
隠す
□□□ 숨기다

かれ じじつ かく
彼は事実を隠している。
그는 사실을 숨기고 있다.

隠(かく)れる 숨다 … 자동사
隠(かく)す 숨기다 … 타동사

33
おぼれる
□□□ 물에 빠지다

ひと たす
おぼれている人を助けた。
물에 빠진 사람을 구조했다.

34 む
剥く
□□□ (껍질을) 벗기다

かわ む にがて
りんごの皮を剥くのが苦手だ。
사과 껍질을 벗기는 것이 서투르다.

35 の
延ばす
□□□ 연기하다, 연장하다

しんしょうひん はんばい いっ げつ の
新商品の販売を一か月延ばした。
신상품의 판매를 한 달 연기했다.

延(の)びる 연기되다 … 자동사
延(の)ばす 연기하다 … 타동사

36
ためる
□□□ 모으다, 담다

しょうらい かね
将来のために、お金をためています。
장래를 위해서 돈을 모으고 있습니다.

たまる 모이다 … 자동사
ためる 모으다 … 타동사

하루 1분 체크

1 다음 단어의 읽기로 가장 알맞은 것을 a, b 중에서 고르세요.

1. 上旬　(a. じょうしゅん　b. じょうじゅん)

2. 最高　(a. さいご　b. さいこう)

3. 間違い　(a. かんちがい　b. まちがい)

2 다음 단어의 한자 표기로 가장 알맞은 것을 a, b 중에서 고르세요.

4. 폭, 너비(はば)　(a. 福　b. 幅)

5. 측량(そくりょう)　(a. 測量　b. 側量)

6. 약속(まちあわせ)　(a. 待ち合わせ　b. 持ち合わせ)

3 다음 괄호 안에 들어갈 말로 가장 알맞은 것을 a, b 중에서 고르세요.

7. 食事(しょくじ)のマナーを(a. 手　b. 身)につけましょう。

8. 彼(かれ)は事実(じじつ)を(a. 隠れて　b. 隠して)いる。

9. 新商品(しんしょうひん)の販売(はんばい)を一(いっ)か月(げつ)(a. 延ばした　b. 延びた)。

정답 1ⓑ 2ⓑ 3ⓑ 4ⓑ 5ⓐ 6ⓐ 7ⓑ 8ⓑ 9ⓐ

MP3 01-23

Day 23

공부 순서 ▢ 미리 보기 → ▢ 따라 읽기 → ▢ 단어 암기 → ▢ 확인 학습

□ 袖(そで)	□ 人気(にんき)	□ 夕日(ゆうひ)	□ 高級(こうきゅう)
□ 油(あぶら)	□ お見舞い(みまい)	□ 帰国(きこく)	□ アンケート
□ 売り上げ(うりあげ)	□ 学問(がくもん)	□ 祭日(さいじつ)	□ カラー
□ 格安(かくやす)	□ 製品(せいひん)	□ 留守番(るすばん)	□ 呼びかける(よびかける)
□ 文房具(ぶんぼうぐ)	□ 筆記(ひっき)	□ 発車(はっしゃ)	□ 明ける(あける)
□ 政治(せいじ)	□ 育児(いくじ)	□ 記事(きじ)	□ 気に入る(きにいる)
□ 下り(くだり)	□ 街角(まちかど)	□ 重視(じゅうし)	□ 示す(しめす)
□ 特売(とくばい)	□ 雨戸(あまど)	□ 目下(めした)	□ ぶつける
□ 用事(ようじ)	□ 履歴書(りれきしょ)	□ 売り切れ(うりきれ)	□ 起きる(おきる)

01 そで
袖
소매

シャツの袖(そで)が長(なが)すぎる。
셔츠의 소매가 너무 길다.

02 あぶら
油
기름

人間(にんげん)は、油(あぶら)をおいしく感(かん)じるらしい。
인간은 기름을 맛있게 느낀다는 것 같다.

03 う あ
売り上げ
매상, 매출

製品(せいひん)の売(う)り上(あ)げが伸(の)びる。
제품의 매출이 늘어나다.

04 かくやす
格安
저렴함, 값이 쌈
ナ

格安(かくやす)の航空券(こうくうけん)を探(さが)している。
값이 싼 항공권을 찾고 있다.

05 ぶんぼうぐ
文房具
문방구, 문구

小学校(しょうがっこう)に入学(にゅうがく)する孫(まご)に文房具(ぶんぼうぐ)をあげた。
초등학교에 입학하는 손주에게 문구를 주었다.

06 せいじ
政治
정치

東京(とうきょう)は日本(にほん)の政治(せいじ)、経済(けいざい)の中心(ちゅうしん)である。
도쿄는 일본의 정치, 경제의 중심이다.

+ 政治家せいじか 정치가

• 治(다스릴 치)
じ 政治(せいじ) 정치
ち 治安(ちあん) 치안

07 くだ
下り
하행, 내리막

↔ 上のぼり 상행

5番線(ばんせん)に下(くだ)りの電車(でんしゃ)が参(まい)ります。
5번선에 하행 전철이 옵니다.

08 とくばい
特売
특매, 특가 판매

≒ セール 세일

동

インターネットで特売(とくばい)の情報(じょうほう)をチェックする。
인터넷으로 특가 판매 정보를 체크하다.

09 ようじ
用事
용무, 용건

急(きゅう)に用事(ようじ)ができて、予約(よやく)をキャンセルした。
갑자기 용무가 생겨서 예약을 취소했다.

10 にんき
人気
인기

このおもちゃは子供(こども)に人気(にんき)がある。
이 장난감은 아이들에게 인기가 있다.

11 みま
お見舞い
문병, 병문안

동

友(とも)だちが入院(にゅういん)したのでお見舞(みま)いに行(い)った。
친구가 입원했기 때문에 문병을 갔다.

12 がくもん
学問
학문

自然科学(しぜんかがく)は、自然(しぜん)の法則(ほうそく)を見(み)つける学問(がくもん)だ。
자연 과학은 자연의 법칙을 발견해 내는 학문이다.

問 : 물을 문　学問(がくもん) 학문
間 : 사이 간　週間(しゅうかん) 주간

13 せいひん
製品
제품

≒ 商品しょうひん 상품

新しい製品の売り上げが伸びない。
새 제품의 매출이 늘지 않는다.

14 ひっき
筆記
필기
동

筆記試験に合格したので次は面接を受ける。
필기시험에 합격했기 때문에 다음에는 면접을 본다.

15 いくじ
育児
육아

≒ 子育こそだて 육아
동

子供が生まれて、育児のため休暇をとっている。
아이가 태어나서 육아를 위해 휴가를 내고 있다.

16 まちかど
街角
길모퉁이, 길거리

街角で高校の友だちに会った。
길거리에서 고등학교 친구를 만났다.

17 あまど
雨戸
덧문

台風が来る前に雨戸を閉めた。
태풍이 오기 전에 덧문을 닫았다.

- 雨(비 우)
  あま　雨戸(あまど) 덧문
  あめ　大雨(おおあめ) 폭우

18 りれきしょ
履歴書
이력서

就職活動をするために、履歴書を書いた。
취업 활동을 하기 위해 이력서를 썼다.

Chapter 01 Chapter 02 Chapter 03

19 ゆうひ
夕日
석양

↔ 朝日あさひ 아침 해

海(うみ)に沈(しず)む夕日(ゆうひ)が美(うつく)しかった。
바다로 지는 석양이 아름다웠다.

20 きこく
帰国
귀국

↔ 出国しゅっこく 출국
동

来月(らいげつ)、帰国(きこく)するつもりだ。
다음 달에 귀국할 작정이다.

21 さいじつ
祭日
국경일, 공휴일

≒ 祝日しゅくじつ 축일, 국경일

日曜(にちよう)、祭日(さいじつ)は休業(きゅうぎょう)いたします。
일요일, 공휴일은 휴업합니다.

祝日しゅくじつ는 법률에 의해 정해진 국경일을 말하고, 祭日さいじつ는 일본 왕실과 신사를 중심으로 한 의식, 행사가 있는 공휴일을 속칭하는 옛말이나, 지금까지도 祝日와 함께 혼용되고 있다.

22 るすばん
留守番
집 지키기

一人(ひとり)で留守番(るすばん)をしている子供(こども)が気(き)になる。
혼자서 집을 지키고 있는 아이가 걱정된다.

23 はっしゃ
発車
발차

↔ 停車ていしゃ 정차
동

急行(きゅうこう)は１番線(ばんせん)から発車(はっしゃ)する。
급행은 1번선에서 발차한다.

24 きじ
記事
기사

この記事(きじ)の内容(ないよう)は信用(しんよう)できない。
이 기사의 내용은 신용할 수 없다.

25 じゅうし
重視
중시
동

学歴(がくれき)より実力(じつりょく)を重視(じゅうし)する。
학력보다 실력을 중시한다.

26 めした
目下
손아랫사람

↔ 目上めうえ 손윗사람

「ご苦労様(くろうさま)」は目上(めうえ)の人(ひと)が目下(めした)の人(ひと)に使(つか)う言葉(ことば)です。
'ご苦労様(수고해)'는 윗사람이 아랫사람에게 쓰는 말입니다.

27 うき
売り切れ
매진

+ 品切しなぎれ 품절

商品(しょうひん)はあっという間(ま)に売(う)り切(き)れになってしまった。
상품은 순식간에 매진되어 버렸다.

売うり切きれ는 물건이 다 팔려서 없는 상태를 말하고, 品切しなぎれ는 팔려는 물건 자체가 없는 상태를 말한다.

28 こうきゅう
高級
고급
ナ

駐車場(ちゅうしゃじょう)には高級車(こうきゅうしゃ)が並(なら)んでいる。
주차장에는 고급 승용차가 줄지어 있다.

29
アンケート
앙케트, 설문 조사
동

主婦(しゅふ)を対象(たいしょう)にアンケートをとる。
주부를 대상으로 설문 조사를 하다.

30
カラー
컬러, 색

≒ 色いろ 색

花(はな)にはたくさんのカラーがある。
꽃에는 많은 색이 있다.

Day 23

31 呼(よ)びかける
호소하다

大雨(おおあめ)に注意(ちゅうい)するように呼(よ)びかけている。
폭우에 주의하도록 호소하고 있다.

32 明(あ)ける
날이 밝다, 기간이 끝나다

まだ夜(よ)が明(あ)けないうちに家(いえ)を出(で)た。
아직 날이 밝기 전에 집을 나섰다.
(※夜が明ける : '밤이 밝다', 즉, '동트다', '날이 밝다'라는 뜻의 관용 표현)

33 気(き)に入(い)る
마음에 들어하다

彼(かれ)の態度(たいど)が気(き)に入(い)らない。
그의 태도가 마음에 들지 않는다.

34 示(しめ)す
나타내다

≒ 表あらわす 나타내다

輸入量(ゆにゅうりょう)の変化(へんか)をグラフで示(しめ)す。
수입량의 변화를 그래프로 나타내다.

35 ぶつける
부딪치다

壁(かべ)に頭(あたま)をぶつけてしまった。
벽에 머리를 부딪쳐 버렸다.

ぶつかる 부딪치(히)다 … 자동사
ぶつける 부딪치다 … 타동사

36 起(お)きる
일어나다

毎朝(まいあさ) 6 時(じ)に起(お)きて散歩(さんぽ)をする。
매일 아침 6시에 일어나 산책을 한다.

起(お)きる 일어나다 … 자동사
起(お)こす 일으키다 … 타동사

Chapter 01 Chapter 02 **Chapter 03**

1 다음 단어의 읽기로 가장 알맞은 것을 a, b 중에서 고르세요.

1. お見舞い (a. おみあい b. おみまい)

2. 政治 (a. せいち b. せいじ)

3. 雨戸 (a. あまど b. あめど)

2 다음 단어의 한자 표기로 가장 알맞은 것을 a, b 중에서 고르세요.

4. 제품(せいひん) (a. 制品 b. 製品)

5. 학문(がくもん) (a. 学問 b. 学間)

6. 기름(あぶら) (a. 油 b. 袖)

3 다음 괄호 안에 들어갈 말로 가장 알맞은 것을 a, b 중에서 고르세요.

7. 急行(きゅうこう)は1番線(ばんせん)から(a. 発車 b. 帰国)する。

8. 壁(かべ)に頭(あたま)を(a. ぶつかって b. ぶつけて)しまった。

9. 商品(しょうひん)はあっという間(ま)に(a. 呼びかけ b. 売り切れ)になってしまった。

정답 1ⓑ 2ⓑ 3ⓐ 4ⓑ 5ⓐ 6ⓐ 7ⓐ 8ⓑ 9ⓑ

MP3 01-24

Day 24

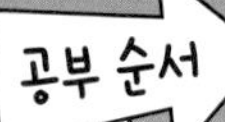

□ 미리 보기 → □ 따라 읽기 → □ 단어 암기 → □ 확인 학습

- □ 胸(むね)
- □ 咳(せき)
- □ 口紅(くちべに)
- □ 郵便(ゆうびん)
- □ 気体(きたい)
- □ 再生(さいせい)
- □ 商店(しょうてん)
- □ 中央(ちゅうおう)
- □ 例外(れいがい)
- □ 就職(しゅうしょく)
- □ 区別(くべつ)
- □ 平行(へいこう)
- □ 運河(うんが)
- □ 体育(たいいく)
- □ 発想(はっそう)
- □ 人間(にんげん)
- □ 正門(せいもん)
- □ 支社(ししゃ)
- □ 学力(がくりょく)
- □ 日付(ひづけ)
- □ 時刻表(じこくひょう)
- □ 症状(しょうじょう)
- □ 人種(じんしゅ)
- □ 最低(さいてい)
- □ 診察(しんさつ)
- □ 温度(おんど)
- □ 下水(げすい)
- □ 市場(いちば)
- □ ストレス
- □ キャンパス
- □ 抜(ぬ)く
- □ 学(まな)ぶ
- □ 折(お)れる
- □ 畳(たた)む
- □ 焼(や)く
- □ 似合(にあ)う

01 むね
胸
가슴

緊張(きんちょう)して胸(むね)がどきどきした。
긴장해서 가슴이 두근거렸다.

02 せき
咳
기침

+ くしゃみ 재채기

咳(せき)が出(で)たら、この薬(くすり)を飲(の)んでください。
기침이 나면 이 약을 드세요.

03 くちべに
口紅
립스틱

きれいな色(いろ)の口紅(くちべに)を買(か)った。
예쁜 색깔의 립스틱을 샀다.

04 ゆうびん
郵便
우편

+ 郵便局ゆうびんきょく 우체국

成績(せいせき)は約(やく) 4 週間後(しゅうかんご)に郵便(ゆうびん)で送(おく)ります。
성적은 약 4주 후에 우편으로 보내겠습니다.

05 きたい
気体
기체

この液体(えきたい)は温(あたた)め続(つづ)けると、気体(きたい)になる。
이 액체는 계속 데우면 기체가 된다.

06 さいせい
再生
재생
동

プラスチックを再生(さいせい)して製品(せいひん)を作(つく)る。
플라스틱을 재생하여 제품을 만든다.

Chapter 01 Chapter 02 Chapter 03

07 しょうてん
商店
상점

えき　まえ　しょうてん
駅の前にはたくさんの商店がある。
역 앞에는 많은 상점이 있다.

08 ちゅうおう
中央
중앙

≒ 真まん中なか 한가운데

まち　ちゅうおう　おお　こうえん
この町の中央には大きな公園があります。
이 마을의 중앙에는 큰 공원이 있습니다.

09 れいがい
例外
예외

れいがい　みと
これについて例外は認めない。
이것에 대해서 예외는 인정하지 않는다.

例 : 법식 예　　例外(れいがい) 예외
列 : 벌일 열(렬)　行列(ぎょうれつ) 행렬

10 しゅうしょく
就職
취직

↔ 退職たいしょく 퇴직
동

しんがく　しゅうしょく　まよ
進学しようか、就職しようか、迷っている。
진학할지 취업할지 망설이고 있다.

11 くべつ
区別
구별
동

しごと　めいかく　くべつ
仕事とプライベートを明確に区別する。
일과 사생활을 명확히 구별하다.

12 へいこう
平行
평행

＋ 並行へいこう 병행
동

せんろ　へいこう　どうろ
線路に平行して道路がある。
선로에 평행하여 도로가 있다.

平行へいこう는 두 개의 선이 나란히 있어 마주치지 않는 상태를 나타내고, 並行へいこう는 두 개 이상의 사물이 나란하게 간다는 의미와 어떤 일이 동시에 이루어진다는 의미를 나타낸다.

13 うんが
運河
운하

ふね うんが かんこう
船で運河を観光する。
배로 운하를 관광한다.

14 たいいく
体育
체육

たいいく じかん れんしゅう おこな
体育の時間にリレーの練習を行う。
체육 시간에 이어달리기 연습을 한다.

15 はっそう
発想
발상
동

かれ はっそう ほんとう
彼の発想は本当におもしろい。
그의 발상은 정말 재미있다.

16 にんげん
人間
인간

にんげん しゃかいてき どうぶつ
人間は社会的な動物である。
인간은 사회적 동물이다.

- 間(사이 간)
  げん 人間(にんげん) 인간
  かん 時間(じかん) 시간

17 せいもん
正門
정문

がっこう せいもん まえ くるま と
学校の正門の前に車を止めないでください。
학교 정문 앞에 차를 세우지 마세요.

18 ししゃ
支社
지사

↔ 本社ほんしゃ 본사

かいがい ししゃ しゅっちょう
海外支社に出張することになった。
해외 지사로 출장 가게 되었다.

19 がくりょく
学力
학력

＋ 学歴がくれき 학력

今の息子の学力では進学は無理だと思う。
(いま むすこ がくりょく しんがく むり おも)
지금 아들의 학력으로는 진학은 무리라고 생각한다.

学力がくりょく는 교육에 의해 얻어지는 지식이나 능력을 말하고, 学歴がくれき는 학교를 다닌 경력을 말한다.

20 ひづけ
日付
일자, 날짜

＋ 日ひにち 날, 날수

書類に日付を書いておく。
(しょるい ひづけ か)
서류에 날짜를 써 두다.

특정한 날짜를 말할 때는 日付ひづけ, 日ひにち 둘 다 쓸 수 있다. 다만, 경과 일수나 앞으로 남은 일수를 나타낼 때는 日ひにち를 사용한다.

21 じこくひょう
時刻表
시간표

≒ 時間割じかんわり 시간표

電車の時刻表を見れば発車の時刻が分かる。
(でんしゃ じこくひょう み はっしゃ じこく わ)
전철의 시간표를 보면 발차 시각을 알 수 있다.

22 しょうじょう
症状
증상

風邪の症状が出たら病院へ行きましょう。
(かぜ しょうじょう で びょういん い)
감기 증상이 나타나면 병원에 갑시다.

23 じんしゅ
人種
인종

人種差別をしてはならない。
(じんしゅ さべつ)
인종 차별을 해서는 안 된다.

24 さいてい
最低
최저

↔ 最高さいこう 최고

明日の最低気温は５度になるでしょう。
(あした さいてい きおん ど)
내일 최저 기온은 5도가 될 것입니다.

25 しんさつ
診察
진찰
동

でんわ びょういん しんさつ よやく
電話で病院の診察の予約をした。
전화로 병원의 진찰 예약을 했다.

26 おんど
温度
온도

+ 湿度しつど 습도

さむ おんど あ
寒かったら、エアコンの温度を上げてください。
추우면 에어컨 온도를 올리세요.

27 げすい
下水
하수, 하수도

↔ 上水じょうすい 상수(도)

だいどころ つか よご みず げすい
台所で使った汚れた水を下水という。
부엌에서 사용한 더러워진 물을 하수라고 한다.

28 いちば
市場
시장

+ 市場しじょう 시장

はは いちば か もの
母は市場で買い物をしてきた。
어머니는 시장에서 장을 봐 왔다.

市場いちば는 실제로 물건을 사고파는 곳을 말하고, 市場しじょう는 수요와 공급에 의하여 가격이 형성되는 추상적인 장을 말한다.

29
ストレス
스트레스

さいきん しごと
最近、仕事でストレスがたまっている。
요즘 일 때문에 스트레스가 쌓이고 있다.

30
キャンパス
캠퍼스

だいがく ひろ
この大学のキャンパスは広い。
이 대학의 캠퍼스는 넓다.

Day 24

31 ぬ
抜く
빼다, 거르다

ちょうしょく ぬ かいしゃ い
朝食を抜いて会社に行く。
아침을 거르고 회사에 간다.

抜(ぬ)ける 빠지다 … 자동사
抜(ぬ)く 빼다 … 타동사

32 まな
学ぶ
배우다

≒ 習ならう 배우다, 익히다

べんきょう にほん ぶんか まな
勉強だけでなく、日本の文化も学びたい。
공부뿐만 아니라 일본 문화도 배우고 싶다.

習ならう는 다른 사람으로부터 배운다는 의미를 나타내고, 学まなぶ는 스스로 터득하거나 남으로부터 배우는 경우를 나타낸다. 習う는 반복적인 연습으로 배운다는 뉘앙스, 学ぶ는 경험 등으로 터득한다는 느낌이다.

33 お
折れる
부러지다, 꺾이다

かぜ き えだ お
風で木の枝が折れた。
바람에 나뭇가지가 부러졌다.

折(お)れる 꺾이다 … 자동사
折(お)る 꺾다 … 타동사

34 たた
畳む
개다, 접다

ふとん たた お い い
布団を畳んで押し入れに入れる。
이불을 개어 벽장에 넣다.

35 や
焼く
굽다, 태우다

や
パンを焼くにおいがする。
빵을 굽는 냄새가 난다.

焼(や)ける 타다 … 자동사
焼(や)く 태우다 … 타동사

36 に あ
似合う
어울리다

に あ
そのドレス、あなたによく似合いますよ。
그 드레스, 당신에게 잘 어울려요.

하루 1분 체크

1 다음 단어의 읽기로 가장 알맞은 것을 a, b 중에서 고르세요.

1. 日付 (a. ひづけ　　b. ひつけ)

2. 運河 (a. うんか　　b. うんが)

3. 人間 (a. にんかん　　b. にんげん)

2 다음 단어의 한자 표기로 가장 알맞은 것을 a, b 중에서 고르세요.

4. 예외(れいがい)　(a. 例外　　b. 列外)

5. 발상(はっそう)　(a. 発相　　b. 発想)

6. 인종(じんしゅ)　(a. 人種　　b. 人積)

3 다음 괄호 안에 들어갈 말로 가장 알맞은 것을 a, b 중에서 고르세요.

7. 朝食(ちょうしょく)を(a. 抜いて　b. 抜けて)会社(かいしゃ)に行(い)く。

8. 風(かぜ)で木(き)の枝(えだ)が(a. 折った　b. 折れた)。

9. パンを(a. 焼ける　b. 焼く)においがする。

정답 1ⓐ 2ⓑ 3ⓑ 4ⓐ 5ⓑ 6ⓐ 7ⓐ 8ⓑ 9ⓑ

MP3 01-25

Day 25

24 25 26

공부 순서 ▢ 미리 보기 ➔ ▢ 따라 읽기 ➔ ▢ 단어 암기 ➔ ▢ 확인 학습

- □ 居間(いま)
- □ 暮(く)らし
- □ 夕焼(ゆうや)け
- □ 値上(ねあ)げ
- □ 定期(ていき)
- □ 引(ひ)っ越(こ)し
- □ 平和(へいわ)
- □ 採点(さいてん)
- □ 自習(じしゅう)
- □ 発達(はったつ)
- □ 冷凍(れいとう)
- □ 収入(しゅうにゅう)
- □ 運賃(うんちん)
- □ 米国(べいこく)
- □ 発電(はつでん)
- □ 中間(ちゅうかん)
- □ 人生(じんせい)
- □ 停車(ていしゃ)
- □ 責任(せきにん)
- □ 登山(とざん)
- □ 左折(させつ)
- □ 体温(たいおん)
- □ 祭(まつ)り
- □ 交際(こうさい)
- □ 喫煙(きつえん)
- □ 都市(とし)
- □ 無料(むりょう)
- □ トレーニング
- □ パーセント
- □ サンプル
- □ 過(す)ぎる
- □ 飛(と)ぶ
- □ 減(へ)る
- □ 重(かさ)ねる
- □ 移(うつ)す
- □ 渡(わた)る

01 居間(いま)
거실

弟(おとうと)は居間(いま)でテレビを見(み)ている。
남동생은 거실에서 텔레비전을 보고 있다.

02 暮(く)らし
생활

≒ 生活せいかつ 생활

いくら働(はたら)いても、暮(く)らしが楽(らく)にならない。
아무리 일해도 생활이 편해지지 않는다.

03 夕焼(ゆうや)け
저녁놀

夕焼(ゆうや)けがきれいだから、明日(あした)は晴(は)れだろう。
저녁놀이 아름다우니까 내일은 맑을 것이다.

04 値上(ねあ)げ
가격 인상, 가격을 올림

+ 値上ねあがり 가격이 오름 동

授業料(じゅぎょうりょう)の値上(ねあ)げに反対(はんたい)する。
수업료 인상에 반대한다.

値上ねあがり는 사물을 주어로 하여, 그것의 가격이 올랐다는 상황을 나타내고, 値上ねあげ는 주어가 주로 사람이며, 주어가 가격을 올렸다는 행위에 중점을 둔다.

05 定期(ていき)
정기

+ 定期券ていきけん 정기권

近(ちか)くの駅(えき)で定期券(ていきけん)を買(か)った。
가까운 역에서 정기권을 샀다.

06 引(ひ)っ越(こ)し
이사
동

最近(さいきん)、新(あたら)しいアパートに引(ひ)っ越(こ)しをした。
최근 새 아파트로 이사를 했다.

07 へいわ
平和
평화
ナ

今(いま)の平和(へいわ)が続(つづ)くことを願(ねが)っている。
지금의 평화가 계속되기를 바라고 있다.

- 平(평평할 평)
  へい　平和(へいわ) 평화
  びょう　平等(びょうどう) 평등

08 さいてん
採点
채점
동

テストが終(お)わったら採点(さいてん)してみましょう。
시험이 끝나면 채점해 봅시다.

09 じしゅう
自習
자습

+ 復習ふくしゅう 복습
동

自習(じしゅう)の時間(じかん)に読書(どくしょ)をする。
자습 시간에 독서를 한다.

10 はったつ
発達
발달

+ 発展はってん 발전
동

技術(ぎじゅつ)が発達(はったつ)して、人々(ひとびと)の暮(く)らしは豊(ゆた)かになった。
기술이 발달하여 사람들의 생활은 풍요로워졌다.

発達はったつ는 성장하여 보다 완성된 상태에 가까워지는 것을 말하고, 発展はってん은 사물의 움직임이나 능력이 강화되어 가는 것을 나타낸다.

11 れいとう
冷凍
냉동

+ 冷蔵れいぞう 냉장
동

冷凍食品(れいとうしょくひん)は、調理(ちょうり)が簡単(かんたん)だ。
냉동식품은 조리가 간단하다.

12 しゅうにゅう
収入
수입

↔ 支出ししゅつ 지출

仕事(しごと)を替(か)えたら収入(しゅうにゅう)が増(ふ)えた。
일을 바꿨더니 수입이 늘었다.

13 うんちん
運賃
□□□ 운임

12歳以上は大人の運賃を払ってください。
12세 이상은 성인 운임을 지불해 주세요.

14 べいこく
米国
□□□ 미국

米国に留学する学生が増えている。
미국으로 유학하는 학생이 늘고 있다.

- 米(쌀 미)
  べい　米国(べいこく) 미국
  まい　新米(しんまい) 햅쌀

15 はつでん
発電
□□□ 발전(전기를 일으킴)
동

太陽のエネルギーを利用して発電を行う。
태양 에너지를 이용하여 발전하다.

16 ちゅうかん
中間
□□□ 중간

明日、中間テストがある。
내일 중간고사가 있다.

17 じんせい
人生
□□□ 인생

私たちの人生には多くの出会いがある。
우리의 인생에는 많은 만남이 있다.

- 人(사람 인)
  じん　人生(じんせい) 인생
  にん　人気(にんき) 인기

18 ていしゃ
停車
□□□ 정차

↔発車はっしゃ 발차
동

ここは駐車だけでなく、停車も禁止されている。
여기는 주차뿐 아니라 정차도 금지되어 있다.

19 せきにん
責任
책임

+ 責任感せきにんかん 책임감

リーダーになって、責任(せきにん)の重(おも)さを感(かん)じる。
리더가 되어 책임의 무게를 느낀다.

20 とざん
登山
등산

↔ 下山げざん 하산
동

今日(きょう)はたくさんの人(ひと)が登山(とざん)に来(き)ていた。
오늘은 많은 사람이 등산하러 와 있었다.

• 登(오를 등)
と　登山(とざん) 등산
とう　登場(とうじょう) 등장

21 させつ
左折
좌회전

↔ 右折うせつ 우회전
동

二(ふた)つ目(め)の交差点(こうさてん)で左折(させつ)してください。
두 번째 사거리에서 좌회전하세요.

折 : 꺾을 절　左折(させつ) 좌회전
析 : 쪼갤 석　分析(ぶんせき) 분석

22 たいおん
体温
체온

体温(たいおん)を計(はか)ったら、38度(ど)だった。
체온을 쟀더니 38도였다.

23 まつ
祭り
축제

祭(まつ)りに出(で)かけて写真(しゃしん)をとった。
축제에 가서 사진을 찍었다.

24 こうさい
交際
교제

≒ 付つき合あい 교제
동

5年間交際(ねんかんこうさい)してやっと結婚(けっこん)することになった。
5년간 교제하여 마침내 결혼하게 되었다.

25 きつえん
喫煙
흡연

⟷ 禁煙きんえん 금연

동

ここは喫煙(きつえん)してもいい部屋(へや)です。
이곳은 흡연해도 되는 방입니다.

26 とし
都市
도시

≒ 都会とかい 도회

この都市(とし)は今(いま)も人口(じんこう)が増(ふ)え続(つづ)けている。
이 도시는 지금도 인구가 계속 늘고 있다.

都市としは 행정상의 '시'를 말하고, 都会とかいは 시골의 반대 개념이지만, 실제로는 같은 의미로 사용한다.

27 むりょう
無料
무료

⟷ 有料ゆうりょう 유료

60歳以上(さいいじょう)の方(かた)の入場(にゅうじょう)は無料(むりょう)です。
60세 이상인 분의 입장은 무료입니다.

28
トレーニング
트레이닝, 훈련

동

コーチにトレーニングを受(う)ける。
코치에게 훈련을 받는다.

29
パーセント
퍼센트

米(こめ)の生産(せいさん)が去年(きょねん)より5パーセント増加(ぞうか)した。
쌀 생산이 작년보다 5퍼센트 증가했다.

30
サンプル
샘플, 견본

≒ 見本みほん 견본

この商品(しょうひん)のサンプルを見(み)せてください。
이 상품의 샘플을 보여 주세요.

Chapter 01 Chapter 02 Chapter 03

Day 25

31 す
過ぎる
지나다

ゴルフを始(はじ)めて、1年(ねん)が過(す)ぎた。
골프를 시작한지 1년이 지났다.

過(す)ぎる　지나다 … 자동사
過(す)ごす　보내다 … 타동사

32 と
飛ぶ
날다

鳥(とり)が空(そら)を自由(じゆう)に飛(と)んでいる。
새가 하늘을 자유롭게 날고 있다.

飛(と)ぶ　날다 … 자동사
飛(と)ばす　날리다 … 타동사

33 へ
減る
줄다, 줄어들다

最近(さいきん)、子供(こども)の数(かず)が減(へ)ってきた。
최근 아이들의 수가 줄기 시작했다.

減(へ)る　줄다 … 자동사
減(へ)らす　줄이다 … 타동사

34 かさ
重ねる
거듭하다

努力(どりょく)を重(かさ)ねた結果(けっか)、実験(じっけん)は成功(せいこう)した。
노력을 거듭한 결과, 실험은 성공했다.

重(かさ)なる　거듭되다 … 자동사
重(かさ)ねる　거듭하다 … 타동사

35 うつ
移す
옮기다, 이동시키다

このテーブルを隣(となり)の部屋(へや)に移(うつ)してほしい。
이 테이블을 옆방으로 옮겼으면 좋겠다.

移(うつ)る　이동하다 … 자동사
移(うつ)す　이동시키다 … 타동사

36 わた
渡る
건너다

道(みち)を渡(わた)るときは気(き)をつけましょう。
길을 건널 때는 조심합시다.

渡(わた)る　건너다 … 자동사
渡(わた)す　건네주다 … 타동사

하루 1분 체크

1 다음 단어의 읽기로 가장 알맞은 것을 a, b 중에서 고르세요.

1. 人生 (a. じんせい b. にんせい)

2. 登山 (a. とざん b. とうさん)

3. 米国 (a. べいこく b. まいこく)

2 다음 단어의 한자 표기로 가장 알맞은 것을 a, b 중에서 고르세요.

4. 축제(まつり) (a. 際り b. 祭り)

5. 무료(むりょう) (a. 無料 b. 無科)

6. 좌회전(させつ) (a. 左析 b. 左折)

3 다음 괄호 안에 들어갈 말로 가장 알맞은 것을 a, b 중에서 고르세요.

7. 最近(さいきん)、子供(こども)の数(かず)が(a. 減って b. 減らして)きた。

8. 鳥(とり)が空(そら)を自由(じゆう)に(a. 飛んで b. 飛ばして)いる。

9. 努力(どりょく)を(a. 重なった b. 重ねた)結果(けっか)、実験(じっけん)は成功(せいこう)した。

정답 1ⓐ 2ⓐ 3ⓐ 4ⓑ 5ⓐ 6ⓑ 7ⓐ 8ⓐ 9ⓑ

MP3 01-26

Day 26

미리 보기 → 따라 읽기 → 단어 암기 → 확인 학습

- □ 逆(ぎゃく)
- □ 怒り(いか)
- □ 火災(かさい)
- □ 長所(ちょうしょ)
- □ 年上(としうえ)
- □ 連休(れんきゅう)
- □ 人々(ひとびと)
- □ 真似(まね)
- □ くり返し(かえ)
- □ 才能(さいのう)
- □ 対策(たいさく)
- □ 記入(きにゅう)
- □ 録音(ろくおん)
- □ 貸し出し(か・だ)
- □ 次女(じじょ)
- □ 発売(はつばい)
- □ 名作(めいさく)
- □ 運転(うんてん)
- □ 中級(ちゅうきゅう)
- □ 石油(せきゆ)
- □ 提出(ていしゅつ)
- □ 変更(へんこう)
- □ 名刺(めいし)
- □ 親戚(しんせき)
- □ 直後(ちょくご)
- □ 高速道路(こうそくどうろ)
- □ 周辺(しゅうへん)
- □ 値下げ(ねさ)
- □ ストップ
- □ プラス
- □ 当たる(あ)
- □ 配る(くば)
- □ 願う(ねが)
- □ 教える(おし)
- □ たまる
- □ 頼る(たよ)

01 ぎゃく
逆
역, 반대, 거꾸로임

≒ 反対はんたい 반대
ナ

逆(ぎゃく)の方向(ほうこう)の電車(でんしゃ)に乗(の)ってしまった。
반대 방향으로 가는 전철을 타 버렸다.

02 いか
怒り
분노

+ 怒いかる／怒おこる 화내다

マナーの悪(わる)い彼(かれ)の態度(たいど)に怒(いか)りを感(かん)じた。
매너가 나쁜 그의 태도에 분노를 느꼈다.

怒る는 いかる라고도 읽고 おこる라고도 읽는다. 다만, ます형에 해당하는 怒いかり는 명사로 흔히 쓰이지만, 怒おこり는 거의 쓰이지 않는다.

03 かさい
火災
화재

≒ 火事かじ 화재

駅前(えきまえ)のビルで火災(かさい)が発生(はっせい)した。
역 앞 빌딩에서 화재가 발생했다.

火事かじ는 불이 나는 현상을 말하고, 火災かさい는 火事가 확산되어 사람이 다치거나 재산적인 손실이 발생하는 것을 말한다.

04 ちょうしょ
長所
장점

↔ 短所たんしょ 단점

人(ひと)には長所(ちょうしょ)もあるし、短所(たんしょ)もある。
사람에게는 장점도 있고 단점도 있다.

05 としうえ
年上
연상

↔ 年下としした 연하

兄(あに)は私(わたし)より２歳年上(さいとしうえ)です。
오빠는 나보다 두 살 연상입니다.

06 れんきゅう
連休
연휴

今度(こんど)の連休(れんきゅう)に温泉(おんせん)に行(い)こうと思(おも)っている。
이번 연휴에 온천에 가려고 생각하고 있다.

07 ひとびと
人々
사람들

かのじょ しょうせつ おお ひとびと よ
彼女の小説は、多くの人々に読まれている。
그녀의 소설은 많은 사람들에게 읽히고 있다.

人々ひとびと는 추상적인 개념의 불특정 다수를 말하며 집합체로서의 특징을 말할 때 쓰이고, 人ひとたち는 특정한 사람이 복수인 것을 말하며 개개인의 특성을 살릴 때 쓰인다.

08 まね
真似
흉내
동

こども おとな まね せいちょう
子供は大人の真似をしながら成長していく。
아이는 어른 흉내를 내면서 성장한다.

09 かえ
くり返し
반복

+ くり返かえす 반복하다

じんせい しっぱい かえ
人生は失敗のくり返しである。
인생은 실패의 반복이다.

10 さいのう
才能
재능

こ え さいのう
この子は絵に才能があるようだ。
이 아이는 그림에 재능이 있는 것 같다.

11 たいさく
対策
대책

じこ ふせ たいさく た
事故を防ぐために、対策を立てる。
사고를 막기 위해서 대책을 세우다.

12 きにゅう
記入
기입

≒書かき入いれ 써넣음
동

なまえ じゅうしょ きにゅう
ここにお名前と住所を記入してください。
여기에 이름과 주소를 기입해 주세요.

13 ろくおん
録音
녹음
동

じぶん　はつおん　ろくおん　えいご　べんきょう
自分の発音を録音して、英語を勉強する。
자신의 발음을 녹음하여 영어를 공부한다.

14 か　だ
貸し出し
대출

＋貸かし出だす 대출하다
동

ほん　か　だ　しゅうかん
本の貸し出しは２週間までです。
책의 대출은 2주 동안입니다.

15 じじょ
次女
차녀, 둘째 딸

＋長女ちょうじょ 장녀

あした　じじょ　うんどうかい　ひ
明日は次女の運動会の日である。
내일은 둘째 딸의 운동회 날이다.

16 はつばい
発売
발매

＋販売はんばい 판매
동

しんせいひん　はつばい
カメラの新製品が発売された。
카메라 신제품이 발매되었다.

販売はんばい는 돈을 받고 물건을 파는 것을 말하고, 発売はつばい는 어떤 물건의 판매를 시작한다는 것을 말한다.

17 めいさく
名作
명작

がか　めいさく　のこ
あの画家はたくさんの名作を残した。
그 화가는 많은 명작을 남겼다.

18 うんてん
運転
운전

＋運転免許うんてんめんきょ 운전면허
동

うんてんちゅう　つか
運転中にケータイを使ってはいけない。
운전 중에 휴대폰을 사용해서는 안 된다.

19 ちゅうきゅう
中級
중급

中級(ちゅうきゅう)レベルは半年(はんとし)でマスターできます。
중급 레벨은 반년 안에 마스터할 수 있습니다.

級 : 등급 급　中級(ちゅうきゅう) 중급
給 : 줄 급　時給(じきゅう) 시급(시간급)

20 せきゆ
石油
석유

+ 石炭せきたん 석탄

プラスチックは石油(せきゆ)から作(つく)られる。
플라스틱은 석유로부터 만들어진다.

21 ていしゅつ
提出
제출
동

論文(ろんぶん)の原稿(げんこう)は20日(はつか)までに提出(ていしゅつ)してください。
논문 원고는 20일까지 제출하세요.

22 へんこう
変更
변경
동

今日(きょう)の会議(かいぎ)で計画(けいかく)の変更(へんこう)が決(き)まった。
오늘 회의에서 계획 변경이 결정되었다.

23 めいし
名刺
명함

初(はじ)めて会(あ)った人(ひと)に名刺(めいし)を渡(わた)す。
처음 만난 사람에게 명함을 건네다.

24 しんせき
親戚
친척

+ いとこ 사촌

結婚式(けっこんしき)に親戚(しんせき)を招待(しょうたい)した。
결혼식에 친척을 초대했다.

25 ちょくご
直後
직후

↔ 直前ちょくぜん 직전

食べた直後に激しい運動はしないでください。
먹은 직후에 격한 운동은 하지 마세요.

26 こうそくどうろ
高速道路
고속 도로

高速道路で事故が発生した。
고속 도로에서 사고가 발생했다.

27 しゅうへん
周辺
주변

+ 周囲しゅうい 주위

家の周辺には木が多い。
집 주변에는 나무가 많다.

28 ねさ
値下げ
가격 인하

↔ 値上ねあげ 가격 인상

동

一部商品の値下げをする。
일부 상품의 가격을 인하한다.

29
ストップ
정지, 멈춤

동

台風で電車がストップした。
태풍으로 전철이 멈췄다.

30
プラス
플러스, 추가

↔ マイナス 마이너스

동

料金に税金をプラスする。
요금에 세금을 추가하다.

Day 26

31 あ
当たる
맞다, 해당하다

かお あ
ボールが顔に当たった。
공이 얼굴에 맞았다.

当(あ)たる 맞다 … 자동사
当(あ)てる 맞히다 … 타동사

32 くば
配る
나누어 주다

みせ まえ くば
店の前でチラシを配る。
가게 앞에서 전단지를 나누어 준다.

33 ねが
願う
바라다, 부탁하다

しょるい ぶ ねが
この書類のコピーを20部お願いします。
이 서류 사본을 20부 부탁합니다.

34 おし
教える
가르치다

↔ 教おそわる 가르침 받다

かんじ よ かた おし
この漢字の読み方を教えてください。
이 한자 읽는 법을 가르쳐 주세요.

教おしえる는 남에게 어떠한 것을 익히도록 일러준다는 의미이고, 教おそわる는 習ならう와 비슷한 뜻으로, 누군가로부터 배운다는 의미를 나타낸다.

35
たまる
쌓이다

すこ かね りょこう い
もう少しお金がたまったら、旅行に行きたい。
좀 더 돈이 모이면 여행을 가고 싶다.

36 たよ
頼る
의지하다

にほん せきゆ ゆにゅう たよ
日本は石油を輸入に頼っている。
일본은 석유를 수입에 의존하고 있다.

하루 1분 체크

1 다음 단어의 읽기로 가장 알맞은 것을 a, b 중에서 고르세요.

1. 年上 (a. としうえ　b. ねんじょう)

2. 録音 (a. りょくおん　b. ろくおん)

3. 運転 (a. うんてん　b. うんでん)

2 다음 단어의 한자 표기로 가장 알맞은 것을 a, b 중에서 고르세요.

4. 석유(せきゆ) (a. 石油　b. 石抽)

5. 주변(しゅうへん) (a. 周囲　b. 周辺)

6. 나누어주다(くばる) (a. 配る　b. 頼る)

3 다음 괄호 안에 들어갈 말로 가장 알맞은 것을 a, b 중에서 고르세요.

7. ボールが顔(かお)に(a. 当たった　b. 当てた)。

8. もう少(すこ)しお金(かね)が(a. たまったら　b. ためたら)、旅行(りょこう)に行(い)きたい。

9. 初(はじ)めて会(あ)った人(ひと)に(a. 名作　b. 名刺)を渡(わた)す。

정답 1ⓐ 2ⓑ 3ⓐ 4ⓐ 5ⓑ 6ⓐ 7ⓐ 8ⓐ 9ⓑ

MP3 01-27

Day 27

공부 순서 미리 보기 → 따라 읽기 → 단어 암기 → 확인 학습

- □ 交通(こうつう)
- □ 中国(ちゅうごく)
- □ 深夜(しんや)
- □ 事前(じぜん)
- □ 賞品(しょうひん)
- □ 職業(しょくぎょう)
- □ 法則(ほうそく)
- □ 夜明け(よあ)
- □ 週末(しゅうまつ)
- □ 商売(しょうばい)
- □ 芸術(げいじゅつ)
- □ 発明(はつめい)
- □ 伝染(でんせん)
- □ 住民(じゅうみん)
- □ 名人(めいじん)
- □ 録画(ろくが)
- □ 会員(かいいん)
- □ 体重(たいじゅう)
- □ 携帯(けいたい)
- □ 節約(せつやく)
- □ 河川(かせん)
- □ (お)年寄り(としよ)
- □ 職場(しょくば)
- □ 昼寝(ひるね)
- □ 休暇(きゅうか)
- □ 詩人(しじん)
- □ 弁護士(べんごし)
- □ 永遠(えいえん)
- □ パスポート
- □ データ
- □ 勤める(つと)
- □ 急ぐ(いそ)
- □ 替える(か)
- □ しばる
- □ 回す(まわ)
- □ 冷える(ひ)

01 こうつう
交通
교통

+ 交通費こうつうひ 교통비

へん こうつう べんり
この辺は、交通が便利だ。
이 근처는 교통이 편리하다.

02 ちゅうごく
中国
중국

ちゅうごく ぶんか きょうみ も
中国の文化に興味を持っている。
중국 문화에 관심을 갖고 있다.

- 国(나라 국)
  ごく　中国(ちゅうごく) 중국
  こく　国民(こくみん) 국민

03 しんや
深夜
심야

おとうと しんや かえ
弟は深夜になって帰ってきた。
남동생은 심야가 되어서 돌아왔다.

04 じぜん
事前
사전(어떤 일이 발생하기 전)

↔ 事後じご 사후

かいぎ じぜん し
会議のテーマは事前に知らせておくこと。
회의 주제는 사전에 알려 둘 것.

05 しょうひん
賞品
상품

+ 商品しょうひん 상품

しょうひん
賞品としてノートパソコンをもらった。
상품으로 노트북 컴퓨터를 받았다.

賞品しょうひん은 부상으로 받는 물품을 말하고, 商品しょうひん은 상점 등에서 사고파는 것을 목적으로 하는 물품을 말한다.

06 しょくぎょう
職業
직업

+ 職場しょくば 직장

わたし おんがく しょくぎょう えら
私は音楽を職業として選んだ。
나는 음악을 직업으로 선택했다.

07 ほうそく
法則
법칙

科学者は自然の法則を研究する。
과학자는 자연의 법칙을 연구한다.

08 よあ
夜明け
새벽

友だちと夜明けまでお酒を飲んだ。
친구들과 새벽까지 술을 마셨다.

09 しゅうまつ
週末
주말

↔ 平日へいじつ 평일

週末はいつもドライブに出かける。
주말은 항상 드라이브하러 간다.

10 しょうばい
商売
장사

＋ 商業しょうぎょう 상업

동

彼は貯金した金で新しい商売を始めた。
그는 저금한 돈으로 새로운 장사를 시작했다.

11 げいじゅつ
芸術
예술

秋は、芸術を楽しむのにぴったりの季節だ。
가을은 예술을 즐기기에 딱 좋은 계절이다.

12 はつめい
発明
발명

＋ 開発かいはつ 개발

동

エジソンは発明の天才と呼ばれている。
에디슨은 발명의 천재라고 불린다.

発明はつめい는 지금까지 사용하지 않은 원리를 이용하여 없었던 것을 만들어 내는 것이고, 開発かいはつ는 있는 것을 보완, 개량하여 새로운 것으로 만들어 내는 것을 말한다.

13 でんせん
伝染
전염
동

でんせんびょう(伝染病)　かくち(各地)　ひろ(広)
伝染病が各地に広がっている。
전염병이 각지에 퍼지고 있다.

14 じゅうみん
住民
주민

じゅうみん(住民)　こうそう(高層)　けんせつ(建設)　はんたい(反対)
住民は高層マンションの建設に反対している。
주민들은 고층 아파트 건설에 반대하고 있다.

15 めいじん
名人
명인

のだ(野田)　かしづく(菓子作)　めいじん(名人)
野田さんはお菓子作りの名人だ。
노다 씨는 과자 만들기의 명인이다.

名 : 이름 명　名人(めいじん) 명인
各 : 각각 각　各地(かくち) 각지

16 ろくが
録画
녹화

+ 録音ろくおん 녹음
동

せんしゅうろくが(先週録画)　み(見)
先週録画しておいたドラマを見た。
지난주에 녹화해 둔 드라마를 보았다.

録 : 기록할 록　録画(ろくが) 녹화
緑 : 푸를 록　緑茶(りょくちゃ) 녹차

17 かいいん
会員
회원

+ メンバー 멤버, 회원

かいいん(会員)　つか(使)
このホテルは会員しか使えない。
이 호텔은 회원밖에 사용할 수 없다.

18 たいじゅう
体重
체중

さいきん(最近)　たいじゅう(体重)　ふ(増)
最近、体重が増えた。
최근 체중이 늘었다.

19 けいたい
携帯
휴대

+ 携帯電話けいたいでんわ
휴대 전화
동

この携帯電話(けいたいでんわ)には、いろいろな機能(きのう)がある。
이 휴대 전화에는 여러 가지 기능이 있다.

20 せつやく
節約
절약
동

収入(しゅうにゅう)が減(へ)って、節約(せつやく)するしかない。
수입이 줄어 절약할 수밖에 없다.

21 かせん
河川
하천

市内(しない)にたくさんの河川(かせん)が流(なが)れている。
시내에 많은 하천이 흐르고 있다.

22 としより
(お)年寄り
노인

最近(さいきん)、元気(げんき)なお年寄(としよ)りが増(ふ)えている。
최근 건강한 노인이 늘고 있다.

23 しょくば
職場
직장

+ 職業しょくぎょう 직업

職場(しょくば)の人間関係(にんげんかんけい)に悩(なや)んでいる。
직장의 인간관계에 고민하고 있다.

24 ひるね
昼寝
낮잠
동

30分(ぷん)ほど昼寝(ひるね)をした。
30분 정도 낮잠을 잤다.

25 きゅうか
休暇
휴가

1週間(しゅうかん)の休暇(きゅうか)をとった。
일주일의 휴가를 냈다.

≒ 休(やす)み 휴식, 휴가

26 しじん
詩人
시인

有名(ゆうめい)な詩人(しじん)の本(ほん)をプレゼントしてもらった。
유명 시인의 책을 선물 받았다.

27 べんごし
弁護士
변호사

将来(しょうらい)は弁護士(べんごし)になりたい。
장래에는 변호사가 되고 싶다.

28 えいえん
永遠
영원
ナ

二人(ふたり)は永遠(えいえん)の愛(あい)を約束(やくそく)した。
둘은 영원한 사랑을 약속했다.

永 : 길 영　永遠(えいえん) 영원
氷 : 얼음 빙　氷山(ひょうざん) 빙산

29
パスポート
패스포트, 여권

パスポートを落(お)としてしまった。
여권을 분실하고 말았다.

30
データ
데이터

論文(ろんぶん)を書(か)くために、データを集(あつ)める。
논문을 쓰기 위해서 데이터를 수집하다.

≒ 資料(しりょう) 자료

31 つと
勤める
근무하다

ちち ぎんこう つと
父は銀行に勤めている。
아버지는 은행에 근무하고 있다.

+ 努つとめる 노력하다

勤つとめる는 회사 등의 근무처에 종사하는 것을 말하고, 努つとめる는 어떤 목표를 이루기 위해 힘쓰고 노력하는 것을 말한다.

32 いそ
急ぐ
서두르다

きゅうよう いそ いえ かえ
急用ができて急いで家に帰る。
급한 용무가 생겨 서둘러 집으로 돌아가다.

33 か
替える
교체하다

でんきゅう き あたら か
電球が切れたので、新しいものに替えた。
전구가 나가서 새것으로 교체했다.

≒ 変かえる 변화시키다, 바꾸다

替かえる는 기존에 있던 것을 같은 종류의 것으로 바꾼다는 의미를, 変かえる는 예전과 다른 상태의 것으로 바꾼다는 의미를 나타낸다.

34
しばる
묶다

しんぶん ざっし す
新聞や雑誌をひもでしばって捨てる。
신문과 잡지를 끈으로 묶어서 버리다.

35 まわ
回す
돌리다

くるま みぎ まわ
車のハンドルを、右に回す。
차의 핸들을 오른쪽으로 돌리다.

回(まわ)る　돌다 … 자동사
回(まわ)す　돌리다 … 타동사

36 ひ
冷える
식다, 차가워지다

あつ なつ ひ さいこう
暑い夏、冷えたビールは最高だ。
더운 여름, 시원한 맥주는 최고다.

冷(ひ)える　식다 … 자동사
冷(ひ)やす　식히다 … 타동사

하루 1분 체크

1 다음 단어의 읽기로 가장 알맞은 것을 a, b 중에서 고르세요.

1. 職場 (a. しょくば　　b. しょくじょう)

2. 法則 (a. ほうしき　　b. ほうそく)

3. 体重 (a. たいちょう　　b. たいじゅう)

2 다음 단어의 한자 표기로 가장 알맞은 것을 a, b 중에서 고르세요.

4. 명인(めいじん)　　(a. 各人　　b. 名人)

5. 발명(はつめい)　　(a. 発明　　b. 発命)

6. 영원(えいえん)　　(a. 氷遠　　b. 永遠)

3 다음 괄호 안에 들어갈 말로 가장 알맞은 것을 a, b 중에서 고르세요.

7. 新聞(しんぶん)や雑誌(ざっし)をひもで(a. しばって　b. しぼって)捨(す)てる。

8. 車(くるま)のハンドルを、右(みぎ)に(a. 回る　b. 回す)。

9. 父(ちち)は銀行(ぎんこう)に(a. 努めて　b. 勤めて)いる。

정답 1ⓐ 2ⓑ 3ⓑ 4ⓑ 5ⓐ 6ⓑ 7ⓐ 8ⓑ 9ⓑ

MP3 01-28

Day 28

공부 순서 ▢ 미리 보기 ➔ ▢ 따라 읽기 ➔ ▢ 단어 암기 ➔ ▢ 확인 학습

- □ 丸（まる）
- □ 仲（なか）
- □ 出入り（でいり）
- □ 時速（じそく）
- □ 編集（へんしゅう）
- □ 絵画（かいが）
- □ 土地（とち）
- □ 大使館（たいしかん）
- □ 退職（たいしょく）
- □ 路面（ろめん）
- □ 報告（ほうこく）
- □ 作業（さぎょう）
- □ 勢い（いきお）
- □ 選挙（せんきょ）
- □ 年賀状（ねんがじょう）
- □ 味方（みかた）
- □ 休業（きゅうぎょう）
- □ 注射（ちゅうしゃ）
- □ 徒歩（とほ）
- □ 消防（しょうぼう）
- □ 迷惑（めいわく）
- □ 態度（たいど）
- □ 毛糸（けいと）
- □ 要求（ようきゅう）
- □ 中旬（ちゅうじゅん）
- □ 熱中（ねっちゅう）
- □ 出来事（できごと）
- □ 課題（かだい）
- □ プラン
- □ マイナス
- □ 転ぶ（ころ）
- □ 味わう（あじ）
- □ ゆでる
- □ 引き受ける（ひ う）
- □ 流れる（なが）
- □ 曲げる（ま）

01 まる
丸
동그라미, 원

≒ 円まる 원

正しい答えに丸をつけてください。
옳은 답에 동그라미를 치세요.

丸まる는 입체적인 구 모양을 포함하여 각이 없는 둥근 모양을 가리키는 보편적인 개념이고, 円まる는 조금 더 한정적인 개념으로, 평면적이면서 지름의 길이가 항상 같은 원을 가리킨다.

02 なか
仲
사이, 관계

＋ 中なか 가운데, 안(속)

二人は仲が悪くて、けんかばかりしている。
두 사람은 사이가 나빠서 싸움만 하고 있다.

仲なか는 사람 사이의 관계를 뜻하고, 中なか는 물리적인 어느 공간이나 범위의 사이를 뜻한다.

03 で い
出入り
출입
동

関係者以外は出入りできません。
관계자 이외에는 출입할 수 없습니다.

04 じ そく
時速
시속

高速道路を時速100キロで走る。
고속 도로를 시속 100km로 달린다.

05 へんしゅう
編集
편집
동

出版社で雑誌の編集をしている。
출판사에서 잡지 편집을 하고 있다.

06 かい が
絵画
회화, 그림

≒ 絵え 그림

壁に大きな絵画がかかっている。
벽에 큰 그림이 걸려 있다.

07 とち
土地
토지, 땅

東京(とうきょう)は土地(とち)の値段(ねだん)が高(たか)い。
도쿄는 땅값이 비싸다.

08 たいしかん
大使館
대사관

住所(じゅうしょ)と地図(ちず)を見(み)ながら大使館(たいしかん)へ行(い)った。
주소와 지도를 보면서 대사관에 갔다.

09 たいしょく
退職
퇴직

↔ 就職しゅうしょく 취직

동

退職後(たいしょくご)は田舎(いなか)でのんびり暮(く)らしたい。
퇴직 후에는 시골에서 느긋하게 살고 싶다.

10 ろめん
路面
노면

雪(ゆき)で路面(ろめん)が滑(すべ)りやすくなっている。
눈 때문에 노면이 미끄러지기 쉽게 되어 있다.

11 ほうこく
報告
보고

≒ レポート 리포트, 보고

동

この問題(もんだい)は、すぐ社長(しゃちょう)に報告(ほうこく)しなければならない。
이 문제는 즉시 사장님에게 보고해야 한다.

12 さぎょう
作業
작업

동

安全(あんぜん)に十分注意(じゅうぶんちゅうい)しながら作業(さぎょう)しましょう。
안전에 충분히 주의하면서 작업합시다.

- 作(지을 작)
  さ　作業(さぎょう) 작업
  さく　作品(さくひん) 작품

13 いきお
勢い
기세

子供(こども)たちは勢(いきお)いよく手(て)をあげた。
아이들은 기세 좋게 손을 들었다.

14 せんきょ
選挙
선거

+ 投票とうひょう 투표
동

選挙(せんきょ)のポスターがはってある。
선거 포스터가 붙어 있다.

15 ねんがじょう
年賀状
연하장

正月(しょうがつ)になると、たくさんの年賀状(ねんがじょう)がとどく。
설이 되면 많은 연하장이 도착한다.

16 みかた
味方
아군

↔ 敵てき 적
동

あの人(ひと)は、私(わたし)たちにとって心強(こころづよ)い味方(みかた)だ。
저 사람은 우리에게 있어 든든한 아군이다.

17 きゅうぎょう
休業
휴업
동

店(みせ)のドアに「本日休業(ほんじつきゅうぎょう)」と書(か)いてあった。
가게 문에 '금일 휴업'이라고 적혀 있었다.

18 ちゅうしゃ
注射
주사
동

熱(ねつ)が下(さ)がるように注射(ちゅうしゃ)をしてもらった。
열이 내리도록 주사를 맞았다.

注 : 부을 주　注射(ちゅうしゃ) 주사
住 : 살 주　住所(じゅうしょ) 주소

Chapter 01 Chapter 02 Chapter 03

19 とほ
徒歩
도보

駅から徒歩5分の所に住んでいる。
역에서 도보 5분 되는 곳에 살고 있다.

20 しょうぼう
消防
소방

+ 消防署しょうぼうしょ 소방서
동

消防車はサイレンを鳴らしながら走った。
소방차는 사이렌을 울리며 달렸다.

21 めいわく
迷惑
폐, 성가심, 불쾌함

+ 面倒めんどう 번거로움
동 ナ

私のミスでみんなに迷惑をかけてしまった。
나의 실수로 모두에게 폐를 끼치고 말았다.

迷惑めいわく는 어떤 행동이 원인이 되어 누군가가 불이익을 당하거나 바람직하지 못한 상태가 되는 것을 뜻하고, 面倒めんどう는 손이 많이 가거나, 일의 해결이 쉽지 않아 성가신 상태를 말한다.

22 たいど
態度
태도

はっきりした態度をとってほしい。
분명한 태도를 취했으면 좋겠다.

態 : 모습 태　態度(たいど) 태도
能 : 능할 능　能力(のうりょく) 능력

23 けいと
毛糸
털실

毛糸でセーターを編む。
털실로 스웨터를 짜다.

24 ようきゅう
要求
요구
동

住民たちは工場建設の中止を要求した。
주민들은 공장 건설 중지를 요구했다.

25 ちゅうじゅん
中旬
중순

らいげつ じょうじゅん ちゅうじゅん きこく
来月の上旬か中旬には帰国するつもりだ。
다음 달 초순이나 중순에는 귀국할 작정이다.

26 ねっちゅう
熱中
열중
동

むすこ ねっちゅう
息子はテレビゲームに熱中している。
아들은 비디오 게임에 열중하고 있다.

27 できごと
出来事
사건, 생긴 일

≒ 事件じけん 사건

あね けっこん できごと
姉の結婚は、とてもうれしい出来事です。
언니의 결혼은 매우 기쁜 일입니다.

出来事できごと는 결과적으로 발생한 어떠한 일을 말하며, 이러한 出来事 중에서 범죄와 관련된 일을 事件じけん이라고 한다.

28 かだい
課題
과제

せんせい がくせい じゅぎょう かだい せつめい
先生は学生に授業の課題について説明した。
선생님은 학생에게 수업 과제에 대해서 설명했다.

29
プラン
플랜, 계획

≒ 計画けいかく 계획

りょこう た
旅行のプランを立てる。
여행 계획을 세우다.

30
マイナス
마이너스(손실, 빼기, 영하)

↔ プラス 플러스
동

きょう きおん
今日は気温がマイナスになるそうだ。
오늘은 기온이 영하가 된다고 한다.

Day 28

31 転ぶ(ころぶ)
구르다, 넘어지다

階段(かいだん)で転(ころ)んでけがをした。
계단에서 넘어져서 다쳤다.

32 味わう(あじわう)
맛보다

久(ひさ)しぶりに母(はは)の作(つく)った料理(りょうり)を味(あじ)わった。
오랜만에 어머니가 만든 요리를 맛보았다.

33 ゆでる
삶다

+ 煮にる 끓이다, 조리다

そばはゆですぎるとおいしくない。
메밀국수는 너무 오래 삶으면 맛이 없다.

ゆでる는 재료를 부드럽게 하기 위해 맑은 물이나 소금물에 넣어 가열하는 것을 말하고, 煮にる는 맛을 낸 국물이나 수프에 넣어 가열하는 것을 말한다.

34 引き受ける(ひきうける)
받아들이다, 떠맡다

彼(かれ)は私(わたし)の願(ねが)いを引(ひ)き受(う)けてくれた。
그는 내 부탁을 받아들여 주었다.

35 流れる(ながれる)
흐르다

ラジオで音楽(おんがく)が流(なが)れている。
라디오에서 음악이 흘러나오고 있다.

流(なが)れる　흐르다 … 자동사
流(なが)す　흐르게 하다 … 타동사

36 曲げる(まげる)
구부리다, 굽히다

腰(こし)を曲(ま)げて床(ゆか)の物(もの)を拾(ひろ)う。
허리를 굽혀서 바닥의 물건을 줍다.

하루 1분 체크

1 다음 단어의 읽기로 가장 알맞은 것을 a, b 중에서 고르세요.

1. 土地 (a. どち b. とち)

2. 作業 (a. さくぎょう b. さぎょう)

3. 路面 (a. ろめん b. ろうめん)

2 다음 단어의 한자 표기로 가장 알맞은 것을 a, b 중에서 고르세요.

4. 사이, 관계(なか) (a. 中 b. 仲)

5. 소방(しょうぼう) (a. 消防 b. 消訪)

6. 넘어지다(ころぶ) (a. 輪ぶ b. 転ぶ)

3 다음 괄호 안에 들어갈 말로 가장 알맞은 것을 a, b 중에서 고르세요.

7. 住民(じゅうみん)たちは工場建設(こうじょうけんせつ)の中止(ちゅうし)を (a. 選挙 b. 要求) した。

8. ラジオで音楽(おんがく)が (a. 流れて b. 流して) いる。

9. 腰(こし)を (a. 曲がって b. 曲げて) 床(ゆか)の物(もの)を拾(ひろ)う。

정답 1ⓑ 2ⓑ 3ⓐ 4ⓑ 5ⓐ 6ⓑ 7ⓑ 8ⓐ 9ⓑ

Chapter 01 Chapter 02 Chapter 03

MP3 01-29

Day 29

□ 미리 보기 → □ 따라 읽기 → □ 단어 암기 → □ 확인 학습

- □ 怪しい（あや）
- □ 薄暗い（うすぐら）
- □ 頼もしい（たの）
- □ 勇ましい（いさ）
- □ 蒸し暑い（む・あつ）
- □ とんでもない
- □ ずうずうしい
- □ やむを得ない（え）
- □ 申し訳ない（もう・わけ）

- □ 若々しい（わかわか）
- □ 醜い（みにく）
- □ もったいない
- □ 激しい（はげ）
- □ やかましい
- □ くだらない
- □ そそっかしい
- □ 険しい（けわ）
- □ 厳しい（きび）

- □ 面倒だ（めんどう）
- □ 下品だ（げ ひん）
- □ 適当だ（てきとう）
- □ 明らかだ（あき）
- □ けちだ
- □ 利口だ（り こう）
- □ 明確だ（めいかく）
- □ 夢中だ（む ちゅう）
- □ 安易だ（あん い）

- □ 消極的だ（しょうきょくてき）
- □ 苦手だ（にが て）
- □ 基本的だ（き ほんてき）
- □ 確かだ（たし）
- □ 明白だ（めいはく）
- □ 意地悪だ（い じ わる）
- □ 熱心だ（ねっしん）
- □ 冷静だ（れいせい）
- □ 派手だ（は で）

01 あや
怪しい
수상하다

店(みせ)の前(まえ)に怪(あや)しい男(おとこ)が立(た)っている。
가게 앞에 수상한 남자가 서 있다.

02 うすぐら
薄暗い
어둑하다, 조금 어둡다

↔ 薄明(うすあか)るい
희미하게 밝다

この部屋(へや)は昼(ひる)でも薄暗(うすぐら)い。
이 방은 낮에도 어두컴컴하다.

03 たの
頼もしい
믿음직하다, 듬직하다

おいは頼(たの)もしい青年(せいねん)に成長(せいちょう)した。
조카는 듬직한 청년으로 성장했다.

04 いさ
勇ましい
용맹스럽다, 씩씩하다

＋ 勇気(ゆうき) 용기

選手(せんしゅ)たちは勇(いさ)ましく行進(こうしん)した。
선수들은 씩씩하게 행진했다.

05 む あつ
蒸し暑い
무덥다

日本(にほん)の夏(なつ)は蒸(む)し暑(あつ)いのでつらい。
일본의 여름은 무더워서 괴롭다.

06
とんでもない
터무니없다

とんでもない要求(ようきゅう)をする。
터무니없는 요구를 하다.

07 **ずうずうしい**
뻔뻔스럽다

彼(かれ)は、自分(じぶん)のことしか考(かんが)えないずうずうしい人(ひと)だ。
그는 자기밖에 생각하지 않는 뻔뻔한 사람이다.

08 **やむを得(え)ない**
어쩔 수 없다

+ やむを得(え)ず 어쩔 수 없이

やむを得(え)ない事情(じじょう)で欠席(けっせき)します。
어쩔 수 없는 사정으로 결석하겠습니다.

09 **申(もう)し訳(わけ)ない**
미안하다

約束(やくそく)の時間(じかん)に遅(おく)れて申(もう)し訳(わけ)ない。
약속 시간에 늦어서 미안하다.

10 **若々(わかわか)しい**
젊다, 젊어 보이다

あの人(ひと)はいつも若々(わかわか)しい。
저 사람은 언제나 젊어 보인다.

11 **醜(みにく)い**
못생기다, 보기 흉하다

↔ 美(うつく)しい 아름답다

人(ひと)の悪口(わるぐち)を言(い)うのは醜(みにく)いことだ。
다른 사람을 험담하는 것은 추한 일이다.

12 **もったいない**
아깝다

電気(でんき)をつけたままにするのはもったいない。
불을 켠 채로 두는 것은 아깝다.

13 はげ
激しい
격렬하다, 세차다

外は激しい雨が降っている。
밖은 세찬 비가 내리고 있다.

14
やかましい
시끄럽다, 까다롭다

≒ うるさい 시끄럽다

隣の人にピアノの音がやかましいと言われた。
옆집 사람에게 피아노 소리가 시끄럽다는 소리를 들었다.

15
くだらない
시시하다, 하찮다

≒ つまらない 시시하다

くだらない映画が多いが、この作品はすばらしい。
시시한 영화가 많지만, 이 작품은 훌륭하다.

16
そそっかしい
경솔하다, 조심성 없다

そそっかしくて忘れ物が多い。
조심성이 없어서 물건을 자주 분실한다.

17 けわ
険しい
험하다

険しい山道を歩くのは大変だ。
험한 산길을 걷는 것은 힘들다.

18 きび
厳しい
엄격하다

ミスした後輩に厳しく注意した。
실수한 후배에게 엄하게 주의를 주었다.

Day 29

19 めんどう
面倒だ
번거롭다, 귀찮다
명

いけん ちが ひと はな めんどう
意見が違う人と話すのは面倒なことだ。
의견이 다른 사람과 말하는 것은 번거로운 일이다.

20 げ ひん
下品だ
천박하다, 상스럽다

↔ 上品じょうひんだ 고상하다
명

かれ ことば げ ひん
彼は言葉づかいが下品だ。
그는 말투가 천박하다.

21 てきとう
適当だ
적당하다

や さい てきとう おお き
この野菜を適当な大きさに切ってください。
이 채소를 적당한 크기로 잘라 주세요.

22 あき
明らかだ
분명하다, 명백하다

≒ 明白めいはくだ 명백하다

しっぱい げんいん あき
失敗の原因を明らかにする。
실패의 원인을 명백히 하다.

23
けちだ
인색하다

かれ かね も
彼は金持ちなのにとてもけちだ。
그는 부자인데도 너무 인색하다.

24 り こう
利口だ
영리하다, 똑똑하다

≒ 賢かしこい 영리하다
명

さい り こう
めいは５歳で、とても利口でかわいいです。
조카는 다섯 살로, 너무 똑똑하고 귀엽습니다.

25 めいかく
明確だ
□□□ 명확하다

彼の質問に明確に答えられなかった。
그의 질문에 명확하게 답할 수 없었다.

26 むちゅう
夢中だ
□□□ 열중하다, 푹 빠지다
명

ゲームに夢中になっている。
게임에 푹 빠져 있다.

熱中ねっちゅうする는 좋아하는 것을 열심히 한다는 의미이고, 夢中むちゅうになる는 어느 하나에 마음을 빼앗겨 그것에 넋을 잃은 상태를 말한다.

27 あんい
安易だ
□□□ 안이하다
명

安易な方法では、成功は難しい。
안이한 방법으로는 성공하기 어렵다.

28 しょうきょくてき
消極的だ
□□□ 소극적이다

↔ 積極的せっきょくてきだ 적극적이다

消極的な性格なので、困るときがある。
소극적인 성격이어서 곤란할 때가 있다.

29 にがて
苦手だ
□□□ 서투르다, 자신 없다
명

私は料理が苦手でかなり時間がかかる。
나는 요리가 서툴러서 시간이 꽤 걸린다.

30 きほんてき
基本的だ
□□□ 기본적이다

このクラスでは、基本的な漢字を300字勉強する。
이 클래스에서는 기본적인 한자를 300자 공부한다.

Day 29

31 たし
確かだ
확실하다

≒ 確実かくじつだ 확실하다

たし　じょうほう
確かな情報はまだない。
확실한 정보는 아직 없다.

---

32 めいはく
明白だ
명백하다

≒ 明あきらかだ 분명하다

かれ　はんにん　めいはく
彼が犯人であることは明白だ。
그가 범인이라는 것은 명백하다.

---

33 いじわる
意地悪だ
심술궂다, 짓궂다
명

いじわる　しつもん　あいて　こま
意地悪な質問をして、相手を困らせる。
짓궂은 질문을 해서 상대를 곤란하게 만들다.

---

34 ねっしん
熱心だ
열심이다

≒ 一生懸命いっしょうけんめいだ 열심이다
명

せいひんかいはつ　ねっしん　けんきゅう
製品開発のため、熱心に研究している。
제품 개발을 위해서 열심히 연구하고 있다.

---

35 れいせい
冷静だ
냉정하다, 침착하다
명

かれ　れいせい　たいど　はな
彼は冷静な態度で話した。
그는 냉정한 태도로 말했다.

---

36 はで
派手だ
화려하다
명

ふくそう　しごと　で　はで
この服装は仕事に出るには派手すぎる。
이 복장은 일하러 나가기에는 너무 화려하다.

하루 1분 체크

1 다음 단어의 읽기로 가장 알맞은 것을 a, b 중에서 고르세요.

1. 下品だ (a. かひんだ b. げひんだ)

2. 派手だ (a. はてだ b. はでだ)

3. 醜い (a. みにくい b. みえにくい)

2 다음 단어의 한자 표기로 가장 알맞은 것을 a, b 중에서 고르세요.

4. 험하다(けわしい) (a. 怪しい b. 険しい)

5. 귀찮다(めんどうだ) (a. 面倒だ b. 面到だ)

6. 엄격하다(きびしい) (a. 激しい b. 厳しい)

3 다음 괄호 안에 들어갈 말로 가장 알맞은 것을 a, b 중에서 고르세요.

7. 電気(でんき)をつけたままにするのは(a. もったいない b. くだらない)。

8. 彼(かれ)は、自分(じぶん)のことしか考(かんが)えない(a. たのもしい b. ずうずうしい)人(ひと)だ。

9. 製品開発(せいひんかいはつ)のため、(a. 安易に b. 熱心に)研究(けんきゅう)している。

정답 1ⓑ 2ⓑ 3ⓐ 4ⓑ 5ⓐ 6ⓑ 7ⓐ 8ⓑ 9ⓑ

MP3 01-30

Day 30

□ 미리 보기 → □ 따라 읽기 → □ 단어 암기 → □ 확인 학습

- □ のんびり
- □ こっそり
- □ すっかり
- □ ばったり
- □ 大(たい)して
- □ ずっと
- □ ぎっしり
- □ もしかすると
- □ ようやく
- □ ぶつぶつ
- □ かなり
- □ ながなが
- □ いくら
- □ ぴかぴか
- □ いらいら
- □ まごまご
- □ 徐々(じょじょ)に
- □ 別(べつ)に
- □ 続々(ぞくぞく)
- □ 結局(けっきょく)
- □ 一体(いったい)
- □ 大(おお)いに
- □ 同時(どうじ)に
- □ 相当(そうとう)
- □ 最(もっと)も
- □ たまに
- □ にっこり
- □ ごろごろ
- □ わざと
- □ いっしょうけんめい
- □ じっと
- □ しみじみ
- □ ほっと
- □ だが
- □ だから
- □ または

01 **のんびり**
□□□ 한가롭게, 여유롭게

≒ ゆっくり 천천히
동

休(やす)みの日(ひ)は何(なに)もしないでのんびりしたい。
휴일은 아무것도 하지 않고 한가롭게 지내고 싶다.

02 **こっそり**
□□□ 몰래

彼(かれ)はこっそりと部屋(へや)の中(なか)に入(はい)った。
그는 몰래 방 안으로 들어갔다.

03 **すっかり**
□□□ 완전히

すっかり約束(やくそく)を忘(わす)れていた。
완전히 약속을 잊고 있었다.

04 **ばったり**
□□□ 딱, 우연히

≒ 偶然ぐうぜん 우연히

バス停(てい)でばったり先生(せんせい)に会(あ)った。
버스 정류장에서 우연히 선생님을 만났다.

05 **大(たい)して**
□□□ 그다지

試験(しけん)は大(たい)して難(むずか)しくなかった。
시험은 그다지 어렵지 않았다.

06 **ずっと**
□□□ 계속, 훨씬

会議中(かいぎちゅう)、彼(かれ)はずっと黙(だま)っていた。
회의 중에 그는 계속 침묵하고 있었다.

Chapter 01 Chapter 02 Chapter 03

07 **ぎっしり**
가득, 빽빽이

箱(はこ)の中(なか)にはみかんがぎっしり入(はい)っていた。
상자 안에는 귤이 가득 들어 있었다.

08 **もしかすると**
어쩌면

もしかすると彼(かれ)は来(こ)ないかもしれない。
어쩌면 그는 안 올지도 모른다.

09 **ようやく**
간신히, 마침내

≒ やっと 겨우, 간신히

昨日(きのう)からの雨(あめ)がようやく止(や)んだ。
어제부터 내리던 비가 겨우 그쳤다.

10 **ぶつぶつ**
투덜투덜

彼女(かのじょ)は、ぶつぶつ文句(もんく)ばかり言(い)っている。
그녀는 투덜투덜 불평만 하고 있다.

11 **かなり**
꽤, 상당히

≒ 相当そうとう 상당히

この問題(もんだい)はかなり難(むずか)しい。
이 문제는 상당히 어렵다.

12 **ながなが**
길게, 장황하게

討論(とうろん)はながながと続(つづ)いた。
토론은 길게 이어졌다.

13 **いくら**

아무리(뒤에 ~ても를 수반하여 사용)

≒ どんなに 아무리

いくら探(さが)しても見(み)つからない。

아무리 찾아도 발견되지 않는다.

14 **ぴかぴか**

반짝반짝

≒ きらきら 반짝반짝 동

靴(くつ)をぴかぴかに磨(みが)く。

구두를 반들반들하게 닦다.

ぴかぴか는 광택이 있는, 비교적 면적이 넓은 대상물이 균일하게 빛을 반사한다는 느낌이 강하고, きらきら는 대상물의 일부가 은은하게 빛을 발한다는 느낌을 나타낸다.

15 **いらいら**

안절부절못하는 모습

동

渋滞(じゅうたい)で車(くるま)が進(すす)まず、いらいらした。

정체 때문에 차가 나아가지 않아서 초조했다.

16 **まごまご**

우물쭈물

동

出口(でぐち)が分(わ)からずまごまごしてしまった。

출구를 몰라서 우물쭈물해 버렸다.

17 **徐々に**(じょじょ)

서서히

≒ だんだん 점점

電車(でんしゃ)は徐々(じょじょ)にスピードを上(あ)げた。

전철은 서서히 속도를 올렸다.

18 **別に**(べつ)

별로, 특별히(뒤에 ~ない를 수반하여 사용)

≒ 特別(とくべつ)に 특별히

強(つよ)いチームに負(ま)けたので、別(べつ)に悔(くや)しくない。

강한 팀에게 져서 별로 분하지 않다.

Chapter 01 Chapter 02 Chapter 03

19 ぞくぞく
続々
☐☐☐ 잇달아

≒ 次々つぎつぎ
차례차례, 잇달아

せいと ごうかく し ぞくぞく とど
生徒の合格の知らせが続々と届く。
학생들의 합격 소식이 속속 도착한다.

---

20 けっきょく
結局
☐☐☐ 결국
[명]

なや けっきょくかいしゃ
悩んだが、結局会社をやめることにした。
고민했지만, 결국 회사를 그만두기로 했다.

---

21 いったい
一体
☐☐☐ 도대체

いったいなに い
一体何が言いたいの。
도대체 무엇을 말하고 싶은 거야?

---

22 おお
大いに
☐☐☐ 대단히, 크게

こんや おお の
今夜は大いに飲みましょう。
오늘 밤은 크게(실컷) 마십시다.

---

23 どうじ
同時に
☐☐☐ 동시에

のぼ でんしゃ くだ でんしゃ どうじ しゅっぱつ
上り電車と下り電車が同時に出発する。
상행 전철과 하행 전철이 동시에 출발한다.

---

24 そうとう
相当
☐☐☐ 상당히

≒ かなり 꽤, 제법
[명] [동] [ナ]

かれ そうとうつか
彼は相当疲れているようだ。
그는 상당히 피곤한 것 같다.

25 もっと
最も
가장

にほん　もっと　たか　やま　なん
日本で最も高い山は何ですか。
일본에서 가장 높은 산은 무엇입니까?

26
たまに
간혹, 드물게

わたし　えいが　み
私はたまに映画を見ます。
나는 이따금 영화를 봅니다.

27
にっこり
생긋, 방긋

わら
にっこり笑いながらあいさつをする。
방긋 웃으며 인사를 한다.

28
ごろごろ
데굴데굴, 뒹굴뒹굴

きのう　いちにちじゅういえ
昨日は一日中家でごろごろしていた。
어제는 하루 종일 집에서 뒹굴뒹굴하고 있었다.

+ ころころ 대굴대굴
동

ころころ는 둥글고 작은 물체가 부드럽게 굴러가는 모습을 나타내고, ごろごろ는 어떤 커다란 물체가 매끄럽지 않게 굴러가는 모습을 나타낸다.

29
わざと
일부러

こた　しつもん
わざと答えにくい質問をする。
일부러 대답하기 어려운 질문을 한다.

30
いっしょうけんめい
열심히
명 ナ

ごうかく　べんきょう
合格するため、いっしょうけんめい勉強した。
합격하기 위해서 열심히 공부했다.

Chapter 01 Chapter 02 Chapter 03

Day 30

31 **じっと**
잠자코, 가만히
동

暑くてじっとしていても汗が流れてくる。
더워서 가만히 있어도 땀이 흐른다.

32 **しみじみ**
절실히, 곰곰이

親のありがたさをしみじみと感じる。
부모님의 고마움을 절실히 느낀다.

33 **ほっと**
안심하는 모양
동

彼が無事だという知らせを聞いてほっとした。
그가 무사하다는 소식을 듣고 안심했다.

34 **だが**
하지만

部屋は広くて日当たりもいい。だが、家賃が高すぎる。
방은 넓고 햇볕도 잘 든다. 하지만, 집세가 너무 비싸다.

35 **だから**
그러므로

もう時間がない。だから、急がなければならない。
이제 시간이 없다. 그러니까 서둘러야 한다.

36 **または**
또는

連絡は電話またはメールでお願いします。
연락은 전화 또는 메일로 부탁드립니다.

하루 1분 체크

1 다음 단어의 일본어 표현으로 가장 알맞은 것을 a, b 중에서 고르세요.

1. 잇달아　(a. 続々　b. 結局)

2. 도대체　(a. 相当　b. 一体)

3. 서서히　(a. 徐々に　b. 同時に)

4. 절실히　(a. しみじみ　b. いらいら)

5. 투덜투덜　(a. ながなが　b. ぶつぶつ)

2 다음 빈칸에 들어갈 가장 알맞은 단어를 보기에서 고르세요.

보기　a. こっそり　b. すっかり　c. ぎっしり

6. (　　　)約束(やくそく)を忘(わす)れていた。

7. 彼(かれ)は(　　　)と部屋(へや)の中(なか)に入(はい)った。

8. 箱(はこ)の中(なか)にはみかんが(　　　)入(はい)っていた。

3 다음 괄호 안에 들어갈 말로 가장 알맞은 것을 a, b 중에서 고르세요.

9. 昨日(きのう)の天気予報(てんきよほう)では、今朝(けさ)9時(じ)ごろからは雨(あめ)が降(ふ)るだろうと言(い)っていた。それで傘(かさ)を持(も)って家(いえ)を出(で)た。(**a.** だが　**b.** だから)、雨(あめ)はぜんぜん降(ふ)らなかった。

정답　1ⓐ　2ⓑ　3ⓐ　4ⓐ　5ⓑ　6ⓑ　7ⓐ　8ⓒ　9ⓐ

해석　어제 일기 예보에서는 오늘 아침 9시경부터는 비가 올 것이라고 했다. 그래서 우산을 들고 집을 나섰다. 그렇지만 비는 전혀 내리지 않았다.

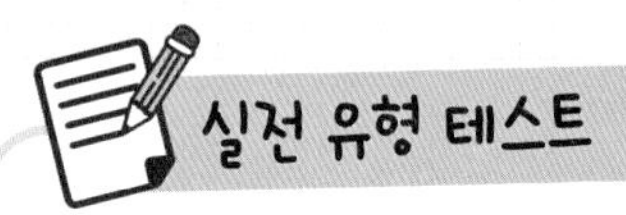

실전 유형 테스트

문제 1　밑줄 친 단어의 읽기 방법으로 가장 알맞은 것을 고르세요. (한자 읽기)

1　パーティーはこれで準備<u>完了</u>ですね。

1 かんり　2 かんよう　3 かんりょう　4 かんぺき

2　両親は<u>畑</u>に出ている。

1 つち　2 はたけ　3 もり　4 はやし

3　何かを<u>学ぶ</u>ことは楽しい。

1 さけぶ　2 ならぶ　3 よろこぶ　4 まなぶ

문제 2　밑줄 친 단어의 한자 표기로 가장 알맞은 것을 고르세요. (한자 표기)

4　彼は事実を<u>かくして</u>いると思う。

1 隠して　2 探して　3 渡して　4 示して

5　今回の<u>とりひき</u>は失敗に終わった。

1 割引　2 取引　3 差引　4 福引

6　森にはどんな<u>はたらき</u>があるでしょうか。

1 動き　2 衝き　3 働き　4 重き

문제 3 빈칸에 들어갈 단어로 가장 알맞은 것을 고르세요. (문맥 규정)

7 収入が(　　　　)生活が苦しくなった。

1 貯まって　2 減って　3 増えて　4 折れて

8 いろいろ調べた結果、事故の原因が(　　　　)なった。

1 明らかに　2 冷静に　3 やかましく　4 正常に

9 この小説は最後まで読んだが、(　　　　)はあまり覚えていない。

1 データ　2 アドレス　3 ストーリー　4 アンケート

문제 4 밑줄 친 단어와 의미가 가장 가까운 것을 고르세요. (유의어)

10 西村(にしむら)さんは<u>利口な</u>人だ。

1 消極的な　2 頭のよい　3 すぐ怒る　4 とてもやさしい

11 私は基本的に彼の<u>プラン</u>には反対だ。

1 活動　2 説明　3 案内　4 計画

12 台風の被害が思ったより少なかったので、<u>安心した</u>。

1 いらいらした　2 じっとした　3 のんびりした　4 ほっとした

➔ 정답과 해석은 다음 페이지에서 확인하세요.

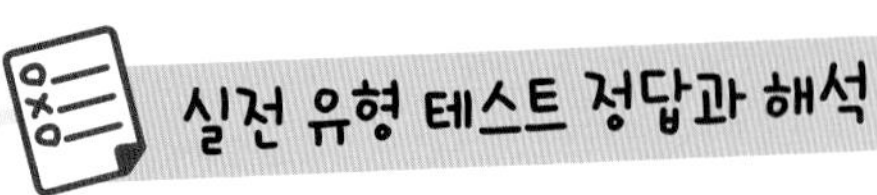

정답 1③ 2② 3④ 4① 5② 6③ 7② 8① 9③ 10② 11④ 12④

	문제 해석	복습하기
1	파티는 이것으로 준비 완료네요.	→ p.191
2	부모님은 밭에 나가 있다.	→ p.181
3	무언가를 배우는 것은 즐겁다.	→ p.210
4	그는 사실을 숨기고 있다고 생각한다.	→ p.194
5	이번 거래는 실패로 끝났다.	→ p.181
6	숲에는 어떤 기능(작용)이 있을까요?	→ p.192
7	수입이 (줄어) 생활이 힘들어졌다.	→ p.218
8	여러 가지 조사한 결과, 사고 원인이 (명백해)졌다.	→ p.248
9	이 소설은 끝까지 읽었는데, (스토리)는 별로 기억나지 않는다.	→ p.185
10	니시무라 씨는 똑똑한 사람이다. 1 소극적인 2 머리가 좋은 3 화를 잘 내는 4 매우 상냥한	→ p.248
11	나는 기본적으로 그의 플랜(계획)에는 반대이다. 1 활동 2 설명 3 안내 4 계획	→ p.241
12	태풍 피해가 생각보다 적어서 안심했다. 1 초조했다 2 가만히 있었다 3 느긋했다 4 안심했다	→ p.258

부록

플러스 단어 480

01	秋(あき) 가을	秋(あき)になると、紅葉(こうよう)がきれいだ。 가을이 되면 단풍이 아름답다.
02	味(あじ) 맛	スープの味(あじ)が薄(うす)かった。 수프 맛이 싱거웠다.
03	安心(あんしん) 안심	子供(こども)が安心(あんしん)して遊(あそ)べる場所(ばしょ)がなくなった。 아이들이 안심하고 놀 수 있는 장소가 없어졌다.
04	医学(いがく) 의학	兄(あに)は大学(だいがく)で医学(いがく)を勉強(べんきょう)している。 오빠(형)는 대학에서 의학을 공부하고 있다.
05	池(いけ) 연못	この池(いけ)はけっこう深(ふか)いです。 이 연못은 제법 깊습니다.
06	意見(いけん) 의견	彼女(かのじょ)は自分(じぶん)の意見(いけん)をはっきり言(い)う。 그녀는 자신의 의견을 분명히 말한다.
07	石(いし) 돌	石(いし)の階段(かいだん)を上(のぼ)った。 돌 계단을 올라갔다.
08	医者(いしゃ) 의사	私(わたし)は将来(しょうらい)医者(いしゃ)になるつもりです。 저는 장래에 의사가 될 생각입니다.
09	田舎(いなか) 시골	田舎(いなか)は空気(くうき)がきれいだ。 시골은 공기가 깨끗하다.
10	命(いのち) 목숨	市民(しみん)の健康(けんこう)と命(いのち)を大切(たいせつ)にする。 시민의 건강과 생명을 소중히 하다.
11	入(い)り口(ぐち) 입구	店(みせ)の入(い)り口(ぐち)に車(くるま)を止(と)めないでください。 가게 입구에 차를 세우지 마세요.
12	飲酒(いんしゅ) 음주	彼(かれ)は飲酒運転(いんしゅうんてん)で事故(じこ)を起(お)こした。 그는 음주 운전으로 사고를 냈다.
13	受付(うけつけ) 접수, 접수처	国際会議(こくさいかいぎ)の受付(うけつけ)に案内(あんない)の人(ひと)がいた。 국제회의 접수처에 안내원이 있었다.
14	海(うみ) 바다	海(うみ)でたくさん泳(およ)ぎました。 바다에서 실컷 수영했습니다.
15	裏(うら) 뒤쪽, 반대쪽	コンビニは銀行(ぎんこう)の裏(うら)にあります。 편의점은 은행 뒤쪽에 있습니다.

16	**売り場**(うりば) 매장	おもちゃ**売り場**(うりば)は5階(かい)です。 장난감 매장은 5층입니다.
17	**上着**(うわぎ) 겉옷, 상의	**上着**(うわぎ)の内側(うちがわ)にポケットがあります。 상의 안쪽에 주머니가 있습니다.
18	**運**(うん) 운, 운수	今日(きょう)は**運**(うん)よく席(せき)に座(すわ)ることができた。 오늘은 운 좋게 자리에 앉을 수 있었다.
19	**運動**(うんどう) 운동	最近(さいきん)**運動**(うんどう)するひまがない。 요즘 운동할 틈이 없다.
20	**絵**(え) 그림	この景色(けしき)はまるで**絵**(え)のようだ。 이 경치는 마치 그림 같다.
21	**駅員**(えきいん) 역무원	**駅員**(えきいん)に出口(でぐち)を聞(き)いた。 역무원에게 출구를 물었다.
22	**枝**(えだ) 가지	公園(こうえん)の木(き)の**枝**(えだ)を折(お)ってはいけません。 공원의 나뭇가지를 꺾어서는 안 됩니다.
23	**遠足**(えんそく) 소풍	明日(あした)は**遠足**(えんそく)に行(い)きます。 내일은 소풍을 갑니다.
24	**遠慮**(えんりょ) 사양, 삼감	ここではタバコは**遠慮**(えんりょ)してください。 여기에서는 담배는 삼가 주세요.
25	**大雨**(おおあめ) 큰비, 폭우	**大雨**(おおあめ)のために電車(でんしゃ)がおくれました。 폭우 때문에 전철이 지연되었습니다.
26	**大家**(おおや) 집주인	**大家**(おおや)さんにあいさつに行(い)った。 집주인에게 인사하러 갔다.
27	**屋上**(おくじょう) 옥상	エレベーターで**屋上**(おくじょう)まで上(あ)がりました。 엘리베이터로 옥상까지 올라갔습니다.
28	**贈り物**(おくりもの) 선물	この時計(とけい)は母(はは)にもらった**贈り物**(おくりもの)です。 이 시계는 어머니에게 받은 선물입니다.
29	**お酒**(おさけ) 술	昨日(きのう)、**お酒**(おさけ)を飲(の)みすぎた。 어제 술을 너무 많이 마셨다.
30	**押入れ**(おしいれ) 반침, 벽장	**押入れ**(おしいれ)をきれいに片(かた)づけた。 벽장을 깨끗하게 치웠다.

플러스 단어 480

31	お宅(たく) 댁	昨日(きのう)、先生(せんせい)のお宅(たく)を訪(たず)ねた。 어제 선생님 댁을 방문했다.
32	夫(おっと) 남편	夫(おっと)と一緒(いっしょ)に散歩(さんぽ)に行(い)った。 남편과 함께 산책을 갔다.
33	お手洗(てあら)い 화장실	お手洗(てあら)いはどこにありますか。 화장실은 어디에 있습니까?
34	音(おと) 소리	テレビの音(おと)が聞(き)こえます。 TV 소리가 들립니다.
35	落(お)とし物(もの) 분실물	落(お)とし物(もの)を交番(こうばん)に届(とど)けました。 분실물을 파출소에 신고(전달)했습니다.
36	オフィス 오피스, 사무실	東京(とうきょう)はオフィスが多(おお)い。 도쿄는 사무실이 많다.
37	おもちゃ 장난감	子供(こども)はいつも新(あたら)しいおもちゃをほしがる。 아이는 언제나 새 장난감을 갖고 싶어 한다.
38	海外(かいがい) 해외	今度(こんど)の休(やす)みに海外旅行(かいがいりょこう)に行(い)きたいです。 이번 방학(휴가)에 해외여행을 가고 싶습니다.
39	会議(かいぎ) 회의	会議(かいぎ)の時間(じかん)が決(き)まった。 회의 시간이 정해졌다.
40	外国(がいこく) 외국	田中(たなか)さんは外国(がいこく)に行(い)ったことがありますか。 다나카 씨는 외국에 간 적이 있습니까?
41	会社員(かいしゃいん) 회사원	父(ちち)は会社員(かいしゃいん)です。 아버지는 회사원입니다.
42	外出(がいしゅつ) 외출	雨(あめ)が降(ふ)りそうなので、外出(がいしゅつ)しません。 비가 올 것 같아서 외출하지 않습니다.
43	買(か)い物(もの) 쇼핑	母(はは)は買(か)い物(もの)に出(で)かけたまま、帰(かえ)ってこない。 어머니는 쇼핑하러 나간 채 돌아오지 않는다.
44	科学(かがく) 과학	私(わたし)は科学(かがく)の本(ほん)を読(よ)むのが好(す)きです。 나는 과학책을 읽는 것을 좋아합니다.
45	火事(かじ) 화재, 불	昨日(きのう)、うちの近(ちか)くで火事(かじ)があった。 어제 우리 집 근처에서 화재가 있었다.

46	**歌手** 가수	世界的に有名な**歌手**が日本に来るそうだ。 세계적으로 유명한 가수가 일본에 온다고 한다.
47	**風** 바람	外は**風**が強い。 밖은 바람이 세다.
48	**風邪** 감기	**風邪**で学校を休んだ。 감기로 학교를 쉬었다(결석했다).
49	**肩** 어깨	**肩**にかばんをかける。 어깨에 가방을 메다.
50	**形** 모양, 형태	この皿はおもしろい**形**をしていますね。 이 접시는 재미있는 모양을 하고 있네요.
51	**片道** 편도	**片道**の切符を買った。 편도 표를 샀다.
52	**家庭** 가정	彼女は明るい**家庭**で育った。 그녀는 밝은 가정에서 자랐다.
53	**壁** 벽	玄関の**壁**に帽子がかけてあります。 현관 벽에 모자가 걸려 있습니다.
54	**紙** 종이	**紙**を動物の形に切った。 종이를 동물 모양으로 잘랐다.
55	**画面** 화면	テレビは**画面**が大きいほうがいいと思う。 TV는 화면이 큰 편이 좋다고 생각한다.
56	**カロリー** 칼로리	**カロリー**をとりすぎると太る。 칼로리를 너무 많이 섭취하면 살이 찐다.
57	**川** 강, 개천	友だちと一緒に**川**で遊んだ。 친구와 함께 강에서 놀았다.
58	**期間** 기간	受付**期間**は今日から二週間です。 접수 기간은 오늘부터 2주간입니다.
59	**技術** 기술	この仕事には高い**技術**が要求される。 이 일에는 높은 기술이 요구된다.
60	**季節** 계절	日本には四つの**季節**がある。 일본에는 사계절이 있다.

플러스 단어 480

61	北(きた) 북(쪽)	北海道(ほっかいどう)は日本(にほん)の北(きた)にあります。 홋카이도는 일본 북쪽에 있습니다.
62	切手(きって) 우표	封筒(ふうとう)に切手(きって)をはってください。 봉투에 우표를 붙여 주세요.
63	切符(きっぷ) 표, 티켓	駅(えき)で切符(きっぷ)を買(か)います。 역에서 표를 삽니다.
64	気分(きぶん) 기분, 컨디션	暑(あつ)さのせいで気分(きぶん)が悪(わる)くなった。 더위 때문에 컨디션이 나빠졌다.
65	急行(きゅうこう) 급행	急行電車(きゅうこうでんしゃ)に乗(の)った。 급행 전철을 탔다.
66	牛肉(ぎゅうにく) 소고기	あの店(みせ)は牛肉(ぎゅうにく)の料理(りょうり)で有名(ゆうめい)だ。 저 가게는 소고기 요리로 유명하다.
67	牛乳(ぎゅうにゅう) 우유	毎日牛乳(まいにちぎゅうにゅう)をたくさん飲(の)んでいる。 매일 우유를 많이 마시고 있다.
68	教育(きょういく) 교육	彼女(かのじょ)は子(こ)どもの教育(きょういく)で悩(なや)んでいる。 그녀는 자녀 교육으로 고민하고 있다.
69	教室(きょうしつ) 교실	毎朝(まいあさ) 8 時(じ)に教室(きょうしつ)に入(はい)ります。 매일 아침 8시에 교실에 들어갑니다.
70	兄弟(きょうだい) 형제	二人(ふたり)はまるで本当(ほんとう)の兄弟(きょうだい)のようだ。 둘은 마치 친형제 같다.
71	去年(きょねん) 작년	去年(きょねん)の夏(なつ)は暑(あつ)くなかったです。 작년 여름은 덥지 않았습니다.
72	銀行(ぎんこう) 은행	会社(かいしゃ)の近(ちか)くに銀行(ぎんこう)があります。 회사 근처에 은행이 있습니다.
73	具合(ぐあい) 상태	昨日(きのう)から体(からだ)の具合(ぐあい)が悪(わる)いです。 어제부터 몸 상태가 좋지 않습니다.
74	空気(くうき) 공기	工場(こうじょう)の中(なか)は空気(くうき)が汚(きたな)い。 공장 안은 공기가 나쁘다.
75	空港(くうこう) 공항	友(とも)だちを迎(むか)えに空港(くうこう)に行(い)った。 친구를 마중하러 공항에 갔다.

76	**草**(くさ) 풀	庭(にわ)に**草**(くさ)や花(はな)がたくさんある。 정원에 풀과 꽃이 많이 있다.
77	**薬**(くすり) 약	この**薬**(くすり)は1日(にち)に3回(かい)飲(の)んでください。 이 약은 하루에 세 번 드세요.
78	**果物**(くだもの) 과일	この**果物**(くだもの)は甘(あま)くておいしいです。 이 과일은 달고 맛있습니다.
79	**国**(くに) 나라	これはどこの**国**(くに)の車(くるま)ですか。 이것은 어느 나라 자동차입니까?
80	**雲**(くも) 구름	空(そら)に**雲**一(くもひと)つない。 하늘에 구름 한 점 없다.
81	**クリーニング** (드라이)클리닝	スカートは**クリーニング**に出(だ)した。 스커트는 드라이클리닝을 맡겼다.
82	**計画**(けいかく) 계획	旅行(りょこう)の**計画**(けいかく)を立(た)てた。 여행 계획을 세웠다.
83	**経済**(けいざい) 경제	東京(とうきょう)は日本(にほん)の**経済**(けいざい)の中心(ちゅうしん)だ。 도쿄는 일본 경제의 중심이다.
84	**警察**(けいさつ) 경찰	スピード違反(いはん)で**警察**(けいさつ)に捕(つか)まった。 속도위반으로 경찰에 붙잡혔다.
85	**けが** 상처, 부상	階段(かいだん)で転(ころ)んで**けが**をした。 계단에서 넘어져서 부상을 입었다.
86	**今朝**(けさ) 오늘 아침	**今朝**(けさ)の新聞(しんぶん)、読(よ)みましたか。 오늘 아침 신문, 보셨나요?
87	**景色**(けしき) 경치	ここから見(み)える**景色**(けしき)は、本当(ほんとう)にすばらしい。 여기서 보이는 경치는 정말 훌륭하다.
88	**結果**(けっか) 결과	テストの**結果**(けっか)が心配(しんぱい)だ。 시험 결과가 걱정이다.
89	**決定**(けってい) 결정	多(おお)くの人々(ひとびと)がその**決定**(けってい)に反対(はんたい)している。 많은 사람들이 그 결정에 반대하고 있다.
90	**結論**(けつろん) 결론	何回会議(なんかいかいぎ)をやっても**結論**(けつろん)が出(で)ない。 몇 번 회의를 해도 결론이 나오지 않는다.

플러스 단어 480

91	煙(けむり) 연기	**煙**(けむり)が目(め)に入(はい)って涙(なみだ)が流(なが)れた。 연기가 눈에 들어가 눈물이 흘렀다.
92	けんか 싸움	**けんか**をして、友(とも)だちを泣(な)かせた。 싸움을 해서 친구를 울렸다.
93	見物(けんぶつ) 구경	町(まち)を**見物**(けんぶつ)しに出(で)かけた。 마을을 구경하러 나갔다.
94	公開(こうかい) 공개	今日(きょう)は**公開**授業(こうかいじゅぎょう)があります。 오늘은 공개 수업이 있습니다.
95	郊外(こうがい) 교외	静(しず)かな**郊外**(こうがい)に引(ひ)っ越(こ)した。 조용한 교외로 이사했다.
96	講義(こうぎ) 강의	山田先生(やまだせんせい)の**講義**(こうぎ)が始(はじ)まった。 야마다 선생님의 강의가 시작됐다.
97	工業(こうぎょう) 공업	日本(にほん)は**工業**(こうぎょう)がさかんです。 일본은 공업이 왕성합니다.
98	交差点(こうさてん) 교차로	あそこの**交差点**(こうさてん)を右(みぎ)に曲(ま)がってください。 저 교차로를 오른쪽으로 도세요.
99	工事(こうじ) 공사	**工事**(こうじ)の音(おと)がうるさい。 공사 소리가 시끄럽다.
100	紅茶(こうちゃ) 홍차	コーヒーより**紅茶**(こうちゃ)のほうが好(す)きだ。 커피보다 홍차를 더 좋아한다.
101	行動(こうどう) 행동	ここでは自由(じゆう)に**行動**(こうどう)してもいいです。 여기에서는 자유롭게 행동해도 좋습니다.
102	講堂(こうどう) 강당	**講堂**(こうどう)に集(あつ)まって校長(こうちょう)の話(はなし)を聞(き)いた。 강당에 모여서 교장 선생님의 이야기를 들었다.
103	後輩(こうはい) 후배	**後輩**(こうはい)に注意(ちゅうい)した。 후배에게 주의를 주었다.
104	交番(こうばん) 파출소	すみません、**交番**(こうばん)はどこですか。 실례합니다, 파출소는 어디입니까?
105	声(こえ) (목)소리	もっと大(おお)きな**声**(こえ)で言(い)ってください。 너 큰 소리로 말해 주세요.

106	氷 (こおり)	얼음	寒くて手が氷のように冷たくなった。 추워서 손이 얼음처럼 차가워졌다.
107	午後 (ごご)	오후	明日の午後３時に来てください。 내일 오후 3시에 와 주세요.
108	心 (こころ)	마음	彼は心が優しい人です。 그는 마음이 착한 사람입니다.
109	故障 (こしょう)	고장	車が故障して困っている。 차가 고장 나서 곤란하다.
110	午前 (ごぜん)	오전	午前８時までに教室に入ってください。 오전 8시까지 교실에 들어오세요.
111	米 (こめ)	쌀	このお酒は米から作りました。 이 술은 쌀로 만들었습니다.
112	最後 (さいご)	최후, 마지막	私はつまらない本でも最後まで読みます。 나는 재미없는 책이라도 끝까지 읽습니다.
113	最初 (さいしょ)	최초, 처음	最初に名前を書いてください。 제일 먼저 이름을 써 주세요.
114	財布 (さいふ)	지갑	かばんの中に財布を入れた。 가방 속에 지갑을 넣었다.
115	坂 (さか)	비탈, 언덕	この町には坂が多い。 이 마을에는 비탈이 많다.
116	魚 (さかな)	생선, 물고기	夕飯は魚を焼いて食べた。 저녁은 생선을 구워 먹었다.
117	作品 (さくひん)	작품	新しい作品を作っている。 새로운 작품을 만들고 있다.
118	作家 (さっか)	작가	好きな作家の小説を読む。 좋아하는 작가의 소설을 읽는다.
119	皿 (さら)	접시	食事が終わったら、皿を洗ってください。 식사가 끝나면 접시를 씻어 주세요.
120	賛成 (さんせい)	찬성	彼女は私の意見に賛成してくれた。 그녀는 내 의견에 찬성해 주었다.

플러스 단어 480

121	しあい 試合	시합, 경기	テレビでサッカーの試合を見た。 TV로 축구 경기를 보았다.
122	しけん 試験	시험	明日は試験があります。 내일은 시험이 있습니다.
123	じしん 地震	지진	日本は地震が多い。 일본은 지진이 많다.
124	しっけ 湿気	습기	日本の夏は湿気が多い。 일본의 여름은 습기가 많다.
125	じてん 辞典	사전	本屋で国語辞典を買いました。 서점에서 국어사전을 샀습니다.
126	じてんしゃ 自転車	자전거	家から学校まで自転車で行きます。 집에서 학교까지 자전거로 갑니다.
127	しない 市内	시내	このバスは市内をゆっくり回る。 이 버스는 시내를 천천히 돈다.
128	しはら 支払い	지불	支払いはカードでお願いします。 지불은 카드로 부탁드립니다.
129	じぶん 自分	자기 자신, 나	自分のことは自分でする。 자기 일은 스스로 한다.
130	しまい 姉妹	자매	あの姉妹は、本当によく似ている。 저 자매는 정말 많이 닮았다.
131	しみん 市民	시민	市民の安全を一番に考える。 시민의 안전을 제일로 생각한다.
132	しゃしん 写真	사진	公園で、写真をたくさんとりました。 공원에서 사진을 많이 찍었습니다.
133	しゃちょう 社長	사장	松本さんは大きい会社の社長です。 마쓰모토 씨는 큰 회사의 사장입니다.
134	しゃどう 車道	차도	車は車道を走らなければなりません。 차는 차도를 달려야 합니다.
135	しゅうかん 習慣	습관, 관습	まだ日本の習慣を知らない。 아직 일본의 관습을 모른다.

136	**住所**(じゅうしょ) 주소	この紙(かみ)に名前(なまえ)と**住所**(じゅうしょ)を書(か)いてください。 이 종이에 이름과 주소를 적어 주세요.
137	**主人**(しゅじん) 주인, 남편	**主人**(しゅじん)は銀行(ぎんこう)に勤(つと)めている。 남편은 은행에 근무하고 있다.
138	**出席**(しゅっせき) 출석, 참석	会議(かいぎ)には社長(しゃちょう)も**出席**(しゅっせき)する予定(よてい)です。 회의에는 사장님도 참석할 예정입니다.
139	**出発**(しゅっぱつ) 출발	そのバスは何時(なんじ)に**出発**(しゅっぱつ)しますか。 그 버스는 몇 시에 출발합니까?
140	**出版**(しゅっぱん) 출판	今年(ことし)の春(はる)から**出版**社(しゅっぱんしゃ)で働(はたら)いています。 올해 봄부터 출판사에서 일하고 있습니다.
141	**準備**(じゅんび) 준비	パーティーのためにいろいろ**準備**(じゅんび)をする。 파티를 위해 여러 가지 준비를 하다.
142	**紹介**(しょうかい) 소개	両親(りょうしん)に友(とも)だちを**紹介**(しょうかい)しました。 부모님께 친구를 소개했습니다.
143	**小説**(しょうせつ) 소설	彼(かれ)の**小説**(しょうせつ)は英語(えいご)に翻訳(ほんやく)されている。 그의 소설은 영어로 번역되어 있다.
144	**招待**(しょうたい) 초대	友(とも)だちを**招待**(しょうたい)してパーティーをした。 친구를 초대해서 파티를 했다.
145	**将来**(しょうらい) 장래	あなたの**将来**(しょうらい)の夢(ゆめ)は何(なん)ですか。 당신의 장래 희망은 무엇입니까?
146	**食事**(しょくじ) 식사	いっしょに**食事**(しょくじ)に行(い)きませんか。 함께 식사하러 가지 않겠습니까?
147	**食品**(しょくひん) 식품	**食品**(しょくひん)売(う)り場(ば)は地下(ちか)にあります。 식품 매장은 지하에 있습니다.
148	**植物**(しょくぶつ) 식물	この**植物**園(しょくぶつえん)にはめずらしい**植物**(しょくぶつ)が多(おお)い。 이 식물원에는 희귀한 식물이 많다.
149	**人口**(じんこう) 인구	町(まち)の**人口**(じんこう)が多(おお)くなりました。 마을 인구가 많아졌습니다.
150	**新年**(しんねん) 신년, 새해	**新年**(しんねん)、あけましておめでとうございます。 새해 복 많이 받으세요(신년 인사).

플러스 단어 480

151 **新聞**(しんぶん) 신문
父(ちち)は毎朝(まいあさ)**新聞**(しんぶん)を読(よ)みます。
아버지는 매일 아침 신문을 읽습니다.

152 **心理**(しんり) 심리
人(ひと)の**心理**(しんり)を理解(りかい)するのは難(むずか)しい。
사람의 심리를 이해하는 것은 어렵다.

153 **水泳**(すいえい) 수영
一週間(いっしゅうかん)に２回(かい)、**水泳**(すいえい)をしています。
일주일에 두 번, 수영을 하고 있습니다.

154 **水道**(すいどう) 수도
水道料金(すいどうりょうきん)が上(あ)がった。
수도 요금이 올랐다.

155 **睡眠**(すいみん) 수면
睡眠(すいみん)は、十分(じゅうぶん)取(と)ったほうがいい。
수면은 충분하게 취하는 것이 좋다.

156 **数学**(すうがく) 수학
数学(すうがく)は自信(じしん)がありません。
수학은 자신이 없습니다.

157 **砂**(すな) 모래
砂(すな)の上(うえ)に座(すわ)って海(うみ)を見(み)た。
모래 위에 앉아 바다를 보았다.

158 **生活**(せいかつ) 생활
彼(かれ)は**生活**(せいかつ)に困(こま)っているという。
그는 생활에 어려움을 겪고 있다고 한다.

159 **生産**(せいさん) 생산
来月(らいげつ)から新(あたら)しい製品(せいひん)の**生産**(せいさん)を始(はじ)める。
다음 달부터 새 제품의 생산을 시작한다.

160 **セール** 세일
セールでセーターを買(か)いました。
세일 때 스웨터를 샀습니다.

161 **世界**(せかい) 세계
この店(みせ)では**世界**(せかい)の料理(りょうり)が食(た)べられる。
이 가게에서는 세계의 요리를 먹을 수 있다.

162 **説明**(せつめい) 설명
カメラを買(か)う前(まえ)に、店員(てんいん)の**説明**(せつめい)を聞(き)いた。
카메라를 사기 전에 점원의 설명을 들었다.

163 **背中**(せなか) 등, 뒤쪽
後(うし)ろから**背中**(せなか)を押(お)されてびっくりした。
뒤쪽에서 등을 떠밀려서 깜짝 놀랐다.

164 **専攻**(せんこう) 전공
大学(だいがく)で歴史(れきし)を**専攻**(せんこう)している。
대학에서 역사를 전공하고 있다.

165 **全国**(ぜんこく) 전국
スポーツの**全国**大会(ぜんこくたいかい)が開(ひら)かれた。
스포츠 전국 대회가 열렸다.

166	せんざい 洗剤 세제	洗濯をするとき、洗剤を使います。 빨래를 할 때 세제를 사용합니다.
167	せんじつ 先日 지난번, 요전번	先日、高校時代の友だちに会った。 요전번에 고교 시절 친구를 만났다.
168	せんそう 戦争 전쟁	戦争が起きないように願っている。 전쟁이 일어나지 않도록 기원하고 있다.
169	ぜんたい 全体 전체	全体の内容を簡単にまとめる。 전체 내용을 간단히 정리하다.
170	せんたく 選択 선택	四つの中から一つを選択する。 4개 중에서 하나를 선택하다.
171	せんたく 洗濯 세탁, 빨래	洗濯物はまだ乾いていない。 빨래는 아직 마르지 않았다.
172	せんぱい 先輩 선배	先輩に就職する会社を紹介してもらった。 선배에게 취직할 회사를 소개받았다.
173	そとがわ 外側 바깥쪽	お店の外側にメニューをはっておく。 가게 바깥쪽에 메뉴를 붙여 두다.
174	そふ 祖父 할아버지	祖父は毎朝散歩に行きます。 할아버지는 매일 아침 산책을 갑니다.
175	そぼ 祖母 할머니	祖母は甘いものが好きです。 할머니는 단것을 좋아합니다.
176	そら 空 하늘	急に空が暗くなった。 갑자기 하늘이 어두워졌다.
177	たいいん 退院 퇴원	祖母は元気になって昨日退院した。 할머니는 건강해져서 어제 퇴원했다.
178	たいふう 台風 태풍	台風のために、木がたくさん倒れました。 태풍 때문에 나무가 많이 쓰러졌습니다.
179	だいり 代理 대리	上司の代理でメールを送った。 상사를 대리하여 메일을 보냈다.
180	たけ 竹 대나무	竹で箸を作りました。 대나무로 젓가락을 만들었습니다.

플러스 단어 480

181	畳(たたみ)	다다미(방에 까는 바닥재)	畳のある部屋が好きです。	다다미가 있는 방을 좋아합니다.
182	建物(たてもの)	건물	地震で建物がこわれました。	지진으로 건물이 파손되었습니다.
183	棚(たな)	선반	荷物は棚の上にあげてください。	짐은 선반 위에 올려 주세요.
184	旅(たび)	여행	バイクで旅するのは楽なものではない。	오토바이로 여행하는 일은 편한 것은 아니다.
185	食べ物(たべもの)	음식	食べ物は十分用意してあります。	음식은 충분히 준비되어 있습니다.
186	男子(だんし)	남자	男子マラソンで日本がトップになった。	남자 마라톤에서 일본이 정상에 올랐다.
187	地下鉄(ちかてつ)	지하철	タクシーより地下鉄のほうが速いでしょう。	택시보다 지하철 쪽이 빠를 것입니다.
188	力(ちから)	힘	弟は私より力が強いです。	남동생은 나보다 힘이 셉니다.
189	地図(ちず)	지도	地図を見ながら部屋を探すことができる。	지도를 보면서 방을 찾을 수 있다.
190	茶色(ちゃいろ)	갈색	校長先生は茶色のスーツを着ている。	교장 선생님은 갈색 정장을 입고 있다.
191	注意(ちゅうい)	주의	この皿は割れやすいから注意してください。	이 접시는 깨지기 쉬우니 주의하세요.
192	中止(ちゅうし)	중지	今回の旅行は中止することになった。	이번 여행은 중지하게 되었다.
193	都合(つごう)	사정, 형편	その日はちょっと都合が悪いです。	그날은 좀 형편이 안 좋습니다.
194	手紙(てがみ)	편지	友だちに手紙を書いた。	친구에게 편지를 썼다.
195	デザート	디저트	デザートにアイスクリームを出す。	디저트로 아이스크림을 제공하다

196	店員(てんいん) 점원	昼間は大学で勉強し、夜は**店員**をしている。 낮에는 대학에서 공부하고 밤에는 점원을 하고 있다.
197	動物(どうぶつ) 동물	**動物**は火を怖がります。 동물들은 불을 무서워합니다.
198	通り(とおり) 도로, 통로	大きい**通り**は横断歩道を渡ってください。 큰 도로는 횡단보도를 건너세요.
199	途中(とちゅう) 도중	ひどい雨で、電車が**途中**で止まった。 심한 비로 전철이 도중에 멈춰 섰다.
200	特急(とっきゅう) 특급	大阪まで**特急**で行った。 오사카까지 특급으로 갔다.
201	ドライブ 드라이브	休みの日には**ドライブ**に行きます。 쉬는 날에는 드라이브하러 갑니다.
202	鳥(とり) 새	木の上で**鳥**が鳴いています。 나무 위에서 새가 울고 있습니다.
203	内部(ないぶ) 내부	美術館の**内部**は本当に広かった。 미술관 내부는 정말로 넓었다.
204	夏(なつ) 여름	**夏**になると海に行きたくなります。 여름이 되면 바다에 가고 싶어집니다.
205	名前(なまえ) 이름	**名前**は大きく書いてください。 이름은 크게 써 주세요.
206	肉(にく) 고기	冷蔵庫に**肉**が入れてあります。 냉장고에 고기가 들어 있습니다.
207	西(にし) 서(쪽)	たくさんの鳥が**西**のほうに飛んでいく。 많은 새가 서쪽으로 날아간다.
208	庭(にわ) 정원, 마당	**庭**に花を植えた。 정원에 꽃을 심었다.
209	人形(にんぎょう) 인형	この**人形**は妹にあげるプレゼントです。 이 인형은 여동생에게 줄 선물입니다.
210	バイク 오토바이	店の前に**バイク**を止める。 가게 앞에 오토바이를 세우다.

플러스 단어 480

211	はこ **箱** 상자	箱を開けたら、お菓子が入っていた。 상자를 열었더니 과자가 들어 있었다.
212	てい **バス停** 버스 정류장	バス停でバスを待つ。 버스 정류장에서 버스를 기다리다.
213	はな **花** 꽃	この花の名前を知っていますか。 이 꽃 이름을 아십니까?
214	はなび **花火** 불꽃	浴衣を着て花火大会を見に行く。 유카타를 입고 불꽃놀이를 구경하러 간다.
215	はなみ **花見** 꽃놀이	春の花見はやはり桜ですよ。 봄의 꽃놀이는 역시 벚꽃이지요.
216	はやし **林** 숲	この林にはいろいろな木があります。 이 숲에는 여러 가지 나무가 있습니다.
217	はる **春** 봄	春になると、たくさんの花が咲きます。 봄이 되면 많은 꽃이 핍니다.
218	ばんごう **番号** 번호	郵便局の電話番号を知っていますか。 우체국 전화번호를 아십니까?
219	はんぶん **半分** 절반	もらったりんごは半分友だちにあげました。 받은 사과는 절반 친구에게 주었습니다.
220	ひがし **東** 동(쪽)	日は東から出て西に入る。 해는 동쪽에서 떠서 서쪽으로 진다.
221	びょうき **病気** 병	木村さんは病気のため、会社をやめた。 기무라 씨는 병 때문에 회사를 그만두었다.
222	ぶか **部下** 부하	部下に仕事を頼んだ。 부하에게 일을 부탁했다.
223	ふとん **布団** 이불	ベッドの代わりに、布団で寝る。 침대 대신 이불에서 잔다.
224	ふね **船** 배	船に乗って島に行く。 배를 타고 섬에 간다.
225	ふゆ **冬** 겨울	冬になると、スキーに行く。 겨울이 되면 스키를 타러 간다.

226	ブレーキ	브레이크, 제동	急(きゅう)ブレーキをかける。	급제동을 걸다.
227	文化(ぶんか)	문화	あの国(くに)の文化(ぶんか)に興味(きょうみ)がある。	저 나라의 문화에 관심이 있다.
228	文書(ぶんしょ)	문서	パソコンで文書(ぶんしょ)を作(つく)る。	컴퓨터로 문서를 만든다.
229	部屋(へや)	방	自分(じぶん)の部屋(へや)をきれいにする。	자신의 방을 깨끗이 하다.
230	返事(へんじ)	대답, 답장	手紙(てがみ)の返事(へんじ)をまだ書(か)いていません。	편지의 답장을 아직 쓰지 않았습니다.
231	弁当(べんとう)	도시락	お弁当(べんとう)と飲(の)み物(もの)を持(も)ってきてください。	도시락과 음료수를 가져오세요.
232	ボーナス	보너스	夏(なつ)のボーナスで海外旅行(かいがいりょこう)を予定(よてい)している。	여름 보너스로 해외여행을 예정하고 있다.
233	星(ほし)	별	冬(ふゆ)は星(ほし)がきれいに見(み)えます。	겨울은 별이 예쁘게 보입니다.
234	ポスター	포스터	壁(かべ)にポスターがはってあります。	벽에 포스터가 붙어 있습니다.
235	歩道(ほどう)	인도	人(ひと)は歩道(ほどう)を歩(ある)かなければならない。	사람은 인도를 걸어야 한다.
236	骨(ほね)	뼈	年(とし)をとると、骨(ほね)が折(お)れやすくなる。	나이를 먹으면 뼈가 부러지기 쉬워진다.
237	本気(ほんき)	본심, 진심	彼(かれ)は本気(ほんき)で怒(おこ)っているようだ。	그는 진심으로 화내고 있는 것 같다.
238	本棚(ほんだな)	책장, 책꽂이	本棚(ほんだな)から本(ほん)を出(だ)す。	책장에서 책을 꺼내다.
239	本屋(ほんや)	책방, 서점	駅(えき)の前(まえ)に大(おお)きい本屋(ほんや)があります。	역 앞에 큰 서점이 있습니다.
240	町(まち)	마을, 거리	暇(ひま)だったので、町(まち)をぶらぶらした。	한가해서 거리를 천천히 걸었다.

플러스 단어 480

241	道(みち) 길	毎朝(まいあさ)、学生(がくせい)たちがこの道(みち)を通(とお)ります。 매일 아침 학생들이 이 길을 지나갑니다.
242	港(みなと) 항구	船(ふね)が港(みなと)を出(で)る。 배가 항구를 떠난다.
243	南(みなみ) 남(쪽)	南(みなみ)の地方(ちほう)でも雪(ゆき)が降(ふ)ることがある。 남쪽 지방에서도 눈이 올 때가 있다.
244	虫(むし) 벌레	窓(まど)を開(あ)けたら、虫(むし)が入(はい)ってきた。 창문을 열었더니 벌레가 들어왔다.
245	娘(むすめ) 딸	娘(むすめ)は今年(ことし)、大学(だいがく)に入学(にゅうがく)した。 딸은 올해 대학에 입학했다.
246	村(むら) 마을	この村(むら)の老人(ろうじん)はみんな元気(げんき)だ。 이 마을의 노인은 모두 건강하다.
247	メール 메일	毎日(まいにち)メールをチェックしている。 매일 메일을 체크하고 있다.
248	森(もり) 숲	森(もり)の中(なか)にはいろいろな動物(どうぶつ)がいる。 숲 속에는 다양한 동물이 있다.
249	夜間(やかん) 야간	夜間(やかん)に診察(しんさつ)してくれる病院(びょういん)は少(すく)ない。 야간에 진찰해 주는 병원은 적다.
250	約束(やくそく) 약속	約束(やくそく)したから、あの人(ひと)は来(く)るはずだ。 약속했으니까 그 사람은 올 것이다.
251	野菜(やさい) 야채, 채소	毎日果物(まいにちくだもの)や野菜(やさい)を食(た)べることにしている。 매일 과일과 채소를 먹기로 하고 있다.
252	山道(やまみち) 산길	友(とも)だちと山道(やまみち)を歩(ある)いた。 친구와 산길을 걸었다.
253	輸入(ゆにゅう) 수입	海外(かいがい)からの輸入(ゆにゅう)が増(ふ)えている。 해외로부터의 수입이 늘고 있다.
254	指(ゆび) 손가락	指(ゆび)にけがをした。 손가락을 다쳤다.
255	指輪(ゆびわ) 반지	夫(おっと)にもらった指輪(ゆびわ)をなくしてしまった。 남편에게 받은 반지를 잃어버렸다.

256	**夢**(ゆめ) 꿈	彼(かれ)には大(おお)きな**夢**(ゆめ)がある。 그에게는 큰 꿈이 있다.
257	**用意**(ようい) 준비	料理(りょうり)の材料(ざいりょう)はこちらで**用意**(ようい)します。 요리 재료는 저희 쪽에서 준비하겠습니다.
258	**予習**(よしゅう) 예습	**予習**(よしゅう)することもあるし、しないこともある。 예습할 때도 있고 안 할 때도 있다.
259	**予想**(よそう) 예상	みんな彼女(かのじょ)の合格(ごうかく)を**予想**(よそう)していた。 모두 그녀의 합격을 예상하고 있었다.
260	**夜空**(よぞら) 밤하늘	**夜空**(よぞら)に星(ほし)が光(ひか)っている。 밤하늘에 별이 빛나고 있다.
261	**夜中**(よなか) 밤중, 한밤중	帰宅(きたく)が**夜中**(よなか)になることもある。 귀가가 한밤중이 되는 경우도 있다.
262	**予防**(よぼう) 예방	風邪(かぜ)を**予防**(よぼう)するため、手(て)をきれいに洗(あら)う。 감기를 예방하기 위해서 손을 깨끗하게 씻는다.
263	**予約**(よやく) 예약	このレストランは、**予約**(よやく)が必要(ひつよう)だ。 이 레스토랑은 예약이 필요하다.
264	**利用**(りよう) 이용	本(ほん)を借(か)りるときは、**利用**(りよう)カードが必要(ひつよう)です。 책을 빌릴 때는 이용 카드가 필요합니다.
265	**料理**(りょうり) 요리	あの人(ひと)は**料理**(りょうり)がとても上手(じょうず)です。 저 사람은 요리를 정말 잘합니다.
266	**旅行**(りょこう) 여행	**旅行**(りょこう)に行(い)く前(まえ)にかばんを買(か)った。 여행 가기 전에 가방을 샀다.
267	**歴史**(れきし) 역사	**歴史**(れきし)の授業(じゅぎょう)はおもしろい。 역사 수업은 재미있다.
268	**列車**(れっしゃ) 열차	**列車**(れっしゃ)の窓(まど)の外(そと)に見(み)える景色(けしき)がきれいだ。 열차의 차창 밖으로 보이는 경치가 아름답다.
269	**練習**(れんしゅう) 연습	試合(しあい)に勝(か)つために、毎日**練習**(まいにちれんしゅう)している。 시합에 이기기 위해서 매일 연습하고 있다.
270	**連絡**(れんらく) 연락	会議(かいぎ)の予定(よてい)が決(き)まったら、**連絡**(れんらく)します。 회의 예정이 결정되면 연락하겠습니다.

플러스 단어 480

271	老人(ろうじん) 노인	朝(あさ)の運動(うんどう)は老人(ろうじん)にはよくないらしい。 아침 운동은 노인에게는 좋지 않다는 것 같다.
272	若者(わかもの) 젊은이	アルバイトをして生活(せいかつ)する若者(わかもの)も多(おお)い。 아르바이트를 하여 생활하는 젊은이도 많다.
273	忘(わす)れ物(もの) 분실물, 물건을 잃어버림	上田(うえだ)さんはよく忘(わす)れ物(もの)をする。 우에다 씨는 자주 물건을 잃어버린다.
274	話題(わだい) 화제	最近(さいきん)の話題(わだい)について話(はな)し合(あ)った。 최근의 화제에 대해서 서로 이야기했다.
275	合(あ)う 맞다, 일치하다	つくえといすの高(たか)さが合(あ)わない。 책상과 의자의 높이가 맞지 않는다.
276	空(あ)く 비다	電車(でんしゃ)で空(あ)いた席(せき)に座(すわ)る。 전철에서 빈자리에 앉는다.
277	預(あず)かる 맡다	友(とも)だちの子供(こども)を預(あず)かる。 친구의 아이를 맡다.
278	与(あた)える 주다	国(くに)は彼(かれ)に働(はたら)くチャンスを与(あた)えた。 국가는 그에게 일할 기회를 주었다.
279	集(あつ)まる 모이다	みんな講堂(こうどう)に集(あつ)まってください。 모두 강당으로 모이세요.
280	謝(あやま)る 사과하다	友(とも)だちに待(ま)たせたことを謝(あやま)った。 친구에게 기다리게 한 것을 사과했다.
281	洗(あら)う 씻다	家(いえ)に帰(かえ)ったらまず手(て)を洗(あら)いましょう。 집에 돌아오면 먼저 손을 씻읍시다.
282	生(い)きる 살다	祖父(そふ)は100歳(さい)まで生(い)きた。 할아버지는 100세까지 살았다.
283	祈(いの)る 빌다, 기원하다	皆(みな)さんの合格(ごうかく)を祈(いの)ります。 여러분의 합격을 기원합니다.
284	祝(いわ)う 축하하다	子供(こども)の入学(にゅうがく)を祝(いわ)う。 아이의 입학을 축하하다.
285	受(う)かる 합격하다	試験(しけん)に受(う)かってうれしい。 시험에 합격해서 기쁘다.

286	受(う)ける	받다	料理(りょうり)は注文(ちゅうもん)を受(う)けてから作(つく)っています。	음식은 주문을 받고 나서 만들고 있습니다.
287	動(うご)く	움직이다	故障(こしょう)で車(くるま)が動(うご)かない。	고장으로 차가 움직이지 않는다.
288	打(う)つ	치다, 때리다	キーボードを打(う)つ。	키보드를 치다.
289	売(う)る	팔다	アイスクリームはどこで売(う)っていますか。	아이스크림은 어디서 팔고 있습니까?
290	選(えら)ぶ	고르다, 선택하다	母(はは)にあげるプレゼントを選(えら)ぶ。	어머니께 드릴 선물을 고르다.
291	送(おく)る	보내다	友(とも)だちにメールを送(おく)る。	친구에게 메일을 보내다.
292	行(おこな)う	실시하다	卒業式(そつぎょうしき)は講堂(こうどう)で行(おこな)います。	졸업식은 강당에서 실시합니다.
293	押(お)す	누르다, 밀다	ドアを押(お)して開(あ)ける。	문을 밀어서 열다.
294	落(お)ちる	떨어지다	床(ゆか)に財布(さいふ)が落(お)ちている。	바닥에 지갑이 떨어져 있다.
295	踊(おど)る	춤추다	子供(こども)たちが楽(たの)しそうに踊(おど)っている。	아이들이 신나게 춤추고 있다.
296	思(おも)う	생각하다	親(おや)を大切(たいせつ)に思(おも)う。	부모를 소중하게 생각한다.
297	降(お)ろす	내리다	トランクから荷物(にもつ)を降(お)ろす。	트렁크에서 짐을 내리다.
298	変(か)える	바꾸다	気分(きぶん)を変(か)えるには散歩(さんぽ)がいちばんいい。	기분을 바꾸는 데는 산책이 제일 좋다.
299	飾(かざ)る	장식하다, 꾸미다	店(みせ)の入口(いりぐち)を花(はな)で飾(かざ)る。	가게 입구를 꽃으로 장식하다.
300	勝(か)つ	이기다	がんばって、試合(しあい)に勝(か)ちたい。	열심히 해서 시합에 이기고 싶다.

플러스 단어 480

301	通う 다니다(통학, 통근)	自転車で学校に通っている。 자전거로 학교에 다니고 있다.
302	乾かす 말리다, 건조시키다	洗ったズボンを乾かす。 빨래한 바지를 말리다.
303	変わる 바뀌다, 변하다	集合時間が９時から８時に変わった。 집합 시간이 9시에서 8시로 바뀌었다.
304	考える 생각하다	よく考えてから返事をする。 잘 생각하고 나서 대답을 하다.
305	聞こえる 들리다	テレビの音がよく聞こえない。 TV 소리가 잘 들리지 않는다.
306	決まる 결정되다	会議の日にちが決まった。 회의 날짜가 정해졌다.
307	決める 결정하다	誕生日のプレゼントをネクタイに決めた。 생일 선물을 넥타이로 결정했다.
308	切る 자르다, 끊다	はさみで枝を切る。 가위로 나뭇가지를 자르다.
309	着る 입다	このシャツは小さくて着られない。 이 셔츠는 작아서 못 입는다.
310	曇る 흐리다	空が西から曇ってきた。 하늘이 서쪽에서부터 흐려지기 시작했다.
311	暮らす 살다, 생활하다	学生時代は京都で暮らした。 학창 시절에는 교토에서 살았다.
312	比べる 비교하다	去年に比べて弟は背が高くなった。 작년에 비해 남동생은 키가 커졌다.
313	暮れる 저물다, 해가 지다	冬は日が暮れるのが早い。 겨울은 해가 지는 것이 빠르다.
314	答える 대답하다	質問に大きな声で答える。 질문에 큰 소리로 대답하다.
315	壊れる 부서지다, 고장 나다	壊れた車を修理する。 고장 난 차를 수리하다.

316	**探(さが)す** 찾다	映画館(えいがかん)で空(あ)いた席(せき)を**探(さが)す**。 영화관에서 빈자리를 찾다.
317	**下(さ)がる** 내려가다	昨日(きのう)より気温(きおん)が**下(さ)がった**。 어제보다 기온이 내려갔다.
318	**下(さ)げる** 내리다, 낮추다	温度(おんど)を23度(ど)まで**下(さ)げる**。 온도를 23도까지 낮추다.
319	**支払(しはら)う** 지불하다	毎月(まいつき)家賃(やちん)を**支払(しはら)う**。 매달 임대료를 지불한다.
320	**締(し)める** (끈, 넥타이를) 매다	ネクタイを**締(し)めて**出(で)かける。 넥타이를 매고 외출한다.
321	**調(しら)べる** 조사하다, 찾아보다	辞書(じしょ)で単語(たんご)を**調(しら)べる**。 사전으로 단어를 찾아보다.
322	**知(し)る** 알다	この問題(もんだい)の答(こた)えを**知(し)って**いますか。 이 문제의 답을 알고 있습니까?
323	**捨(す)てる** 버리다	要(い)らないものを**捨(す)てる**。 필요 없는 것을 버리다.
324	**住(す)む** 살다, 거주하다	兄(あに)は東京(とうきょう)の郊外(こうがい)に**住(す)んで**いる。 형은 도쿄 교외에 살고 있다.
325	**助(たす)ける** 구조하다, 돕다	困(こま)った時(とき)、友達(ともだち)に**助(たす)けて**もらった。 곤란할 때 친구에게 도움받았다.
326	**建(た)てる** (건물을) 짓다, 건설하다	新(あたら)しい家(いえ)を**建(た)てる**ことにした。 새 집을 짓기로 했다.
327	**使(つか)う** 사용하다	ボールペンを**使(つか)って**サインする。 볼펜을 사용하여 서명하다.
328	**着(つ)く** 도착하다	東京(とうきょう)に**着(つ)いたら**連絡(れんらく)してください。 도쿄에 도착하면 연락하세요.
329	**作(つく)る** 만들다	石油(せきゆ)からプラスチックを**作(つく)る**。 석유로 플라스틱을 만든다.
330	**続(つづ)ける** 계속하다	休(やす)まず研究(けんきゅう)を**続(つづ)ける**。 쉬지 않고 연구를 계속하다.

플러스 단어 480

331	積(つ)もる 쌓이다	外(そと)は雪(ゆき)が積(つ)もってきれいだ。 밖은 눈이 쌓여서 아름답다.
332	出(で)かける 나가다	母(はは)と一緒(いっしょ)に買(か)い物(もの)に出(で)かける。 어머니와 함께 쇼핑하러 나간다.
333	泊(と)まる 묵다, 숙박하다	昨日(きのう)は友(とも)だちの家(いえ)に泊(と)まった。 어제는 친구 집에 묵었다.
334	止(と)まる 멈추다, 서다	悲(かな)しくて涙(なみだ)が止(と)まらない。 슬퍼서 눈물이 그치지 않는다.
335	撮(と)る (사진을) 찍다	旅行(りょこう)に行(い)ってたくさん写真(しゃしん)を撮(と)った。 여행을 가서 사진을 많이 찍었다.
336	直(なお)す 고치다(수리하다, 수정하다)	壊(こわ)れた自転車(じてんしゃ)を直(なお)してもらった。 고장 난 자전거를 수리받았다.
337	並(なら)べる 늘어놓다, 진열하다	テーブルに料理(りょうり)を並(なら)べる。 테이블에 요리를 늘어놓다.
338	似(に)る 닮다	妹(いもうと)は顔(かお)が母(はは)に似(に)ている。 여동생은 얼굴이 어머니를 닮았다.
339	脱(ぬ)ぐ 벗다	玄関(げんかん)で靴(くつ)を脱(ぬ)いで上(あ)がる。 현관에서 신발을 벗고 들어간다.
340	盗(ぬす)む 훔치다	外国(がいこく)でパスポートを盗(ぬす)まれると大変(たいへん)だ。 외국에서 여권을 도둑맞으면 큰일이다.
341	残(のこ)る 남다	会社(かいしゃ)に残(のこ)って仕事(しごと)を続(つづ)ける。 회사에 남아 일을 계속하다.
342	運(はこ)ぶ 옮기다, 운반하다	車(くるま)で荷物(にもつ)を運(はこ)んだ。 차로 짐을 옮겼다.
343	話(はな)す 이야기하다	思(おも)っていることを全部(ぜんぶ)話(はな)した。 생각하고 있는 것을 전부 말했다.
344	はる 붙이다	教室(きょうしつ)に大(おお)きな地図(ちず)がはってある。 교실에 큰 지도가 붙어 있다.
345	晴(は)れる 날씨가 개다, 맑다	週末(しゅうまつ)はよく晴(は)れるらしい。 주말에는 아주 맑다는 것 같다.

346	光(ひか)る 빛나다, 반짝이다	くつがぴかぴか光(ひか)っている。 구두(신발)가 반짝이고 있다.
347	引(ひ)っ越(こ)す 이사하다	東京(とうきょう)から大阪(おおさか)へ引(ひ)っ越(こ)すことになった。 도쿄에서 오사카로 이사하게 되었다.
348	拾(ひろ)う 줍다	公園(こうえん)のごみを拾(ひろ)ってきれいにする。 공원의 쓰레기를 주워서 깨끗하게 하다.
349	増(ふ)える 증가하다, 늘다	観光客(かんこうきゃく)が去年(きょねん)より増(ふ)えた。 관광객이 지난해보다 늘었다.
350	踏(ふ)む 밟다	電車(でんしゃ)の中(なか)でだれかに足(あし)を踏(ふ)まれた。 전철 안에서 누군가에 발을 밟혔다.
351	まいる 가다, 오다(겸양 표현)	まもなく電車(でんしゃ)がまいります。 곧 전철이 옵니다.
352	任(まか)せる 맡기다	細(こま)かい仕事(しごと)は部下(ぶか)に任(まか)せる。 사소한 일은 부하에게 맡긴다.
353	巻(ま)く 말다, 감다	首(くび)にマフラーを巻(ま)いて外(そと)に出(で)た。 목에 머플러를 두르고 밖으로 나갔다.
354	負(ま)ける 지다, 패배하다	試合(しあい)に負(ま)けてしまった。 시합에 지고 말았다.
355	待(ま)つ 기다리다	ここで待(ま)っています。 여기서 기다리고 있겠습니다.
356	まとめる 정리하다, (하나로) 모으다	みんなの意見(いけん)を一(ひと)つにまとめる。 모두의 의견을 하나로 모으다.
357	招(まね)く 부르다, 초대하다	友(とも)だちを招(まね)いてパーティーをする。 친구를 불러서 파티를 하다.
358	回(まわ)る 돌다	一日(いちにち)では市内(しない)を全部(ぜんぶ)見(み)て回(まわ)れない。 하루 안에는 시내를 전부 구경하며 돌아다닐 수 없다.
359	見(み)える 보이다	窓(まど)から富士山(ふじさん)が見(み)えた。 창에서 후지산이 보였다.
360	申(もう)し込(こ)む 신청하다	マラソン大会(たいかい)に参加(さんか)を申(もう)し込(こ)んだ。 마라톤 대회에 참가 신청을 했다.

플러스 단어 480

361	戻る(もど)	돌아오다	3時(じ)までに会社(かいしゃ)に戻(もど)らなければならない。	3시까지 회사로 돌아가지 않으면 안 된다.
362	役立つ(やくだ)	도움이 되다, 쓸모 있다	この料理(りょうり)の本(ほん)はあまり役立(やくだ)たない。	이 요리책은 별로 쓸모가 없다.
363	休む(やす)	쉬다	風邪(かぜ)で学校(がっこう)を休(やす)む。	감기로 학교를 쉬다.
364	破る(やぶ)	찢다, 깨다	約束(やくそく)は破(やぶ)ってはいけません。	약속은 깨서는 안 됩니다.
365	分かる(わ)	알다, 이해하다	あなたの気持(きも)ちはよく分(わ)かりました。	당신 마음은 잘 알겠습니다.
366	分かれる(わ)	나뉘다	二台(にだい)のバスに分(わ)かれて観光(かんこう)する。	두 대의 버스로 나뉘어 관광한다.
367	忘れる(わす)	잊어버리다, 물건을 두고 오다	友(とも)だちとの約束(やくそく)を忘(わす)れてしまった。	친구들과의 약속을 잊어버렸다.
368	渡す(わた)	건네다, 넘겨주다	このコピーを部長(ぶちょう)に渡(わた)してください。	이 복사물을 부장님께 전해 주세요.
369	割る(わ)	쪼개다, 깨뜨리다	皿(さら)を落(お)として割(わ)ってしまった。	접시를 떨어뜨려 깨 버렸다.
370	青い(あお)	파랗다, 푸르다	今日(きょう)は空(そら)が青(あお)い。	오늘은 하늘이 파랗다.
371	赤い(あか)	빨갛다, 붉다	りんごの色(いろ)が赤(あか)い。	사과 색이 빨갛다.
372	暖かい(あたた)	따뜻하다	今日(きょう)は昨日(きのう)より暖(あたた)かいですね。	오늘은 어제보다 따뜻하네요.
373	新しい(あたら)	새롭다	新(あたら)しいレストランに行(い)ってみました。	새로운 레스토랑에 가 보았습니다.
374	熱い(あつ)	뜨겁다	お湯(ゆ)を沸(わ)かして、熱(あつ)いお茶(ちゃ)を飲(の)んだ。	물을 끓여서 뜨거운 차를 마셨다.
375	暑い(あつ)	덥다	今年(ことし)の夏(なつ)は去年(きょねん)より暑(あつ)いです。	올해 여름은 작년보다 덥습니다.

376	危(あぶ)ない 위험하다	早(はや)く手術(しゅじゅつ)をしないと、命(いのち)が危(あぶ)ない。 빨리 수술을 하지 않으면 생명이 위험하다.
377	甘(あま)い 달다	この果物(くだもの)は甘(あま)くておいしいです。 이 과일은 달고 맛있습니다.
378	忙(いそが)しい 바쁘다	父(ちち)はいつも仕事(しごと)で忙(いそが)しい。 아버지는 항상 일 때문에 바쁘다.
379	薄(うす)い 얇다	パンを薄(うす)く切(き)ります。 빵을 얇게 자릅니다.
380	うるさい 시끄럽다	工事(こうじ)の音(おと)がうるさい。 공사 소리가 시끄럽다.
381	うれしい 기쁘다	就職(しゅうしょく)が決(き)まってうれしかった。 취직이 결정되어 기뻤다.
382	多(おお)い 많다	日本(にほん)は雨(あめ)が多(おお)い国(くに)だ。 일본은 비가 많이 내리는 나라이다.
383	大(おお)きい 크다	字(じ)をもっと大(おお)きく書(か)いてください。 글자를 더 크게 써 주세요.
384	おとなしい 얌전하다, 온순하다	おとなしい彼(かれ)が怒(おこ)るのは珍(めずら)しい。 온순한 그가 화를 내는 것은 드문 일이다.
385	重(おも)い 무겁다	かばんに辞書(じしょ)を入(い)れたら、重(おも)くなった。 가방에 사전을 넣었더니 무거워졌다.
386	かっこいい 멋지다	自分(じぶん)をかっこよく見(み)せたい。 자신을 멋지게 보이고 싶다.
387	悲(かな)しい 슬프다	友(とも)だちと別(わか)れるのは悲(かな)しい。 친구와 헤어지는 것은 슬프다.
388	辛(から)い 맵다	このカレーはとても辛(から)い。 이 카레는 너무 맵다.
389	軽(かる)い 가볍다	軽(かる)い運動(うんどう)は体(からだ)にいいです。 가벼운 운동은 몸에 좋습니다.
390	かわいい 귀엽다, 사랑스럽다	この犬(いぬ)はかわいいですね。 이 개는 귀엽네요.

플러스 단어 480

391	暗(くら)い 어둡다	外(そと)は暗(くら)いですから、気(き)をつけてくださいね。 밖은 어두우니까 조심하세요.
392	黒(くろ)い 검다	長(なが)くて黒(くろ)い傘(かさ)を持(も)って家(いえ)を出(で)ました。 길고 검은 우산을 들고 집을 나섰습니다.
393	寂(さび)しい 외롭다, 쓸쓸하다	君(きみ)がいなくて寂(さび)しい。 네가 없어서 쓸쓸하다.
394	寒(さむ)い 춥다	夏(なつ)は暑(あつ)く、冬(ふゆ)は寒(さむ)い。 여름은 덥고 겨울은 춥다.
395	少(すく)ない 적다	この会社(かいしゃ)は休(やす)みが少(すく)ない。 이 회사는 쉬는 날이 적다.
396	すごい 대단하다, 굉장하다	昨日(きのう)はすごい雨(あめ)だった。 어제는 엄청난 비가 내렸다.
397	涼(すず)しい 시원하다, 선선하다	明日(あした)は今日(きょう)より涼(すず)しいでしょう。 내일은 오늘보다 선선하겠습니다.
398	素晴(すば)らしい 훌륭하다	この山(やま)の景色(けしき)は本当(ほんとう)に素晴(すば)らしい。 이 산의 경치는 정말 훌륭하다.
399	高(たか)い 높다, 비싸다	このレストランは値段(ねだん)が高(たか)い。 이 레스토랑은 가격이 비싸다.
400	正(ただ)しい 바르다, 옳다	その答(こた)えは正(ただ)しい。 그 대답은 옳다.
401	楽(たの)しい 즐겁다	友(とも)だちと遊(あそ)んで楽(たの)しかった。 친구랑 놀아서 즐거웠다.
402	近(ちか)い 가깝다	会社(かいしゃ)は駅(えき)に近(ちか)い便利(べんり)なところにあります。 회사는 역에 가까운 편리한 곳에 있습니다.
403	冷(つめ)たい 차갑다	冷(つめ)たいジュースを飲(の)む。 차가운 주스를 마신다.
404	強(つよ)い 강하다	風(かぜ)が強(つよ)いから、窓(まど)を開(あ)けないでください。 바람이 강하게 부니까 창문을 열지 마세요.
405	つらい 괴롭다, 힘들다	彼(かれ)はつらいことがあっても涙(なみだ)を見(み)せない。 그는 힘든 일이 있어도 눈물을 보이지 않는다.

406	とお 遠い 멀다	駅は家から遠いので時間がかかります。 역은 집에서 멀어서 시간이 걸립니다.
407	なが 長い 길다	ミカさんはあの髪の長い人です。 미카 씨는 저기 머리가 긴 사람입니다.
408	にが 苦い 씁쓸하다	少し苦いビールがおいしいです。 조금 쓴 맥주가 맛있습니다.
409	にく 憎い 밉다	今まで人を憎いと思ったことはない。 지금까지 사람이 밉다고 생각한 적은 없다.
410	ねむ 眠い 졸리다	学生は眠そうに講義を聞いています。 학생은 졸린 듯이 강의를 듣고 있습니다.
411	は 恥ずかしい 부끄럽다	そんなこと、恥ずかしくて言えません。 그런 일은 부끄러워서 말할 수 없습니다.
412	ひく 低い 낮다	山田さんは背が低いです。 야마다 씨는 키가 작습니다.
413	ひどい 심하다	ひどい風で木がたくさん倒れたそうです。 심한 바람으로 나무가 많이 쓰러졌다고 합니다.
414	ひろ 広い 넓다	学校の前に広い公園がある。 학교 앞에 넓은 공원이 있다.
415	ふと 太い 굵다	このグラフの太い線を見てください。 이 그래프의 굵은 선을 보세요.
416	ふる 古い 낡다	かばんが古くなったので、新しいのを買った。 가방이 낡아졌기 때문에 새것을 샀다.
417	ほ 欲しい 갖고 싶다	走ってきたので冷たい飲み物が欲しい。 달려왔기 때문에 시원한 음료를 마시고 싶다.
418	ほそ 細い 가늘다	細くて長い傘を買いました。 가늘고 긴 우산을 샀습니다.
419	むずか 難しい 어렵다	この歌は好きですが、少し難しいです。 이 노래는 좋아합니다만, 조금 어렵습니다.
420	めずら 珍しい 드물다, 희귀하다	動物園で珍しい鳥を見ました。 동물원에서 희귀한 새를 보았습니다.

플러스 단어 480

421	易しい 쉽다	テストの問題は易しかった。 시험 문제는 쉬웠다.
422	優しい 상냥하다	田中さんは優しい人です。 다나카 씨는 상냥한 사람입니다.
423	安い 싸다	できるだけ安いほうがいいです。 가능하면 싼 편이 좋습니다.
424	柔らかい 부드럽다	このパンは柔らかくておいしい。 이 빵은 부드럽고 맛있다.
425	よろしい 좋다(いい보다 정중한 말)	今日は気分がよろしい。 오늘은 기분이 좋다.
426	弱い 약하다	彼は、体が弱くてよく会社を休む。 그는 몸이 약해서 자주 회사를 쉰다.
427	悪い 나쁘다, 좋지 않다	たばこは体に悪いからやめたほうがいいよ。 담배는 몸에 안 좋으니까 끊는 편이 좋아.
428	いやだ 싫다	仕事がいやになる。 일이 싫어진다.
429	同じだ 같다(뒤에 명사가 오는 경우, な는 붙지 않는다)	兄と同じ学校に入学する。 형과 같은 학교에 입학한다.
430	可能だ 가능하다	これは実現可能な計画ではない。 이것은 실현 가능한 계획이 아니다.
431	かわいそうだ 불쌍하다	病気で動けない弟がかわいそうだ。 병으로 움직일 수 없는 남동생이 불쌍하다.
432	完全だ 완전하다	病気はまだ完全に治っていません。 병은 아직 완전히 낫지 않았습니다.
433	きらいだ 싫다, 싫어하다	私は掃除がきらいです。 나는 청소를 싫어합니다.
434	きれいだ 예쁘다, 깨끗하다	きれいな花が咲いている。 예쁜 꽃이 피어 있다.
435	元気だ 건강하다, 활기차다	早く元気になってください。 빨리 건강해지세요.

436	失礼だ(しつれい) 실례가 되다, 무례하다	そんな失礼なことは言わないでください。 그런 실례가 되는 말은 하지 마세요.
437	重要だ(じゅうよう) 중요하다	これは重要な書類である。 이것은 중요한 서류이다.
438	上手だ(じょうず) 능숙하다	いくら練習しても上手になりません。 아무리 연습해도 능숙해지지 않습니다.
439	丈夫だ(じょうぶ) 튼튼하다	山田さんは体が丈夫です。 야마다 씨는 몸이 튼튼합니다.
440	好きだ(す) 좋아하다	父はお酒が好きだ。 아버지는 술을 좋아한다.
441	すてきだ 멋있다	すてきな洋服を着ている。 멋진 옷을 입고 있다.
442	素直だ(すなお) 온순하다, 고분고분하다	素直に話を聞く。 순순히 말을 듣는다.
443	正確だ(せいかく) 정확하다	正確な意味を辞書で調べる。 정확한 뜻을 사전에서 찾아본다.
444	大丈夫だ(だいじょうぶ) 괜찮다, 문제없다	時間は大丈夫ですか。 시간은 괜찮습니까?
445	にぎやかだ 떠들썩하다, 번화하다	昨日のパーティーはとてもにぎやかだった。 어제 파티는 매우 떠들썩했다.
446	ひまだ 한가하다	私は、ひまになると、映画を見ます。 나는 한가해지면 영화를 봅니다.
447	不思議だ(ふしぎ) 이상하다, 신기하다	不思議な夢を見る。 신기한 꿈을 꾸다.
448	不便だ(ふべん) 불편하다	ここは交通が不便だ。 여기는 교통이 불편하다.
449	平気だ(へいき) 태연하다	彼女は平気でうそをつく。 그녀는 태연하게 거짓말을 한다.
450	便利だ(べんり) 편리하다	近くにコンビニがあって便利だ。 근처에 편의점이 있어서 편리하다.

플러스 단어 480

451	まじめだ 성실하다	まじめに勉強したら成績が上がった。 착실하게 공부했더니 성적이 올랐다.
452	豊かだ 풍부하다, 풍족하다	経済の発展で生活が豊かになった。 경제 발전으로 생활이 풍요로워졌다.
453	あまり 별로, 그다지	試合に勝てるかどうか、あまり自信がない。 시합에 이길 수 있을지 어떨지 별로 자신이 없다.
454	きっと 반드시, 분명히	君ならきっと合格するよ。 너라면 분명히 합격할 거야.
455	けっこう 꽤, 제법	この池はけっこう深いです。 이 연못은 제법 깊습니다.
456	すべて 모두, 전부	彼女は漢字をすべて覚えてしまった。 그녀는 한자를 전부 외워 버렸다.
457	すると 그러자, 그랬더니	ドアをノックした。すると、友だちが出てきた。 문을 두드렸다. 그러자 친구가 나왔다.
458	そして 그리고	彼女は英語が話せる。そして、中国語も話せる。 그녀는 영어를 할 수 있다. 그리고 중국어도 할 수 있다.
459	それほど 그 정도로, 그다지	それほど難しくないと思う。 그다지 어렵지 않다고 생각한다.
460	そんなに 그렇게	そんなに心配しなくてもいい。 그렇게 걱정하지 않아도 된다.
461	大抵 대개, 대부분	休みの日は大抵家で過ごす。 휴일은 대개 집에서 보낸다.
462	だいぶ 상당히, 꽤	この映画を見たのは、だいぶ昔だった。 이 영화를 본 것은 꽤 옛날이었다.
463	例えば 예를 들면	冬のスポーツ、例えばスキーが好きです。 겨울 스포츠, 예를 들면 스키를 좋아합니다.
464	多分 아마	多分彼は来ないでしょう。 아마 그는 오지 않겠지요.
465	ちっとも 조금도, 전혀	この本はちっともおもしろくない。 이 책은 조금도 재미없다.

466	**ちょうど** 정확히, 방금 막	今ちょうど帰ってきたところです。 지금 막 돌아온 참입니다.
467	**できるだけ** 가능한 한	できるだけ早く返事をください。 가능한 한 빨리 답장을 주세요.
468	**とうとう** 끝내, 마침내	あの会社はとうとう倒産してしまった。 저 회사는 끝내 도산하고 말았다.
469	**特に** 특히, 특별하게	辞書は、特に外国語の学習に必要だ。 사전은 특히 외국어 학습에 필요하다.
470	**どんどん** 척척(순조로움), 계속	意見がある方はどんどん言ってください。 의견이 있으신 분은 계속해서 말해 주세요.
471	**どんなに** 아무리	どんなに遅くても5時までには戻ります。 아무리 늦어도 5시까지는 돌아오겠습니다.
472	**なかなか** 꽤, 상당히, 좀처럼(~않다)	待っているのに、なかなかバスが来ない。 기다리고 있는데도 좀처럼 버스가 오지 않는다.
473	**はじめて** 처음으로	はじめて彼と会ったのは、3年前です。 처음 그와 만난 것은 3년 전입니다.
474	**はじめに** 우선, 먼저	はじめに私から報告いたします。 먼저 저부터 보고 드리겠습니다.
475	**はっきり** 분명히	自分の意見をはっきり言う。 자신의 의견을 분명히 말하다.
476	**非常に** 매우	彼女は非常に親切な人です。 그녀는 매우 친절한 사람입니다.
477	**ほとんど** 거의, 대부분	レポートはほとんど終わりました。 리포트는 거의 끝났습니다.
478	**もし** 만약	もし明日雨が降ったら中止になります。 만약 내일 비가 오면 중지됩니다.
479	**やっと** 겨우, 간신히	5時間も話し合って、やっと結論が出た。 5시간이나 상의해서 겨우 결론이 나왔다.
480	**やはり** 역시	彼はやはり来なかった。 그는 역시 오지 않았다.

색인

あ행

색인

색인

색인

색인

색인

さ행

색인

색인

색인

색인

색인

색인

な행

색인

は행

색인

색인

색인

ら 행

색인

일단 합격하고 오겠습니다

JLPT 일본어 능력시험 단어장

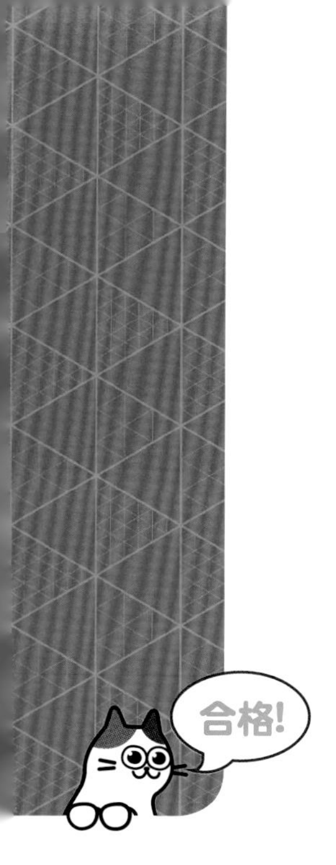

키포인트 핸드북

동양북스

키포인트 핸드북 활용법

중요 단어

시험장에서 중요도 높은 단어를 빠르게 훑어볼 수 있도록 본책의 1순위 단어를 정리했습니다.

중요 단어

단어	뜻	단어	뜻
岩(いわ)	바위	指示(しじ)	지시
息(いき)	숨	全部(ぜんぶ)	전부
合図(あいず)	신호	家賃(やちん)	집세
努力(どりょく)	노력	現在(げんざい)	현재
表面(ひょうめん)	표면	案内(あんない)	안내
目的(もくてき)	목적	協力(きょうりょく)	협력
料金(りょうきん)	요금	地球(ちきゅう)	지구
活動(かつどう)	활동	解決(かいけつ)	해결
意志(いし)	의지	希望(きぼう)	희망
応募(おうぼ)	응모	原料(げんりょう)	원료
外食(がいしょく)	외식	整理(せいり)	정리
性格(せいかく)	성격	自由(じゆう)	자유
訪問(ほうもん)	방문	笑(わら)う	웃다
影響(えいきょう)	영향	集(あつ)める	모으다
空席(くうせき)	공석, 빈자리	届(とど)ける	전달하다, 배달하다, 신고하다
首都(しゅと)	수도	包(つつ)む	포장하다
卒業(そつぎょう)	졸업	疲(つか)れる	피로하다, 지치다
未来(みらい)	미래	頼(たの)む	부탁하다, 주문하다

단어	뜻	단어	뜻
しお 塩	소금	はっけん 発見	발견
みずうみ 湖	호수	たいりょく 体力	체력
とうじつ 当日	당일	あいて 相手	상대
ねんじゅう　ねんちゅう 年中／年中	일 년 내내	ふあん 不安	불안
そうだん 相談	상담	けいさん 計算	계산
ぶんしょう 文章	문장	せいかい 正解	정답
ないしょ 内緒	비밀	もくひょう 目標	목표
かんさつ 観察	관찰	しゅちょう 主張	주장
きんし 禁止	금지	ほうこう 方向	방향
そうたい 早退	조퇴	ぎもん 疑問	의문
かいしゅう 回収	회수	ちゅうもん 注文	주문
しぜん 自然	자연	こうかん 交換	교환
おうだん 横断	횡단	まも 守る	지키다, 보호하다
しょうひ 消費	소비	やぶ 破れる	찢어지다, 파손되다
めんせつ 面接	면접	わか 別れる	헤어지다, 작별하다
るす 留守	부재중	さ 覚める	(잠을) 깨다, (눈이) 떠지다
きげん 期限	기한	ちが 違う	다르다
ねだん 値段	가격	お 終わる	끝나다

중요 단어

단어	뜻	단어	뜻
汗(あせ)	땀	緑(みどり)	초록색, 녹색
傷(きず)	상처, 흠집	感(かん)じ	느낌
前後(ぜんご)	전후, 앞뒤	内容(ないよう)	내용
発生(はっせい)	발생	緊張(きんちょう)	긴장
登場(とうじょう)	등장	混雑(こんざつ)	혼잡
最近(さいきん)	최근	うわさ	소문
失業(しつぎょう)	실업	出張(しゅっちょう)	출장
調子(ちょうし)	상태	夫婦(ふうふ)	부부
週刊誌(しゅうかんし)	주간지	仮定(かてい)	가정
底(そこ)	바닥, 밑	多少(たしょう)	다소, 많고 적음
商品(しょうひん)	상품	頭痛(ずつう)	두통
分類(ぶんるい)	분류	応援(おうえん)	응원
合計(ごうけい)	합계	植(う)える	심다
休日(きゅうじつ)	휴일	取(と)る	(손에) 들다, 잡다
経由(けいゆ)	경유	手伝(てつだ)う	돕다
決(き)まり	규칙, 결정	眠(ねむ)る	자다, 잠들다
原因(げんいん)	원인	輝(かがや)く	빛나다
改札口(かいさつぐち)	개찰구	しぼる	(즙을) 짜다

단어	뜻	단어	뜻
横(よこ)	옆, 가로	停電(ていでん)	정전
穴(あな)	구멍, 구덩이	位置(いち)	위치
最新(さいしん)	최신	税金(ぜいきん)	세금
法律(ほうりつ)	법률	朝食(ちょうしょく)	조식, 아침 식사
応用(おうよう)	응용	姿勢(しせい)	자세
広告(こうこく)	광고	輸出(ゆしゅつ)	수출
渋滞(じゅうたい)	정체(밀리는 상태)	選手(せんしゅ)	선수
文句(もんく)	불평, 잔소리	我慢(がまん)	참음
関心(かんしん)	관심	教師(きょうし)	교사
資源(しげん)	자원	割合(わりあい)	비율
平均(へいきん)	평균	健康(けんこう)	건강
他人(たにん)	타인, 남	情報(じょうほう)	정보
香り(かおり)	향기	防ぐ(ふせぐ)	막다, 방지하다
内側(うちがわ)	안쪽	追う(おう)	좇다, 따르다
外科(げか)	외과	借りる(かりる)	빌리다
実力(じつりょく)	실력	燃える(もえる)	타다, 불타다
当然(とうぜん)	당연	許す(ゆるす)	용서하다, 허락하다
規則(きそく)	규칙	折る(おる)	꺾다

중요 단어

단어	뜻	단어	뜻
歯(は)	이, 치아	複数(ふくすう)	복수, 여러 개
空(から)	속이 빈 모양	締め切り(しめきり)	마감, 마감 시간
呼吸(こきゅう)	호흡, 숨	集中(しゅうちゅう)	집중
貯金(ちょきん)	저금, 저축	移動(いどう)	이동
指導(しどう)	지도	くせ	버릇
順番(じゅんばん)	순번, 차례	到着(とうちゃく)	도착
泡(あわ)	거품	大会(たいかい)	대회
休養(きゅうよう)	휴양	食器(しょっき)	식기
経営(けいえい)	경영	楽器(がっき)	악기
単語(たんご)	단어	検査(けんさ)	검사
発表(はっぴょう)	발표	制限(せいげん)	제한
血液(けつえき)	혈액	泣く(なく)	울다
各地(かくち)	각지	振る(ふる)	흔들다
共通(きょうつう)	공통	迷う(まよう)	헤매다, 망설이다
材料(ざいりょう)	재료	分ける(わける)	나누다, 구분하다
完成(かんせい)	완성	囲む(かこむ)	둘러싸다, 에워싸다
期待(きたい)	기대	怒る(おこる)	큰소리로 화를 내다, 꾸짖다
栄養(えいよう)	영양	信じる(しんじる)	믿다

단어	뜻	단어	뜻
波(なみ)	파도	成績(せいせき)	성적
島(しま)	섬	直接(ちょくせつ)	직접
首(くび)	목	興味(きょうみ)	흥미
席(せき)	자리, 좌석	平日(へいじつ)	평일
独身(どくしん)	독신	駐車(ちゅうしゃ)	주차
感動(かんどう)	감동	欠席(けっせき)	결석
おしまい	끝	手段(しゅだん)	수단
事情(じじょう)	사정	過去(かこ)	과거
使用(しよう)	사용	代金(だいきん)	대금
半日(はんにち)	반일, 한나절	修理(しゅうり)	수리
専門家(せんもんか)	전문가	物価(ぶっか)	물가
笑顔(えがお)	웃는 얼굴, 미소	団体(だんたい)	단체
帰宅(きたく)	귀가	返す(かえす)	돌려주다, 반납하다
申請(しんせい)	신청	売れる(うれる)	(잘) 팔리다
感覚(かんかく)	감각	止める(やめる)	그만두다, 끊다
坂道(さかみち)	비탈길	曲がる(まがる)	굽어지다, 돌다
暗記(あんき)	암기	片付ける(かたづける)	치우다, 정리하다
個人(こじん)	개인	汚れる(よごれる)	더러워지다

중요 단어

단어	뜻	단어	뜻
涙(なみだ)	눈물	身長(しんちょう)	신장, 키
倍(ばい)	배(수량의 배수)	雑誌(ざっし)	잡지
滞在(たいざい)	체재, 체류	沸騰(ふっとう)	비등, 끓음
比較(ひかく)	비교	延期(えんき)	연기
自信(じしん)	자신(감)	建設(けんせつ)	건설
通勤(つうきん)	통근	自慢(じまん)	자랑
お祝い(いわ)	축하, 축하 행사	商業(しょうぎょう)	상업
縮小(しゅくしょう)	축소	方法(ほうほう)	방법
残業(ざんぎょう)	잔업	特徴(とくちょう)	특징
苦労(くろう)	고생, 노고	減少(げんしょう)	감소
創造(そうぞう)	창조	制服(せいふく)	제복, 교복
気温(きおん)	기온	観客(かんきゃく)	관객
温泉(おんせん)	온천	消す(け)	끄다, 지우다
意義(いぎ)	의의	溢れる(あふ)	흘러넘치다
変化(へんか)	변화	生える(は)	나다, 돋아나다
機械(きかい)	기계	割れる(わ)	깨지다, 나누어지다
記念(きねん)	기념	閉じる(と)	닫다, (눈을) 감다
下線(かせん)	밑줄	貸す(か)	빌려주다

단어	뜻	단어	뜻
葉(は)	잎	場所(ばしょ)	장소
秒(びょう)	초(시간)	訓練(くんれん)	훈련
しみ	얼룩	通知(つうち)	통지
乗車(じょうしゃ)	승차	独立(どくりつ)	독립
関係(かんけい)	관계	配達(はいたつ)	배달
欠点(けってん)	결점	記録(きろく)	기록
効果(こうか)	효과	演奏(えんそう)	연주
片方(かたほう)	한쪽	荷物(にもつ)	짐
冷房(れいぼう)	냉방	手術(しゅじゅつ)	수술
進歩(しんぽ)	진보	禁煙(きんえん)	금연
機会(きかい)	기회	台所(だいどころ)	부엌
部分(ぶぶん)	부분	勉強(べんきょう)	공부
往復(おうふく)	왕복	断る(ことわる)	거절하다
営業(えいぎょう)	영업	表す(あらわす)	나타내다, 표현하다
想像(そうぞう)	상상	育てる(そだてる)	키우다, 기르다
印象(いんしょう)	인상	払う(はらう)	지불하다
観光(かんこう)	관광	売り切れる(うりきれる)	매진되다
中古(ちゅうこ)	중고	伝える(つたえる)	전달하다

중요 단어

단어	뜻	단어	뜻
痛(いた)い	아프다	主(おも)だ	주되다
若(わか)い	젊다	複雑(ふくざつ)だ	복잡하다
速(はや)い	빠르다	正常(せいじょう)だ	정상이다
厚(あつ)い	두껍다	新鮮(しんせん)だ	신선하다
丸(まる)い	둥글다	得意(とくい)だ	잘하다, 자신 있다
遅(おそ)い	느리다, 늦다	静(しず)かだ	조용하다
怖(こわ)い	무섭다	短気(たんき)だ	성급하다
短(みじか)い	짧다	正直(しょうじき)だ	정직하다
浅(あさ)い	얕다	不安(ふあん)だ	불안하다
汚(きたな)い	더럽다, 지저분하다	単純(たんじゅん)だ	단순하다
硬(かた)い	단단하다, 딱딱하다	心配(しんぱい)だ	걱정되다
苦(くる)しい	괴롭다, 힘들다	変(へん)だ	이상하다
明(あか)るい	밝다, 명랑하다	代表的(だいひょうてき)だ	대표적이다
なつかしい	그립다	盛(さか)んだ	왕성하다, 활발하다
深(ふか)い	깊다	立派(りっぱ)だ	훌륭하다
美(うつく)しい	아름답다	主要(しゅよう)だ	주요하다
悔(くや)しい	분하다, 억울하다	たいくつだ	지루하다, 따분하다
つまらない	시시하다, 재미없다	大切(たいせつ)だ	중요하다

단어	뜻	단어	뜻
からから	바싹바싹(몹시 건조한 모양)	そっと	살짝, 슬며시, 쓱
さっそく	즉시, 당장	全く(まった)	전혀
ぴったり	딱, 꼭(빈틈없이 들어맞거나 잘 어울리는 모습)	約(やく)	약
そろそろ	슬슬	突然(とつぜん)	돌연, 갑자기
必ず(かなら)	반드시	全然(ぜんぜん)	전혀
どきどき	두근두근	意外に(いがい)	의외로
しばらく	잠시, 잠깐	大体(だいたい)	대체로, 대부분, 대략
もう一度(いちど)	한 번 더, 다시 한번	別々に(べつべつ)	따로따로
がっかり	실망하여 낙심한 모양	次第に(しだい)	점차
しっかり	단단히, 꽉, 제대로	早めに(はや)	일찌감치
いつも	항상	今にも(いま)	당장에라도, 금세
ずいぶん	꽤, 상당히	相変わらず(あいか)	여전히
ふらふら	비틀비틀, 휘청휘청	一般に(いっぱん)	일반적으로
うっかり	깜박, 무심코(실수하는 모습)	絶対に(ぜったい)	절대로, 꼭
さっき	아까, 조금 전	いちいち	하나하나, 일일이
がらがら	텅텅(빈 모양), 와르르(무너지는 모양)	決して(けっ)	결코
ちょっと	조금, 잠깐	急に(きゅう)	갑자기
まさか	설마	なるべく	되도록, 가능한 한

Memo

꿀팁 정리

동음이의어, 틀리기 쉬운 한자 읽기, 형태가 비슷한 한자 등 고득점 획득을 위한 팁들을 한눈에 볼 수 있도록 정리했습니다.

꿀팁 정리

동음이의어

厚(あつ)い	두껍다
熱(あつ)い	뜨겁다
暑(あつ)い	덥다
石(いし)	돌
意志(いし)	의지
意思(いし)	의사(생각)
医師(いし)	의사
今(いま)	지금
居間(いま)	거실
替(か)える	교체하다
変(か)える	변화시키다, 바꾸다
風(かぜ)	바람
風邪(かぜ)	감기
下線(かせん)	밑줄
河川(かせん)	하천
仮定(かてい)	가정(조건, 전제)
家庭(かてい)	가정(집)
関心(かんしん)	관심
感心(かんしん)	감탄
機械(きかい)	기계
機会(きかい)	기회
期待(きたい)	기대
気体(きたい)	기체
切(き)る	자르다
着(き)る	입다
行動(こうどう)	행동
講堂(こうどう)	강당
自信(じしん)	자신(감)
自身(じしん)	자신, 자기
地震(じしん)	지진
消化(しょうか)	소화(화학 작용)
消火(しょうか)	소화(불을 끔)
商品(しょうひん)	상품(사고파는 물품)
賞品(しょうひん)	상품(상으로 주는 물품)

読み	単語	뜻
しりつ	市立	시립
しりつ	私立	사립
せいかく	性格	성격
せいかく	正確	정확
せき	席	자리, 좌석
せき	咳	기침
せんたく	選択	선택
せんたく	洗濯	세탁, 빨래
そうぞう	創造	창조
そうぞう	想像	상상
たんき	短期	단기
たんき	短気	성급함
ちゅうしゃ	駐車	주차
ちゅうしゃ	注射	주사
つと	勤める	근무하다
つと	努める	노력하다
と	取る	(손에) 들다, 잡다
と	撮る	(사진을) 찍다
なか	仲	사이, 관계
なか	中	가운데, 안(속)
は	歯	이, 치아
は	葉	잎
はな	離す	떼어내다, 분리하다
はな	話す	이야기하다
はや	速い	(움직임, 속도가) 빠르다
はや	早い	(시간이) 이르다, 빠르다
へいこう	平行	평행
へいこう	並行	병행
まち	街	시가지, 거리
まち	町	도회
むし	虫	벌레
むし	無視	무시
やさ	易しい	쉽다
やさ	優しい	상냥하다
や	止める	그만두다, 끊다
や	辞める	그만두다, 사직하다

別(わか)れる	헤어지다, 작별하다
分(わ)かれる	나뉘다

틀리기 쉬운 한자 읽기

家 집 가	家賃(やちん) 집세
	家族(かぞく) 가족
自 스스로 자	自然(しぜん) 자연
	自分(じぶん) 자기 자신
留 머무를 류	留守(るす) 부재중
	留学(りゅうがく) 유학
頭 머리 두	頭痛(ずつう) 두통
	一頭(いっとう) 한 마리(소, 말 등의 커다란 동물)
文 글월 문	文句(もんく) 잔소리
	文学(ぶんがく) 문학
外 바깥 외	外科(げか) 외과
	外国(がいこく) 외국
空 빌 공	空(そら) 하늘
	空(から) (속이) 빔
日 날 일	半日(はんにち) 한나절
	平日(へいじつ) 평일
興 일 흥	興味(きょうみ) 흥미
	復興(ふっこう) 부흥
去 갈 거	過去(かこ) 과거
	去年(きょねん) 작년
場 마당 장	場所(ばしょ) 장소
	工場(こうじょう) 공장
台 태풍 태, 대 대	台所(だいどころ) 부엌
	台風(たいふう) 태풍
男 사내 남	次男(じなん) 차남
	男性(だんせい) 남성
行 다닐 행	行事(ぎょうじ) 행사
	行動(こうどう) 행동
命 목숨 명	寿命(じゅみょう) 수명
	命令(めいれい) 명령

生 날 생	誕生(たんじょう) 탄생
	人生(じんせい) 인생
縁 가선 연, 인연 연	縁(ふち) 테두리, 가장자리
	縁(えん) 인연
物 물건 물	物理(ぶつり) 물리
	貨物(かもつ) 화물
下 아래 하	上下(じょうげ) 상하
	下線(かせん) 밑줄
存 있을 존	保存(ほぞん) 보존
	存在(そんざい) 존재
迷 미혹할 미	迷子(まいご) 미아
	迷惑(めいわく) 폐, 성가심
地 땅 지	無地(むじ) 민무늬
	地下(ちか) 지하
治 다스릴 치	政治(せいじ) 정치
	治安(ちあん) 치안
雨 비 우	雨戸(あまど) 덧문
	大雨(おおあめ) 폭우

間 사이 간	人間(にんげん) 인간
	時間(じかん) 시간
平 평평할 평	平和(へいわ) 평화
	平等(びょうどう) 평등
米 쌀 미	米国(べいこく) 미국
	新米(しんまい) 햅쌀
人 사람 인	人生(じんせい) 인생
	人気(にんき) 인기
登 오를 등	登山(とざん) 등산
	登場(とうじょう) 등장
国 나라 국	中国(ちゅうごく) 중국
	国民(こくみん) 국민
作 지을 작	作業(さぎょう) 작업
	作品(さくひん) 작품

형태가 비슷한 한자

料 헤아릴 료	料金(りょうきん) 요금
科 과목 과	科目(かもく) 과목
問 물을 문	訪問(ほうもん) 방문
門 문 문	専門(せんもん) 전문
案 생각 안	案内(あんない) 안내
安 편안 안	安全(あんぜん) 안전
由 말미암을 유	自由(じゆう) 자유
曲 굽을 곡	曲線(きょくせん) 곡선
汗 땀 한	汗(あせ) 땀
肝 간 간	肝(きも) 간(신체 기관)
失 잃을 실	失業(しつぎょう) 실업
矢 화살 시	一矢(いっし) 화살 한 개
因 인할 인	原因(げんいん) 원인
困 곤할 곤	困難(こんなん) 곤란
緑 푸를 록	緑(みどり) 초록
縁 가선 연	縁(ふち) 가장자리

援 도울 원	応援(おうえん) 응원
授 줄 수	教授(きょうじゅ) 교수
源 근원 원	資源(しげん) 자원
原 언덕 원	草原(そうげん) 초원
側 곁 측	内側(うちがわ) 안쪽
測 헤아릴 측	測量(そくりょう) 측량
輸 보낼 수	輸出(ゆしゅつ) 수출
輪 바퀴 륜	車輪(しゃりん) 차바퀴
健 굳셀 건	健康(けんこう) 건강
建 세울 건	建設(けんせつ) 건설
情 뜻 정	情報(じょうほう) 정보
清 맑을 청	清掃(せいそう) 청소
借 빌릴 차	借(か)りる 빌리다
惜 아낄 석	惜(お)しい 아깝다
歯 이 치	歯(は) 이
菌 버섯 균	細菌(さいきん) 세균
単 홑 단	単語(たんご) 단어
草 풀 초	草原(そうげん) 초원

各 각각 각	各地(かくち) 각지
客 손 객	お客(きゃく)さん 손님
待 기다릴 대	期待(きたい) 기대
持 가질 지	維持(いじ) 유지
複 겹칠 복	複数(ふくすう) 복수(여러 개)
復 회복할 복	往復(おうふく) 왕복
到 이를 도	到着(とうちゃく) 도착
倒 넘어질 도	倒産(とうさん) 도산
検 검사할 검	検査(けんさ) 검사
険 험할 험	保険(ほけん) 보험
島 섬 도	島(しま) 섬
鳥 새 조	鳥(とり) 새
席 자리 석	席(せき) 좌석
度 정도 도	度(たび) 때, 번
帰 돌아갈 귀	帰宅(きたく) 귀가
掃 쓸 소	掃除(そうじ) 청소
績 길쌈할 적	成績(せいせき) 성적
積 쌓을 적	面積(めんせき) 면적

倍 곱 배	二倍(にばい) 두 배
培 북을 돋울 배	栽培(さいばい) 재배
小 작을 소	縮小(しゅくしょう) 축소
少 적을 소	減少(げんしょう) 감소
労 일할 로	苦労(くろう) 고생
学 배울 학	学者(がくしゃ) 학자
義 옳을 의	意義(いぎ) 의의
議 의논할 의	会議(かいぎ) 회의
慢 거만할 만	自慢(じまん) 자랑
漫 흩어질 만	漫画(まんが) 만화
特 특별할 특	特徴(とくちょう) 특징
持 가질 지	持参(じさん) 지참
観 볼 관	観客(かんきゃく) 관객
勧 권할 권	勧誘(かんゆう) 권유
係 맬 계(관련)	関係(かんけい) 관계
系 맬 계(혈연)	系列(けいれつ) 계열
効 본받을 효	効果(こうか) 효과
郊 들 교	郊外(こうがい) 교외

꿀팁 정리

往 갈 왕	おうふく 往復 왕복
住 살 주	じゅうみん 住民 주민
像 모양 상	そうぞう 想像 상상
象 코끼리 상	たいしょう 対象 대상
若 어릴 약	わか 若い 젊다
苦 쓸 고	にが 苦い 쓰다
純 순수할 순	たんじゅん 単純だ 단순하다
鈍 둔할 둔	どんかん 鈍感だ 둔감하다
司 맡을 사	し かい 司会 사회
可 옳을 가	か のう 可能 가능
帳 장막 장	つうちょう 通帳 통장
張 베풀 장	しゅっちょう 出張 출장
牛 소 우	うし 牛 소
午 낮 오	ご ぜん 午前 오전
編 엮을 편	あ 編む 짜다, 뜨개질하다
組 짤 조	く 組む 짜다, 조직하다
土 흙 토	つち 土 흙
士 선비 사	し き 士気 사기(의욕)

幅 폭 폭	はば 幅 폭
福 복 복	ふく 福 복
問 물을 문	がくもん 学問 학문
間 사이 간	しゅうかん 週間 주간
例 법식 예	れいがい 例外 예외
列 벌일 열(렬)	ぎょうれつ 行列 행렬
折 꺾을 절	さ せつ 左折 좌회전
析 쪼갤 석	ぶんせき 分析 분석
級 등급 급	ちゅうきゅう 中級 중급
給 줄 급	じ きゅう 時給 시급(시간급)
名 이름 명	めいじん 名人 명인
各 각각 각	かく ち 各地 각지
録 기록할 록	ろく が 録画 녹화
緑 푸를 록	りょくちゃ 緑茶 녹차
永 길 영	えいえん 永遠 영원
氷 얼음 빙	ひょうざん 氷山 빙산
注 부을 주	ちゅうしゃ 注射 주사
住 살 주	じゅうしょ 住所 주소

態 모습 태	態度(たいど) 태도
能 능할 능	能力(のうりょく) 능력

자·타동사

笑(わら)う	웃다 … 자동사
	비웃다 … 타동사
集(あつ)まる	모이다 … 자동사
集(あつ)める	모으다 … 타동사
届(とど)く	전달되다 … 자동사
届(とど)ける	전달하다 … 타동사
破(やぶ)れる	찢어지다 … 자동사
破(やぶ)る	찢다 … 타동사
覚(さ)める	깨어나다 … 자동사
覚(さ)ます	깨우다 … 타동사
終(お)わる	끝나다 … 자동사
終(お)える	끝내다 … 타동사
燃(も)える	불타다 … 자동사
燃(も)やす	불태우다 … 타동사
折(お)れる	꺾이다 … 자동사
折(お)る	꺾다 … 타동사
振(ふ)れる	흔들리다 … 자동사
振(ふ)る	흔들다 … 타동사
分(わ)かれる	나누어지다 … 자동사
分(わ)ける	나누다 … 타동사
売(う)れる	팔리다 … 자동사
売(う)る	팔다 … 타동사
曲(ま)がる	굽어지다 … 자동사
曲(ま)げる	굽히다 … 타동사
片付(かたづ)く	정리되다 … 자동사
片付(かたづ)ける	정리하다 … 타동사
汚(よご)れる	더러워지다 … 자동사
汚(よご)す	더럽히다 … 타동사
消(き)える	꺼지다 … 자동사
消(け)す	끄다 … 타동사

꿀팁 정리

生(は)える	돋아나다 … 자동사
生(は)やす	자라게 하다 … 타동사
割(わ)れる	깨지다 … 자동사
割(わ)る	깨다 … 타동사
閉(と)じる	닫히다 … 자동사
	닫다 … 타동사
表(あらわ)れる	나타나다 … 자동사
表(あらわ)す	나타내다 … 타동사
育(そだ)つ	자라다 … 자동사
育(そだ)てる	키우다 … 타동사
伝(つた)わる	전달되다 … 자동사
伝(つた)える	전달하다 … 타동사
混(ま)じる	섞이다 … 자동사
混(ま)ぜる	섞다 … 타동사
こぼれる	엎질러지다 … 자동사
こぼす	엎지르다 … 타동사
降(お)りる	(사람이) 내리다 … 자동사
降(お)ろす	(사물 등을) 내리다 … 타동사

枯(か)れる	시들다 … 자동사
枯(か)らす	시들게 하다 … 타동사
合(あ)う	맞다 … 자동사
合(あ)わせる	맞추다 … 타동사
移(うつ)る	이동하다 … 자동사
移(うつ)す	이동시키다 … 타동사
離(はな)れる	떨어지다 … 자동사
離(はな)す	떼어내다 … 타동사
過(す)ぎる	지나다 … 자동사
過(す)ごす	지내다 … 타동사
伝(つた)わる	전달되다 … 자동사
伝(つた)える	전달하다 … 타동사
かかる	걸리다 … 자동사
かける	걸다 … 타동사
乾(かわ)く	마르다 … 자동사
乾(かわ)かす	말리다 … 타동사
間違(まちが)う	잘못되다 … 자동사
	잘못하다 … 타동사

間違(まちが)える	잘못하다 … 타동사
温(あたた)まる	데워지다 … 자동사
温(あたた)める	데우다 … 타동사
逃(に)げる	도망치다 … 자동사
逃(の)がす	놓치다 … 타동사
加(くわ)わる	추가되다 … 자동사
加(くわ)える	추가하다 … 타동사
身(み)につく	터득되다 … 자동사
身(み)につける	터득하다 … 타동사
隠(かく)れる	숨다 … 자동사
隠(かく)す	숨기다 … 타동사
延(の)びる	연기되다 … 자동사
延(の)ばす	연장하다 … 타동사
たまる	모이다 … 자동사
ためる	모으다 … 타동사
ぶつかる	부딪치(히)다 … 자동사
ぶつける	부딪치다 … 타동사

起(お)きる	일어나다 … 자동사
起(お)こす	일으키다 … 타동사
抜(ぬ)ける	빠지다 … 자동사
抜(ぬ)く	빼다 … 타동사
折(お)れる	꺾이다 … 자동사
折(お)る	꺾다 … 타동사
焼(や)ける	타다 … 자동사
焼(や)く	태우다 … 타동사
過(す)ぎる	지나다 … 자동사
過(す)ごす	보내다 … 타동사
飛(と)ぶ	날다 … 자동사
飛(と)ばす	날리다 … 타동사
減(へ)る	줄다 … 자동사
減(へ)らす	줄이다 … 타동사
重(かさ)なる	거듭되다 … 자동사
重(かさ)ねる	거듭하다 … 타동사
移(うつ)る	이동하다 … 자동사
移(うつ)す	이동시키다 … 타동사

꿀팁 정리

渡(わた)る	건너다 … 자동사
渡(わた)す	건네주다 … 타동사
当(あ)たる	맞다 … 자동사
当(あ)てる	맞히다 … 타동사
回(まわ)る	돌다 … 자동사
回(まわ)す	돌리다 … 타동사
冷(ひ)える	식다 … 자동사
冷(ひ)やす	식히다 … 타동사
流(なが)れる	흐르다 … 자동사
流(なが)す	흐르게 하다 … 타동사

경어(주요 존경 표현)

言(い)う 말하다	おっしゃる 말씀하시다
聞(き)く 듣다	お聞(き)きになる 들으시다
尋(たず)ねる 묻다	お尋(たず)ねになる 물으시다
	尋(たず)ねられる
見(み)る 보다	ご覧(らん)になる 보시다
食(た)べる 먹다	召(め)し上(あ)がる 잡수다, 드시다
	お食(た)べになる
行(い)く 가다	いらっしゃる 가시다
	おいでになる
する 하다	なさる 하시다
来(く)る 오다	お越(こ)しになる 오시다
	お見(み)えになる
	いらっしゃる
	おいでになる
いる 있다	いらっしゃる 계시다
	おいでになる
知(し)る 알다	ご存(ぞん)じ 아시다
	お知(し)りになる
持(も)つ 가지다	お持(も)ちになる 가지시다
会(あ)う 만나다	お会(あ)いになる 만나시다
	会(あ)われる

着(き)る 입다	召(め)す 입으시다
	お召(め)しになる
	着(き)られる
借(か)りる 빌리다	お借(か)りになる 빌리시다
	借(か)りられる
読(よ)む 읽다	お読(よ)みになる 읽으시다
	読(よ)まれる

경어(주요 겸양 표현)

言(い)う 말하다	申(もう)す 말씀드리다
	申(もう)し上(あ)げる
尋(たず)ねる 묻다	伺(うかが)う 여쭙다
	お伺(うかが)いする
	お尋(たず)ねする
聞(き)く 묻다, 듣다	伺(うかが)う 여쭙다, 듣다
	拝聴(はいちょう)する 배청하다
	承(うけたまわ)る
見(み)る 보다	拝見(はいけん)する 배견하다
食(た)べる 먹다	いただく 먹다
	ちょうだいする
行(い)く 가다	伺(うかが)う 찾아뵙다
	参(まい)る
する 하다	いたす 하다
いる 있다	おる 있다
知(し)る 알다	存(ぞん)じる 알다
	存(ぞん)じ上(あ)げる
持(も)つ 가지다	お持(も)ちする 가지다
会(あ)う 만나다	お目(め)にかかる 만나 뵙다
	お会(あ)いする
借(か)りる 빌리다	拝借(はいしゃく)する 빌리다
読(よ)む 읽다	拝読(はいどく)する 읽다, 배독하다

Memo

다시 보기

잘 외워지지 않는 단어들은 그날그날 이곳에 정리하여 효율적으로 복습하고 시험장에서 최종 점검용으로 활용합니다.

다시 보기

공부한 날짜 :　　월　　일

단어	읽기	뜻	페이지
			p.
			p.
			p.
			p.
			p.
			p.
			p.
			p.
			p.
			p.
			p.
			p.
			p.
			p.

공부한 날짜 :　　　월　　　일

단어	읽기	뜻	페이지
			p.
			p.
			p.
			p.
			p.
			p.
			p.
			p.
			p.
			p.
			p.
			p.
			p.
			p.

다시 보기

공부한 날짜 : 월 일

단어	읽기	뜻	페이지
			p.
			p.
			p.
			p.
			p.
			p.
			p.
			p.
			p.
			p.
			p.
			p.
			p.
			p.

공부한 날짜 :　　월　　일

단어	읽기	뜻	페이지
			p.
			p.
			p.
			p.
			p.
			p.
			p.
			p.
			p.
			p.
			p.
			p.
			p.
			p.

다시 보기

공부한 날짜 : 월 일

단어	읽기	뜻	페이지
			p.
			p.
			p.
			p.
			p.
			p.
			p.
			p.
			p.
			p.
			p.
			p.
			p.
			p.

공부한 날짜 : 월 일

단어	읽기	뜻	페이지
			p.
			p.
			p.
			p.
			p.
			p.
			p.
			p.
			p.
			p.
			p.
			p.
			p.
			p.

다시 보기

공부한 날짜 : 월 일

단어	읽기	뜻	페이지
			p.
			p.
			p.
			p.
			p.
			p.
			p.
			p.
			p.
			p.
			p.
			p.
			p.
			p.

공부한 날짜 :　　월　　일

단어	읽기	뜻	페이지
			p.
			p.
			p.
			p.
			p.
			p.
			p.
			p.
			p.
			p.
			p.
			p.
			p.
			p.

다시 보기

공부한 날짜 : 월 일

단어	읽기	뜻	페이지
			p.
			p.
			p.
			p.
			p.
			p.
			p.
			p.
			p.
			p.
			p.
			p.
			p.
			p.

공부한 날짜 : 월 일

단어	읽기	뜻	페이지
			p.
			p.
			p.
			p.
			p.
			p.
			p.
			p.
			p.
			p.
			p.
			p.
			p.
			p.

다시 보기

공부한 날짜 : 월 일

단어	읽기	뜻	페이지
			p.
			p.
			p.
			p.
			p.
			p.
			p.
			p.
			p.
			p.
			p.
			p.
			p.
			p.

공부한 날짜 :　　월　　일

단어	읽기	뜻	페이지
			p.
			p.
			p.
			p.
			p.
			p.
			p.
			p.
			p.
			p.
			p.
			p.
			p.
			p.

다시 보기

공부한 날짜 :   월   일

단어	읽기	뜻	페이지
			p.
			p.
			p.
			p.
			p.
			p.
			p.
			p.
			p.
			p.
			p.
			p.
			p.
			p.

공부한 날짜 :　　월　　일

단어	읽기	뜻	페이지
			p.
			p.
			p.
			p.
			p.
			p.
			p.
			p.
			p.
			p.
			p.
			p.
			p.
			p.

다시 보기

공부한 날짜 :　　월　　일

단어	읽기	뜻	페이지
			p.
			p.
			p.
			p.
			p.
			p.
			p.
			p.
			p.
			p.
			p.
			p.
			p.
			p.

공부한 날짜 : 월 일

단어	읽기	뜻	페이지
			p.
			p.
			p.
			p.
			p.
			p.
			p.
			p.
			p.
			p.
			p.
			p.
			p.
			p.

다시 보기

공부한 날짜 :　　월　　일

단어	읽기	뜻	페이지
			p.
			p.
			p.
			p.
			p.
			p.
			p.
			p.
			p.
			p.
			p.
			p.
			p.
			p.

공부한 날짜 :　　월　　일

단어	읽기	뜻	페이지
			p.
			p.
			p.
			p.
			p.
			p.
			p.
			p.
			p.
			p.
			p.
			p.
			p.
			p.

다시 보기

공부한 날짜 : 월 일

단어	읽기	뜻	페이지
			p.
			p.
			p.
			p.
			p.
			p.
			p.
			p.
			p.
			p.
			p.
			p.
			p.
			p.

공부한 날짜 :　　월　　일

단어	읽기	뜻	페이지
			p.
			p.
			p.
			p.
			p.
			p.
			p.
			p.
			p.
			p.
			p.
			p.
			p.
			p.

다시 보기

공부한 날짜 : 월 일

단어	읽기	뜻	페이지
			p.
			p.
			p.
			p.
			p.
			p.
			p.
			p.
			p.
			p.
			p.
			p.
			p.
			p.

공부한 날짜 : 월 일

단어	읽기	뜻	페이지
			p.
			p.
			p.
			p.
			p.
			p.
			p.
			p.
			p.
			p.
			p.
			p.
			p.
			p.

다시 보기

공부한 날짜 : 월 일

단어	읽기	뜻	페이지
			p.
			p.
			p.
			p.
			p.
			p.
			p.
			p.
			p.
			p.
			p.
			p.
			p.
			p.

공부한 날짜 : 월 일

단어	읽기	뜻	페이지
			p.
			p.
			p.
			p.
			p.
			p.
			p.
			p.
			p.
			p.
			p.
			p.
			p.
			p.

공부한 날짜 : 월 일

단어	읽기	뜻	페이지
			p.
			p.
			p.
			p.
			p.
			p.
			p.
			p.
			p.
			p.
			p.
			p.
			p.
			p.

공부한 날짜 :　　월　　일

단어	읽기	뜻	페이지
			p.
			p.
			p.
			p.
			p.
			p.
			p.
			p.
			p.
			p.
			p.
			p.
			p.
			p.

다시 보기

공부한 날짜 : 월 일

단어	읽기	뜻	페이지
			p.
			p.
			p.
			p.
			p.
			p.
			p.
			p.
			p.
			p.
			p.
			p.
			p.
			p.

공부한 날짜 : 월 일

단어	읽기	뜻	페이지
			p.
			p.
			p.
			p.
			p.
			p.
			p.
			p.
			p.
			p.
			p.
			p.
			p.
			p.

Memo